JN191886

ウィリアム王子一家
（イギリス）

エリザベス２世とエディンバラ公
プラチナ婚（結婚70周年）にて。

ベルギー国王（フィリップ１世）一家
（2015年クリスマスカード）

ウィレム・アレクサンダー国王とマキシマ妃（オランダ）
（王室サイトhttps://www.koninklijkhuis.nl/）

スペイン国王（フェリペ6世）一家
（2017年クリスマスカード）

タイ王家
後列左から4番目：ワチラーロンコーン（現国王），
中列左から2番目：シーナカリンタラー（プーミポン国王母），
3番目：プーミポン国王，4番目：シリキット妃

ちろん、日本の皇室が各国の王室との間に築いてきた華やかな交流には、これまでにも注目が集まってきたし、現代に生きる王族のありようも、皇族と対比しつつ「華麗なるプリンセスたち」といったかたちで紹介されることは多かった。

しかしながら、各国の君主制や天皇制が、二一世紀のグローバル化が進む時代にあって共通の課題に直面していることを踏まえた上で、歴史に学びながら分析と展望を行う作業は、ほとんどなされていないように見える。

しかも、各国の「陛下たち」は、その身の振り方を考える上で、お互いを参照している可能性が高い。序章で君塚直隆が的確に示すように、二〇一六年八月の明仁天皇の「おことば」の前には、オランダ（二〇一三年）、ベルギー（二〇一三年）、スペイン（二〇一四年）の各国王・女王の相次ぐ退位があった。各国の国王・女王たちは、高齢などを理由にテレビで直接国民に退位の意思を語り、国民の強い支持のもと、退位を円滑に進めた。そして即位した新国王たちは現在、心身ともに充実し、エネルギッシュに公務をこなしている。この友人の「陛下たち」の退位をめぐる成功例を、国際情勢に通じた明仁天皇が熟知していたことはほぼ確実だろう。明仁天皇がテレビを通じた国民への「おことば」という意思表明手段を用いた背景には、このヨーロッパの友人たちの先例が念頭にあったのではないか。

二〇一六年八月の明仁天皇の「おことば」には、「この間私は、我が国における多くの喜びの時、また悲しみの時を、人々と共に過ごして来ました」という表現がある。天皇が過去を振り返るこの発言は、実は「人々に寄り添い、悲しみをともにし、喜びや国の誇りを分かち合えたことは、本当に貴重な体験となりました」という、オランダのベアトリクス女王の退位演説とも共鳴する。女王の演説を参照しつつ、「おことば」が作成された可能性はあるだろう。

このように見てみると、国際社会でやや孤立気味に見える日本の天皇制は、世界各国でなおも続いている君主制と、共通の視座で捉えることができることがわかる。そうだとすれば、天皇制の今後を展望するにあたって、特に同じようにデモクラシーのもとで存続する各国の君主制の展開が、重要な参考例を提示してくれることは間違いない。

ところでヨーロッパの君主制に目を向けてみると、興味深い事実が浮かび上がる。

イギリス・北欧諸国・ベネルクス諸国は、ヨーロッパのなかでも先進的なデモクラシーとして知られ、日本でもモデルとして扱われてきた諸国だが、これらの国々に共通するのは、立憲君主制を採っている、ということである。民主化を順調に進め、むしろ現在では市民参加、情報公開、ジェンダー平等などの諸指標で最上位に位置する国々が、本来デモクラシーとは相反するはずの君主制を維持しているのである。個人間の平等を前提とするデモクラシーのもとで、なぜ平等原則に反する制度が認められているのか。この「デモクラシーと君主制の両立」というパラドクス（逆説）を解くことは、日本の天皇制のあり方を考える上でも重要な意味をもつだろう。

詳細は本文に譲るが、ヨーロッパ各国における君主制の歩んだ道のりは平坦ではなく、二〇世紀にはその多くが廃止されている。しかしなおも君主制が存続した国では、王室が民主主義、自由主義といった近代的諸価値を積極的に受け入れ、時にその擁護者として振る舞うことで、国民の支持調達に成功していったことが見てとれる。「民主化への適応」の可否が、王制の存否を決定づけたと言える。そして二一世紀の現在、ヨーロッパ各国の王室は、進歩的な価値を受け入れつつ、国際平和、福祉、環境、多文化主義などのテーマに取り組み、幅広い支持を得ている。また現代の王室は、偏狭なナショナリズムから意図的に距離を置き、むしろ普遍的な価値の体現者として振る舞う傾向を強めている。

ここで注意すべきことは、このような現代の王室のありようについて、進歩派は概して肯定的であり、むしろ右派の側に不満が見られることである。かつて各国の左派は王制打倒を掲げ、共和制樹立を目指していたが、ある時点で王制の容認に転じ、現在は王室の進歩的姿勢に「共感」する傾向がある。これに対し右派は、歴史と伝統を重視する立場から、本来は王制の主たる擁護者のはずであるが、王室の進歩的姿勢には苦々しいものを感じている。一種の「ねじれ」が生じているのである。

しかし実は、この王室の採る「中道左派」路線が、結果として王制への幅広い国民的支持を可能にしているという面もある。進歩派は王室の発するメッセージや活動に期待し、共感を寄せる。保守派は違和感を抱えつつも、しかし王制の存続そのものを否定することはなく、支持を与え続ける。こうして緩やかに左右両派が一致し、現代の王室を国民の大多数が支持するという構図ができあがる。その意味では、王制をめぐる「ねじれ」が、逆説的に現代の王制の安定を支えているとも言える。

ただ、このような「ねじれ」が生じているのは、ヨーロッパに限らない。むしろ日本においてこそ、「ねじれ」は顕著に生じているのではないか。

周知のように明仁天皇は「戦争の反省」を強調し、平和に強い関心をもち、「日本国憲法を守る」ことを明言するなど、進歩的な傾向が強い。これに対し保守色の強い安倍政権や改憲勢力は、天皇の発言にしばしば違和感を覚えつつも、天皇制そのものへの支持は揺らぐことがない。そして結果として見れば、被災地をはじめ全国各地を訪れて積極的に公務を展開してきた明仁天皇には、政治的立場を問わず幅広く支持が寄せられており、それが二〇一六年の「おことば」への国民的な賛同の確保、そして退位の実現を可能としたと言えるだろう。

いずれにせよ、成熟した現代デモクラシーにおける王室・皇室のあり方を考えることは、私たちが身を置いている、このデモクラシーのあり方そのものを問い直すことにもつながるのである。

本書執筆陣には、日欧はじめ世界の王室・皇室に詳しい第一級の専門家に加わっていただいた。そのおかげで本書は、世界の王室・皇室を俯瞰する論文集としては、類書に例を見ないものになったのではないかと考えている。また執筆者の専門も歴史学・政治学を横断し、ジャーナリストにも加わっていただいたことで、多面的に君主制・天皇制を捉える試みとなった。

本書の構成は、以下のとおりである。まず序章（君塚直隆）は、世界各国の君主制・天皇制の展開と現代をマクロに描き出している。第1章から第4章はヨーロッパの王室を扱い、それぞれ第1章（君塚直隆）はイギリス、第2章（細田晴子）はスペイン、第3章（水島治郎）はオランダ、第4章（松尾秀哉）はベルギーについて論じている。いずれの国でも王室が様々な困難を乗り越えつつ存続してきた歴史があり、そして今、二一世紀にふさわしい歩みを進めていることが示されるだろう。

第5章（櫻田智恵）はタイの王室を扱い、同国における国王とデモクラシーの独自の関係を解き明かす。第6章（原武史）は日本の天皇制を論じ、特に「国体」という観点から戦後史を解きなおし、「国体」とデモクラシーの両立の可否という、重たい問題提起を行っている。そして第7章（宇野重規）は、

「デモクラシーと君主制」という本書のテーマに正面から取り組み、デモクラシーの時代における君主制の可能性と限界を明らかにしている。

また本書には、王室・皇室にまつわる多数のコラムがある。本文で扱えなかった地域やテーマ、とりわけ中東の王妃たちの活動（白谷望）や、天皇の戦跡・被災地訪問に関する考察（北野隆一）もある。世界の多様な君主の姿が浮かび上がってくるだろう。

最後に、用語について説明しておこう。本書では基本的に、現代デモクラシーのもとの君主制度については（「君主政」「王政」ではなく）「君主制」「王制」という表記を用いる。「君主政」は「君主による支配」を意味する場合があるため、君主の支配が続く国を除けば、「君主制」という表記を用いることが適切だろう。「王政」と「王制」についても同様である。

また世界には、国王ではなく、ルクセンブルクのように大公が君主である国もある。本書で扱うのは、主として国王の存在する王制の国であるが、「君主制」の国には、王国に加え、ルクセンブルクなど大公国や公国が含まれる点にご注意いただきたい。

本書をお読みになる読者が、二一世紀に新たな展開を示す各国の王室・皇室を理解する手がかりを得るとともに、現代の多様な「陛下たち」の横顔をご覧になる貴重な機会となれば、幸甚である。

水島治郎

現代世界の陛下たち——デモクラシーと王室・皇室　目次

コラム

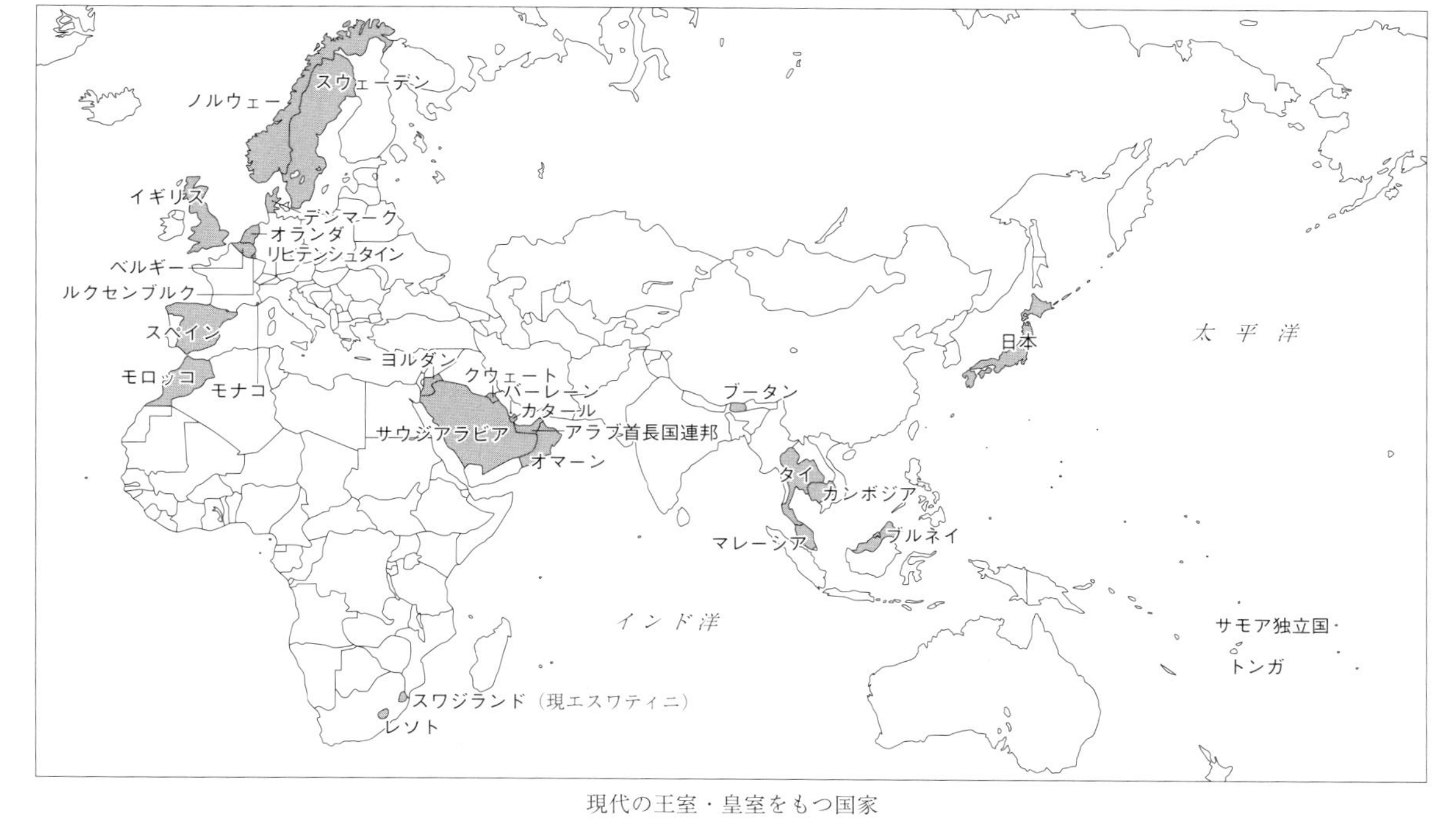

現代の王室・皇室をもつ国家

序章

現代世界の王室

君塚直隆

1　現代世界の陛下たち

ウィンザーでの記念写真

ここに一枚の写真がある。撮影の日付は二〇一二年五月一八日。場所はイギリスのウィンザー城の応接間。撮られているのは二七人の紳士淑女であり、彼らはみな現代世界の王侯たちである。この日、エリザベス二世女王（Elizabeth II）の在位六〇周年（ダイヤモンド・ジュビリー）を記念して、世界中から一八人の王侯、四人の元王侯、五人の王族が一堂に会した。王侯たちの名前を地域別に見ると以下のようになる。

［アジア］日本の明仁天皇、ブルネイのボルキア国王（Haji Hassanal Bolkiah）、マレーシアのアブドゥル・ハリム国王（Abdul Halim）。

［中東］バーレーンのハマド国王（Hamad bin Isa Al Khalifa）、カタールのハマド首長（Hamad bin Khalifa Al Thani）、ヨルダンのアブドラ二世国王（Abdullāh II）

［ヨーロッパ］デンマークのマルグレーテ二世女王（Margrethe II）、スウェーデンのカール一六世グスタヴ国王（Carl XVI Gustaf）、オランダのベアトリクス女王（Beatrix）、ノルウェーのハーラル五世国王（Harald V）、ベルギーのアルベール二世国王（Albert II）、ルクセンブルクのアンリ大公（Henri）、モナコのアルベール二世公（Albert II）、リヒテンシュタインのハンス・アーダム二世侯（Hans Adam II）

［アフリカ］スワジランド[1]のムスワティ三世国王（Mswati III）、レソトのレツィエ三世国王（Letsie III）

［太平洋］トンガのトゥポウ六世国王（Tupou VI）

さらに皇太子や王族を代理で派遣した国は、アジアではタイ、中東ではサウジアラビア、クウェート、アラブ首長国連邦（UAE）、モロッコである。

これだけの王侯たちが集結したのは前代未聞のことだった。現代ヨーロッパで随一の格式と伝統を誇り、二〇一二年当時にはタイのラーマ九世（Rama Ⅸ）を除けば、最長の在位を誇るエリザベス女王の祝賀会だけのことはある。彼らはこの撮影の後で、大広間に場所を移し、接待役のイギリス王族や自らの配偶者とともに一二の円卓に分かれ、優雅な午餐会を楽しんだとされる。

現在の世界の王室

二〇一八年現在、世界には（日本も含めて）二八の皇室・王室が存在する（巻頭図）。上記の写真に写る人物たち二三の国々のほかに、この祝賀会に出席できなかったカンボジア、ブータン（アジア）、オマーン（中東）、スペイン（ヨーロッパ）、そしてサモア独立国（太平洋）の五カ国がある。

さらに、祝賀会の主人公エリザベス二世女王は、正式名称で言うところの「グレートブリテン及び北アイルランド連合王国」、通称「イギリス」の君主であるだけではなく、世界に散らばる他の一五カ国の女王陛下でもある。それは、

［北アメリカ］カナダ

［中央アメリカ］アンティグア＝バーブーダ、バハマ、バルバドス、ベリーズ、グレナダ、ジャマイカ、セント・クリストファー＝ネヴィス、セント・ルシア、セント・ヴィンセント及びグレナディーン諸島

［南太平洋］オーストラリア、ニュージーランド、パプア・ニューギニア、ソロモン諸島、ツバル

という国々である。これらは各々に独自の首相、政府、議会、裁判所を有しているが、国家元首はイギリスの君主が務める「英連邦王国」と呼ばれている。

通常は、女王陛下はイギリスに滞在しているため、これらの国々には総督が派遣される。かつてはイギリス人の王族や貴族が総督に就くことが多かったが、近年ではそれぞれの国出身の貴顕たちが各々の政府から君主への推薦に基づいて就任している。英連邦王国とイギリス王室のつながりは極めて深く、二〇名ほどで構成されている王族たちが毎年いずれかの国に親善に訪れる。二〇一六年一一月から一二月にかけては、女王の孫ヘンリ王子（Prince Henry of Wales のちの Duke of Sussex）が中央アメリカの六カ国を一五日間ほどで歴訪している。

それゆえ現在の世界には、君主が常駐している君主国が二八カ国あり、エリザベス女王が君主を兼ねる英連邦王国を併せると、四三カ国が君主制を採っていることになる。

しかしこの数は、二〇一八年現在で国際連合の加盟国が一九三カ国ある現状では、決して「多数派」とは言えないだろう。今から一〇〇年前の一九一七年一月の時点では、君主制の国家は圧倒的な多数派であった。主要国で共和制を採っていたのは、ヨーロッパの大国ではフランス、中小国ではスイスと革命（一九一〇年）で共和国になったばかりのポルトガルぐらいのものであった。また世界的には、合衆国以南のアメリカ大陸の各国が大統領を戴き、それ以外の大陸はヨーロッパ主要君主国の植民地にされていた。イギリスだけでも世界の陸地面積の四分の一近くを治めていたのだ。

それが一九一七年のロシア革命を境に、次々と君主制が倒されていく状況へと変化していった。二度の世界大戦でヨーロッパ各国の皇帝や国王たちは姿を消し、第二次世界大戦後にはアジア・アフリカ各国が陸続と独立を果たした。いつしか君主国は「少数派」となり、二一世紀の今日では国民が民主主義的な手続きによって自らの国家元首を選ぶのが常道となっているかのようである。

それでは君主制など古代や中世以来の過去の遺物であり、遅かれ早かれこの地球上から姿を消す運命にある、時代錯誤の代物（しろもの）なのであろうか。

たしかに世界的に君主制を採る国が減っていると同時に、それらの君主国でもブルネイや中東の国々を除けば、大半が議会やそれに立脚する内閣（議院内閣・責任内閣）によって現実の政治が動かされている。さらに一九世紀以前に特に君主制を支える中核となっていた貴族階級も、称号だけ残っていたとしても、ほとんどの国で実質的には姿を消している。

とはいえ現代世界の陛下たちの力を侮ってはいけない。たとえばわが国である。日本国憲法の第六条では天皇に内閣総理大臣と最高裁判所長官の任命権があり、第七条では憲法改正、国会召集、衆議院の解散・総選挙、国務大臣の任免や大使の信任状の認証、外国大使の接受などが天皇に認められているのだ。天皇はこの国の政治の中枢に関わる問題に深く携わっている。

もちろん上記の「国事行為」は、内閣の「助言と承認」に基づくものであり、天皇にはかつてのヨーロッパやアジアの絶対君主のような力はない。しかし、日本に限らず、ヨーロッパ各国の君主たちもそれぞれに憲法で定められた力を二一世紀の今も保持し続けているのである。唯一の例外はスウェーデンで、一九七四〜七五年の憲法改正により国王には首相の任免も含めて政治的な権限がなくなった。ただし外国大使の接受や国家元首としての外遊や国賓の接遇など「外交」の側面ではいまだに大きな影響力を備えている。

富裕国の大富豪たち

さらに日本をはじめ、ヨーロッパや中東の君主国は、絶対君主による弾圧に苦しみ、国民の大半が貧窮にあえいでいた一九世紀以前とは様相を異にする。

左頁に掲げた表は国際通貨基金（IMF）が作成した二〇一五年の「国民一人あたりの国内総生産（GDP）」のランキングである。一位のルクセンブルクから三〇位のバハマまでの間に、なんと一三の君主国が入っている。これに先に紹介したイギリス女王が君主を務める英連邦王国を含めると、一七カ国が君主国ということになる。

もちろん国民一人あたりのGDPだけで「豊かさ」が決まるわけではない。日本も含めて各国では貧富の格差も拡がってきている。しかしそうした格差の是正や、公共の福祉が国民の隅々にまでいかに行き渡っているのかという視点から捉えても、第二次大戦後の「社会福祉先進国」と言われるノルウェー、スウェーデン、デンマークはいずれも君主国であり、近年「世界で一番幸せな国」との評判が高いヒマラヤの小国ブータンも君主国なのである。

こうした富裕国の王様たちもまた大富豪である。二〇一一年に経済誌『フォーブス』が発表した数字によると、世界には日本円にして一兆円を超える資産を有する君主が四人いる。タイのラーマ九世国王（約三兆三九〇〇億円）、ブルネイのボルキア国王（約二兆二六〇〇億円）、サウジアラビアのアブドラ国王（Abdullah bin Abdul Aziz Al Saud：一兆三四〇〇億円）、そしてアラブ首長国連邦の大統領でもあるアブダビのハリファ首長（Khalifa bin Zayed Al Nahyan：一兆六九五〇億円）。これ以外にも、リヒテンシュタインのハンス・アーダム二世侯（三九五五億円）やモナコのアルベール二世公（一一三〇億円）、イギリスのエリザベス女王（五〇八億円）、オランダのベアトリクス女王（二二六億円）が続く。

これらの大富豪たちは、中東では石油や天然ガスなどの資源に基づく資産、それ以外では先祖代々からの土地を開発しての収入や株式への投資などで莫大な富を築いている。モナコ公は有名なカジノの経営者、オランダ女王は世界的な石油産業「ロイヤル・ダッチ・シェル」の大株主でもある(2)。

ただしこれらの君主たちは、こうした富を独り占めにしたり、自分たちだけが豊かな暮らしを謳歌しているわけではない。中世以来の「高貴なる者の責務（ノブレス・オブリージュ）」が今も息づく。戦時には率先して国のために戦場に駆けつけ、平時には慈善事業や文化芸術の振興などで国民のために日夜努力しているのである。イギリスを例にとっても、アルゼンチンとのフォークランド戦争（一九八二年）の際には女王の次男アン

国民１人あたりの国内総生産（GDP）ランキング（米ドル）

1	ルクセンブルク	101,994
2	スイス	80,675
3	カタール	76,576
4	ノルウェー	74,822
—	マカオ	69,309
5	アメリカ	55,805
6	シンガポール	52,888
7	デンマーク	52,114
8	アイルランド	51,351
9	オーストラリア	50,962
10	アイスランド	50,855
11	スウェーデン	49,866
12	サンマリノ	49,847
13	イギリス	43,771
14	オーストリア	43,724
15	オランダ	43,603
16	カナダ	43,332
—	香港	42,390
17	フィンランド	41,974
18	ドイツ	40,997
19	ベルギー	40,107
20	フランス	37,675
21	ニュージーランド	37,045
22	アラブ首長国連邦	36,060
23	イスラエル	35,343
24	日本	32,486
25	イタリア	29,867
26	クウェート	29,363
—	プエルトリコ	29,236
27	ブルネイ	28,237
28	韓国	27,195
29	スペイン	25,865
30	バハマ	23,903

出典：国際通貨基金（IMF）。

ドリュー王子（Prince Andrew のちの Duke of York）が従軍しており、近年ではヘンリ王子がアフガニスタンで軍務にあたった。また、女王を筆頭とする二〇人の王族たちで年間三千件の公務をこなし、軍務、社会福祉、学術や芸術の振興、教育、老人医療など三千を超える各種団体の名誉会長や名誉総裁を務めているのである。イギリスは特に王族の公務の負担が大きいが、ヨーロッパ各国の王室もこれと同様の務めを果たしているのである。

君主一人だけではなく、その家系を含めた「王朝君主制」を採る中東諸国では、一族による富と権力の独占と批判されることもあるかもしれない。さらにはアフリカ南部のスワジランド（現エスワティニ）は、二〇一五年のＩＭＦによる試算では、ＧＤＰが世界一五五位（四〇億二八〇〇万米ドル）、国民一人あたりのＧＤＰでも一一七位（三二四〇米ドル）と、決して豊かな国とは言えない。ところがここを治めるムスワティ国王の個人資産は一億ドル（約一一三億円）にも達し、自家用セスナ機や豪奢な宮殿をいくつも保有しており、国内外から批判されることも多い。

このように富と権力を過度に集中させる君主や王家は、民主主義が定着した二一世紀の今日においては生き延びることも難しいと言えよう。それを何よりも証明してくれているのが、二〇世紀の人類の歴史なのである。

2　二〇世紀に消えていった王室

第一次世界大戦と帝国の溶解

今からおよそ一世紀前の一九一三年五月二四日。この日は大英帝国の最盛期を築いたヴィクトリア女王（Queen Victoria 在位一八三七～一九〇一）がもし生きていたら九四歳の誕生日を迎える日であった。彼女はすでに一二年前に鬼籍に入っていたが、植民地や自治領の各地ではこの日は「帝国の日（エンパイア・デー）」と呼ばれ、自分たちが大英帝国の一員であることを確認する祝日とされた。その同じ日に、亡き女王の孫とその配偶者たちがベルリンに一堂に会していたのである。

この日、ドイツ皇帝ヴィルヘルム二世（Wilhelm II 在位一八八八～一九一八）の王女ヴィクトリア・ルイーゼ（Victoria Luise）とハノーファー王家出身のエルンスト・アウグスト（Ernst August）の盛大な結婚式が執り行われた。皇帝はヴィクトリア女王の孫（長女の長男）にあたった。皇帝の従弟（いとこ）でイギリス国王ジョージ五世（George V 在位一九一〇～三六）、そして花婿の親戚でもあるロシア皇帝ニコライ二世（Nikolai II 在位一八九四～一九一七）もお祝いに駆けつけた。ニコライの妻アレクサンドラ皇后（Tsarina Alexandra）もまた、ヴィクトリア女王の孫（次女の四女）にあたった。礼拝式典が済まされると、一一〇〇人もの内外の貴顕たちが宮殿の「白の大広間」で宴（うたげ）を楽しんだ。

皇帝や国王たちはお互いに親戚でもあり、「ウィリー（ヴィルヘルム二世）」「ニッキー（ニコライ二世）」「ジョージー（ジョージ五世）」と呼び合う仲だった。ニッキーとジョージーはウィリーに敬意を表しため、ともにドイツ帝国陸軍の軍服に身を包んで式典に出席した。しかしこれはこの三人が顔を合わせた最後の機会となってしまった。

ベルリンでの華燭（かしょく）の典からわずか一三カ月後、ヨーロッパは悲劇に襲われた。オーストリア＝ハンガリー二重帝国（以下、オーストリア）の皇位継承者で皇帝フランツ・ヨーゼフ一世（Franz Joseph I 在位一八四八～一九一六）の甥にあたるフランツ・フェルディナント大公（Franz Ferdinand）夫妻がボスニアの首都サラエヴォで暗殺されてしまったのである（一九一四年六月二八日）。首謀者はセルビア系の民族主義者の青年であった。老皇帝は「帝国と王朝の名誉」を守ることにあまりにも頑なであった。それと同時に彼の背後にはウィリーがついていた。さらにセルビア側にはニッキーが後ろにいた。

暗殺事件から一カ月後の七月二八日にオーストリアは宣戦を布告した。のちの世に第一次世界大戦（一九一四～一八年）と呼ばれる大戦争の始まりである。最初は「今年のクリスマスまでには終わるだろう」と楽観視されていた戦争は、機関銃や潜水艦、毒ガスなどの開発により、長期化し、泥沼化した。この間に、各国は国家総動員態勢で死闘を繰り広げた。それまで徴兵制など採っていなかったイギリスまでもが一九一六年にこれを導入した。この戦争は史上初めての本格的な「総力戦（トータル・ウォー）」でもあった。

一九世紀までの戦争は、極論を述べてしまえば、国民の数％しか直接的には戦闘に関わりはなかった。貴族や上流階級出身の陸海軍将校と義勇兵たちからなる各国の軍隊同士が、いずこかの戦場で相まみえ、その直後に講和が結ばれる程度のものだった。しかし二〇世紀の大戦は、老若男女すべての国民を動員しなければ勝てない戦争となってしまった。国を守ることは「高貴なる者の責務」から「国民の責務（ナショナル・オブリージュ）」へと大きく変換を遂げていた。「責務」を果たすのだから「権利」を得て然るべきであろう。大戦後の各国では、男子普通選挙権やそれまで与えられていなかった女子選挙権まで付与されるようになった。

とりわけ苛酷な試練が待ち受けていたのは敗戦国においてであった。ドイツではヴィルヘルム二世が大戦末期に退位を表明し、オランダへと亡命した。ホーエンツォレルン王朝とともにドイツ帝国も滅亡した。帝国を構成していた他の王家もすべて同じ運命を辿った。オーストリアでも、老皇帝の跡を継いだカール一世（Karl I 在位一九一六～一八）が敗戦とともにその座を追われた。戦後のオーストリア共和国は、かつてのハプスブルク帝国の四分の一に縮小し、カールは二度にわたりハンガリー王に担ぎ出されたが復位はならなかった。

ニッキーことニコライ二世の運命はさらに苛酷であった。大戦中に勃発したロシア革命（一九一七年）により、三〇〇年続いたロマノフ王朝は崩壊した。翌一八年七月に幽閉中だったニッキーとその家族は全員銃殺された。

これら三帝国はいずれもナポレオン戦争（一八一五年終結）後にヨーロッパで勃興した、自由主義（リベラリズム）（より下の階級に政治参加を認める）や国民主義（ナショナリズム）（民族主義）を認めず、これを抑圧し、弾圧し続けていた。しかし第一次世界大戦でこの二つは今や時代の趨勢（すうせい）となり、これについて行けなかった皇帝たちは追い出され、帝国は崩壊したのである。大戦後に各国で大衆民主政治が確立されるとともに、専制主義的な王侯たちは姿を消す運命にあった。

第二次世界大戦の余波

第一次世界大戦は勝者にも苦難をもたらした。この大戦に動員された数は、世界中で六四〇〇万人を超えていた。それはヨーロッパ各国にとどまらず、それぞれの自治領や植民地にも及んだ。カナダやオーストラリアなどからの援軍に頼ったイギリスは、戦後には自治領にさらなる権限を付与した。大戦で六万人以上の戦死者を出したインドでは、戦後には独立運動が高揚し始めていた。

他方で、ヨーロッパの平和は長くは続かなかった。イタリアではベニート・ムッソリーニ（Benito Mussolini）率いるファシスト党が登場し、共和国となったドイツでも世界恐慌のあおりも受けて、アドルフ・ヒトラー（Adolf Hitler）のナチスが政権を獲得した。個人の自由や権利を否定し、国家全体の利益を前面に押し出す「全体主義」が世界を席巻（せっけん）した。一九三一年に革命で王政が倒されたスペインでは、三六年から内乱が生じ、独伊両国に後押しされたフランシスコ・フランコ将軍（Francisco Franco）の独裁政権が樹立された（三九年）。

こうしたなかで、まずはヨーロッパ、次いで世界中が第二次世界大戦（一九三九～四五年）へと突入した。ヒトラーのドイツ軍は最新鋭の戦車と戦闘機を組み合わせた「電撃戦」により、一九四〇年春から北部・西部のヨーロッパ諸国を次々と打ち破っていった。デンマーク、ノルウェー、オランダ、ベルギー、ルクセンブルクといった国々が順次ナチスの占領下に入った。六月にフランスが降伏すると、イギリスだけが徹底抗戦の構えを見せていた。ドイツはイタリアも戦争に引き入れ、翌四一年にはユーゴスラヴィアとギリシャが降伏させられた。さらにルーマニア、ブルガリア、ハンガリーは枢軸国側に組み込まれた。

ヨーロッパ大陸の大半がナチスの軍門に降（くだ）るなかで、一九四一年の独ソ開戦と日米開戦は大戦の転機となった。翌四二年半ば頃から、米英ソの連合国側が反撃に転じたのである。一九四三年九月にイタリアが、四五年五月にドイツが、そして同年九月に日本が正式に降伏し、世界大戦は終結した。

　この大戦もまた勝敗のゆくえに応じて、陛下たちの命運を分けたのである。一九四〇年五月一〇日にドイツ軍の侵攻を受けるや、オランダのウィルヘルミナ女王（Queen Wilhelmina 在位一八九〇～一九四八）は着の身着のままでロンドンに亡命し、BBCのラジオを通じて国民に抵抗運動(レジスタンス)を訴え続けた。ルクセンブルクのシャルロット女性大公（Grand Duchess Charlotte 在位一九一九～六四）も同じ道を選んだ。ノルウェーでもホーコン七世国王（Haakon VII 在位一九〇五～五七）が四月九日のドイツ軍侵攻時から徹底抗戦を呼びかけ六月七日までもちこたえた後にロンドンに亡命し、同じように自国民に訴えた。彼らの子や孫たちは、より安全なカナダや合衆国へと逃れ、大戦終結後に故国に帰った。「大戦の英雄」となった王室は、戦後も比較的安定した体制を維持できた。

　同じくドイツ軍に侵攻されたとはいえ、ベルギーはこれとは異なる運命を辿った。国王レオポルド三世（Leopold III 在位一九三四～五一）は自ら降伏し、国民とともに祖国にとどまった。彼はあくまでも「中立」の堅持を掲げ、ドイツに協力的な態度はとらなかった。しかし連合軍側はもとより、国民の間でもこれは「裏切り」行為であると感じるものが多かった。戦後には国民投票も行われ、この国に特有の地域的・言語的な分断状況も反映し、諸手を挙げて国王の復帰を歓迎するというわけにはいかなかった。一九五一年に国王は退位を決めた（第4章を参照）。同様に一日にしてドイツに降伏したデンマークではあったが、老国王クリスチャン一〇世（Christian X 在位一九一二～四七）はドイツ占領軍に対する非協力的な態度を鮮明にし、自国のユダヤ人引き渡しにも最後まで応じなかった。また占領が始まった翌日から、国王はお付きもつけずに毎朝馬でコペンハーゲン市内を散策し、自国民を見守り続けた。ドイツ兵が敬礼しても見向きもせず、それは国王による「無言の抵抗」と国民は受けとめた。朝の乗馬は国王が一九四二年一〇月一九日に落馬で重傷を負うまで続けられ、戦後に王室は国民とともに祖国の復興を担い続けていくことになる。

そして敗戦によって痛手を受けたのが、イタリアのサヴォイア王朝であろう。ムッソリーニの独裁を許した王家はその責任をとらされた。一九四六年六月の国民投票で王政の廃止に賛成が五四%、反対四六%で、イタリアは共和国へと転じてしまった。第一次・第二次両世界大戦を通じて、敗戦国のなかで君主制を維持し続けたのは、天皇制の残った日本だけなのである。

大戦に翻弄された幼い王たちもいた。ルーマニアのミハイ一世（Mihai I 在位一九二七～三〇、四〇～四七）は、奔放な父に振り回されわずか六歳で即位するも、その父に追い落とされた後に祖国は枢軸国側につかされた。大戦末期に連合国側に転じるも、戦後はソ連の影響下に置かれ、一九四七年に王位を追われた。ブルガリアのシメオン二世（Simeon II 在位一九四三～四六）も六歳で即位したものの、終戦直後に同じく共産主義勢力によって放逐された。彼らはその後、長い亡命生活を送ったが、一九八九年以降の共産主義体制の崩壊とともに故国に戻り、シメオンは総選挙に勝利して首相にまでなっている。

先のエリザベス女王の在位六〇周年記念の写真では、それぞれの王侯が即位した順に女王の左右に座っている。その最上席に座るのがミハイであり、次席がシメオンなのである。数奇な運命を辿った二人の陛下であった。

革命とクーデタ：中東の陛下たち

第二次世界大戦後の世界は、米ソ冷戦という新たな局面に入った。ナチスから解放された北欧や西欧では君主制がとどまり続け、東欧ではソ連の影響を受けた共産党一党独裁体制がそれに取って代わった。一方で、米ソ両陣営の確執は、ヨーロッパから世界大の規模へと拡大を続けた。それは中東にも現れた。

第一次世界大戦は、ハプスブルク、ロシア、ドイツとともに、イスラームのオスマン帝国の崩壊をも決定づけた。ドイツ・オーストリア側についたオスマンを攪乱するため、イギリスは有名な「アラビアのロレンス」などを使って、長年オスマンの支配下に置かれてきたアラブ諸族の反乱を煽動した。戦後には彼らに王国が与えられた。ヨーロッパで君主たちが消滅していくなかで、中東では新たな陛下たちが姿を現すことになった。

大戦中からの密約により、旧オスマン帝国領東アラブはイギリス（イラク、パレスチナ、ヨルダン）とフランス（シリア、レバノン）の委任統治領とされ、両大国の権益が守られるかたちで順次独立も与えられていった。一九二一年には「アラブの反乱」で協力したハーシム家のファイサル（Faisal I 在位一九二一～三三）を国王に戴くイラク王国が正式に認められた。同年にはイギリスによって一方的にエジプトの独立も宣言されたが、四〇年にわたり事実上の支配権を行使してきたイギリスの通信や運輸施設、防衛などの「特権」を残しての独立には民族主義者たちの反発が強まった。アラビア半島の中央部では、ファイサルの父フサイン（Hussein ibn Ali）がヒジャーズ王を名乗っていたが、一九二五年にイブン・サウード家のアブドゥルアジーズ（Abdulaziz, Ibn Saud 在位一九三二～五三）によって倒され、三二年にはサウジアラビア王国が誕生した。

第二次世界大戦中には、エジプトやモロッコ、リビアなど北アフリカも戦場となり、中東では英仏などに反感を抱く民族主義的な軍人たちが力をつけて、独伊の枢軸国側と裏で提携するような場合も見られたが、中東諸国は基本的には米英ソの連合国側に協力した。しかし、大戦後のパレスチナにイスラエルが建国されるや（一九四八年）、それはそのまま第一次中東戦争へと発展した。この戦いに敗れたエジプトでは、敗戦の原因はムハンマド・アリー王朝に代表されるアラブの王家が英米と癒着し、腐敗していることにあると主張する青年将校らの秘密結社（自由将校団）が結成された。その指導者がナセル大佐（Gamal Abdel Nasser）である。一九五二年七月にナセルらは軍事クーデタを成功させ、翌五三年六月に王朝は崩壊し、エジプトは共和制へと移行した。

こののち近代化を図るナセルは英米と衝突し、一九五六年七月にスエズ運河（長年英仏の支配下にあった）の国有化を宣言した。これを契機とするスエズ戦争では、戦闘では敗北したものの、国際世論を味方につけたナセルは外交で勝利をつかんだ。英仏の帝国主義が音を立てて崩れた瞬間であった。同年にはフランス領チュニジアとモロッコが独立を果たしたが、翌五七年に前者はフサイン王朝を廃止して共和制へと移行し、後者ではムハンマド五世（Mohammed V 在位一九五七～六一）が「国王」を名乗って自国を王国に昇格させるという極めて対照的な現象が見られた。

またエジプトでの動きに敏感に反応したのがハーシム家が支配するイラクであった。すでに戦後すぐから反英暴動が絶えなかったイラクでは、民族主義の勃興とも相まって、一九五八年七月に自由将校団による軍事クーデタが決行された。まだ二三歳という若き国王ファイサル二世（Faisal II 在位一九三九～五八）をはじめ、王族が皆殺しにされるという悲惨な結末となった。王朝は滅亡し、イラクもまた共和制へと転じた。

隣国イランにも民族主義の波は襲いかかっていた。第一次大戦後の一九二五年にカージャール王朝のペルシャ帝国が倒壊され、国軍総司令官だったレザー・シャー（Reza Shah Pahlavi 在位一九二五〜四一）によりパフラヴィー王朝が形成された。国会議員の大半を自派で固め、軍事独裁体制を採っていた彼は第二次大戦の勃発とともに、それまでイランを苦しめてきたイギリスとソ連を放逐しようとドイツに近づいた。それが命取りとなった。四一年八月に英ソ両軍がイランに進駐し、若干二二歳の息子モハンマド・レザー（Mohammad Reza Pahlavi 在位一九四一〜七九）を皇帝に据え、父親を追放した。こののちも、イランの石油利権は米英ソ三大国の支配下に置かれた。しかしこの間にイランの財政は破綻しており、主要政治家たちの一致した見解が石油の国有化だった。

一九五二年にモハンマド・モサッデク（Mohammad Mosaddegh）首相が国民からの圧倒的な支持を背景に石油国有化政策を進めようとしたが、翌五三年八月にシャー（皇帝）とアメリカ（ＣＩＡ）の結託によりモサッデク政権は転覆させられた。五四年にはイギリスの石油資本ＢＰなどとの協定により、イランの石油は再び英米などの支配下に置かれた。その後シャーは、一九六三年に農耕地の分配や森林の国有化、さらには婦人参政権などを盛り込んだ改革運動である「白色革命」を推進しようとしたが、ルッホラー・ホメイニー（Sayyid Ruhollah Mūsavi Khomeini）を指導者とする宗教界から非難を浴びるとともに、「欧米かぶれ」の政策は民族主義者たちからも反感を買った。シャー自身は欧米資本との癒着で莫大な利権を得ていたが、国民の大半は貧窮にあえいでいた。

こうした国民感情を逆撫でするかのように、一九七一年一〇月には世界中から王侯や政治指導者を招いて「ペルシャ帝国建国二五〇〇年記念式典」が大々的に開かれた。古都ペルセポリスの特設会場に集まった六〇〇人以上にのぼる賓客たちは、シャーがパリの高級店マキシム等に頼んで呼び寄せた一八〇人もの調理人と給仕から接待を受け、最高級のフランス料理と二万五千本ものワインやシャンパンでもてなされた。当時の邦貨で総額一〇〇億円近い莫大な費用がかかったとされる。そのツケは八年後に支払わされた。一九七九年一月に反体制派による革命が成功し、シャーは故国を去った。ここにペルシャ帝国二五〇〇年の歴史も幕を閉じたのである。

3　二一世紀の王室の運命

デモクラシーと人権の尊重

これまで見てきたとおり、二〇世紀の世界の王室は、総力戦となった大戦での敗北も理由にはあったが、その多くが君主個人に権力と富を集中させ、自由主義や国民主義といった潮流とは逆行するような抑圧策を採った場合に、国民から支持を受けた軍部のクーデタや人民革命によって姿を消していった。

第二次大戦後のアラブ世界では殊にその傾向が強く、欧米寄りの専制君主と見なされた場合には、特に民族主義者たちの格好の標的とされた。しかし中東にはいまだに強固な君主制も存在している。エジプトやリビア（一九六九年に王制廃止）、チュニジアやイエメン（六二年に王制廃止）、さらにはイラクやイランといった王国では、いずれも君主以外の政府や陸軍の要職が基本的には王族以外の人物たちによって占められていた。これに対して、サウジアラビア、カタール、バーレーン、クウェート、アラブ首長国連邦といった国々では、君主の親族（支配家系）が君主と一体となって、内閣や軍部の要職を占めながら政権運営に携わる「王朝君主制」を採っているとされている。このため前者では君主とその取り巻きだけを排除すれば政権も転覆できたが、政軍双方の主要幹部すべてを倒さなければ「王朝君主制」を覆すことはできない[3]。

こうした「王朝君主制」は上記のペルシャ湾岸に集まるアラブ諸国のなかでも、比較的最近になって始まった体制である。とはいえ、これでアラブの王様たちの基盤が万全であるとは言い難い。二〇一〇～一二年に、北アフリカからアラビア半島にかけての各国に拡がった「アラブの春」と呼ばれた反体制運動では、これら「王朝君主制」の君主たちも変革を迫られることとなった。サウジアラビアでは地方行政区議会で女性に参政権を与えることが約束された。クウェートでは腐敗を糾弾された内閣が総辞職に追い込まれ、バーレーンでは富の再配分と政治犯の一部釈放が実行された。ただし、これらの動きはいずれも「王朝君主制」そのものの倒壊には至っていない。

アラブ世界に限らず、君主制は政治・経済・社会・文化にとって「連続性と安定性」を与える象徴といえる。思えば「アラブの春」で倒壊された体制は、すべて君主制を打ち倒し、政権樹立当初は民主政治（デモクラシー）や人権を尊重すると声高に唱えておきながら、その後には長期独裁政権へと姿を変えたものばかりであった。運動の引き金となったチュニジアのベン・アリー政権（一九八七～二〇一〇年）、エジプトのムバラク政権（一九八一～二〇一一年）、リビアのカダフィ政権（一九六九～二〇一一年）、イエメンのサーレハ政権（一九九〇～二〇一二年）は、いずれも政権末期には、国民からの改革や民主化要求の声を武力等で鎮圧してきた独裁体制であった。いつしか彼らは、かつて自らが否定してきた「専制君主」に成り下がっていたのかもしれない。

また、一度民主化が進められても、少数派の人権を侵害したり、王家が富を独占するような体制が続けば、君主制の基盤はもろくも崩れる。二〇〇八年五月に王制が倒され、連邦民主共和制に衣替えしたヒマラヤの小国ネパールでは、民主化を進めたビレンドラ国王（Birendra 在位一九七二～二〇〇一）の家族全員が皇太子に銃殺されるという痛ましい事件（二〇〇一年六月）の後に、王弟のギャネンドラ（Gyanendra 在位二〇〇一～〇八）が王位に即いた。だが彼は兄の改革路線を逆行させ、再び専制君主のように振る舞い、政府や議会とも衝突した。国民からの信頼も失った彼はわずか七年で王座を追われた。

「デモクラシー」も「人権」もいずれも近現代の欧米で生じ、世界中に広まった考え方である。欧米とは異なる歴史や伝統を培ってきたアラブやアフリカ、あるいは中央アジアには馴染みが薄い考え方でもあるかもしれない。しかし「アラブの春」という巨大な運動にも象徴されるように、今やこの二つは世界規模で尊重されるべき政治体制であり、人間の権利でもある。もともとこうした思想が生まれたヨーロッパはもとより、それ以外の地域で君主制が存続していくためには、陛下たちがこの二つを尊重していく姿勢が前提条件となろう。

男女平等と王位継承

「デモクラシーと人権」とともに、二一世紀の現代世界で極めて尊重されている考え方が「男女同権」であろう。これまた二〇世紀の欧米世界に登場してきた発想である。実は一九世紀においては、イギリスやフランスなど比較的自由主義が進んだヨーロッパ各国においても、国政選挙における選挙権はもとより、教育や就労にあたっても厳然たる男女差別は見られた。その転機となったのは、先にも述べたが、第一次世界大戦という総力戦であった。成年男子が戦場に赴いていた銃後では、勤労動員に駆り出された女性たちの働きが重要であった。大戦後には、勝った側でも負けた側でも、女性にも選挙権が与えられた。さらに第二次世界大戦後には、女性へのさらなる権利の付与が叫ばれた。

こうした声にいち早く敏感に応じたのがデンマーク王室であった。国王フレゼリク九世（Frederik IX 在位一九四七～七二）は三人の子宝に恵まれていたがいずれも女子であった。ところがその当時の憲法では男子のみ王位を継承できた。一九五三年に憲法は改正され、女子にも男子と同等の王位継承権が認められた。ヨーロッパのその他の王室では、イギリスのように女子にも継承権はあるが、男子が優先される場合が多かった。スウェーデンの改革（一九七九年）を嚆矢（こうし）に、こののちオランダ（八三年）、ノルウェー（九〇年）、ベルギー（九一年）、デンマーク（二〇〇九年）、ルクセンブルク（一一年）、イギリス（一三年）、という具合に、各国の王室は次々と「男女を問わず第一子の継承権を優先」する継承法へと変えていった。二〇一八年現在、スペインだけは相変わらず男子優先であるが、女子にも継承権はある。現国王フェリペ六世（Felipe VI 在位二〇一四～）の次の王位継承者第一位は「皇太子」レオノール王女（Leonor de Borbón, Príncipe de Asturias）である。

このような王位継承権での「男女平等」と並び、王室における女性の役割として重視されるのが「王室外交」での位置づけであろう。

ヨーロッパの王室では、君主が男性の場合には、女性配偶者が「国賓」として夫とともに海外を訪れたり、逆に外国からの賓客を夫と一緒に接遇することは当たり前となっている。しかし、男尊女卑の考え方の強いイスラームの国々、とりわけアラブ世界では海外訪問は男性君主のみによって行われ、外国からの賓客を接遇する際にも女性が前面に出てくることはない。また、王妃が接遇にあたる場合にも、国王は男性君主（および男性随行員）とのみ、王妃は女性の賓客（および女性随行員）とのみ行動をともにしたり、午餐会や晩餐会を開く。

イギリスのエリザベス二世女王のような女性君主の場合には、アラブ世界では「名誉男性」として位置づけられ、男性の国王や首長たちから普通に歓待を受ける。ただし常に彼女の身の回りの世話をする女官たちは、そこには何ものもいないかのごとくに「丁重に黙殺される」ことになっている。

こうした接遇のあり方にも徐々に風穴が開けられつつある。ヨルダンのアブドラ二世国王と一九九三年に結婚されたラーニア王妃（Rania Al-Abdullah）は、夫が王位を継承した（九九年）後、国内では女性のための職業訓練学校の設立や児童虐待の防止策の推進に尽力し、国際的にも国際連合児童基金（ユニセフ）の親善大使を務めるなど、積極的な活動を展開してきた。また、モロッコのムハンマド六世（Mohammed VI 在位一九九九〜）と二〇〇二年に結婚したラッラ・サルマ妃（Lalla Salma）も、同じく国内外で女性や子どものための基金の設立や活動に余念がない。そして二人とも、それ以前の両国の王妃たちとは異なり、夫とともに国賓を接遇し、また海外訪問も行っているのだ（コラム13を参照）。

中東世界でも比較的早くに「民主化」の進んだヨルダンとモロッコに比べると、サウジアラビアやバーレーン、クウェート、アラブ首長国連邦ではいまだに女性王族が表に出る機会は少ない。唯一の例外が、カタールの前首長妃で現首長の生母であるモーザ妃（Sheikha Mozah bint Nasser）ぐらいであり、彼女もまた国内での女性と子どものための支援活動と並び、国外では夫とともに国賓として各国を訪れ、

「王室外交」の一翼を担ってきた。

中東のイスラーム諸国では、保守的な政治勢力も根強く存在し、彼らはラーニア王妃たちのような女性王族の積極的な活動に批判的でさえある。しかし、時代は大きく移り変わっているのであり、異文化理解はもちろん、異宗教間の対話の必要性も叫ばれている今日、アラブ世界においても女性たちの力は大いに必要とされているのではないだろうか。

世代交代の波

二〇一六年八月八日、日本列島は天皇陛下の「おことば」の発表で揺れ動いた。八〇歳を過ぎた高齢の身では、「象徴」天皇としての務めを続けることは難しくなっており、次世代に譲位されたいとのお気持ちであった。明治以降の天皇では初めてのことであり、政府を中心に対応が協議された。この「おことば」は記者会見形式ではなく、陛下が事前にビデオ録画したものをメッセージとして国民に発したものである。同時間帯（午後三時から）にすべての放送局から一斉に配信され、しかも国民の目を直接ご覧になっての方式は、もちろん日本では前代未聞の試みであったが、国民には大きな衝撃を与えたとされる。

この方式を「譲位」という意思の伝達手段として初めて公にしたのは、陛下とも皇太子時代より親しいオランダのベアトリクス女王（在位一九八〇～二〇一三）である。この国を三〇年以上にわたって支えてきた女王は、まだ健康的に問題もなく、国民からの支持という点でも圧倒的な人気を誇っていたにもかかわらず、二〇一三年一月に退位の意向を表明し、同年四月には皇太子ウィレム・アレクサンダー

（Willem-Alexander 在位二〇一三〜）に王位を譲ると発表した。このときもあらかじめ録画したビデオで、国民一人ひとりの目を見ながらの切々たる演説であった。国民もこれで女王の気持ちに納得した。

そもそもが高齢と（国民の多くとの）世代の違いを理由とする譲位の端緒は、女王が敬愛してやまなかった祖母ウィルヘルミナのとき（一九四八年）に遡ることができる。跡を引き継いだユリアナ（Queen Juliana 在位一九四八〜八〇）もこれに倣って、長女ベアトリクスに王位を譲り渡していた。

ベアトリクス退位と同じ年の七月には、やはり高齢と病気を理由にベルギーのアルベール二世（在位一九九三〜二〇一三）も皇太子フィリップ（Philippe 在位二〇一三〜）に譲位を表明し、ベアトリクスと同じようにビデオメッセージで国民に語りかけた。ベルギーの場合には、国王自身が政党間の調整役でもあり（第4章を参照）、長引いた政争が一段落したあとの国王の偽らざる気持ちが表れていたと言えよう。ルクセンブルクでも一九六四年、二〇〇〇年と同じく大公位が生前に譲位されており、ベネルクス三国では君主の譲位はそれほど珍しいことではなくなっている（第3章・第4章を参照）。

逆にノルウェー、スウェーデン、デンマークの北欧三国では譲位は見られない。同様に、二〇一六年四月に満九〇歳の誕生日を迎え、現在世界最年長の君主となったイギリスのエリザベス女王も、一八年秋に七〇歳を迎える長子チャールズ皇太子（Prince Charles）に王位を譲り渡す気はないようである。北欧でもイギリスでも、君主に不測の事態が生じた場合には、皇太子を摂政に立てて君主の執務を代行させるという慣習がこれまでも根づいてきた。

君主の高齢化もあるが、王族のスキャンダルで退位に追い込まれてしまったのが、スペインのファン・カルロス国王（Juan Carlos I 在位一九七五〜二〇一四）であろう。フランコ独裁体制後にスペインで民主化路線を進める上で、国王の指導力は卓越したものがあり、国民からの人気も絶大であった。しかし、近年の王女とその夫君の収賄事件なども関わり、二〇一四年六月にフェリペ皇太子に譲位した（第2章を参照）。

このようにヨーロッパだけを例にとっても、それぞれのお国柄で陛下たちや王室のあり方も個々に異なってはいる。しかしいずれの君主にも共通していることは、二一世紀の今日においては、国民からの支持がなければ君主制は成り立たなくなっているということであろう。

一時期のアラブ世界の王侯たちのように、莫大な富を私有財産と勘違いして独占し、自らの意に沿わないものは容赦なく弾圧する、という態度ではもはや通用しない。むしろ国のため、国民のために日夜努力し、子どもや女性、老人や障害者、さらには貧困に悩む人々といった社会的な弱者を救うための活動や、身を呈して自国や世界の平和のために尽力する姿こそが、「象徴」として国民全体が君主や王族に望む理想像なのであろう。

エリザベス二世を例にとっても、年間二〇〇件を超える公務（宮殿の外での各種行事という意味）を担い、それ以外に日本でいう「国事行為」に相当する業務をこなし、年間の叙勲者二千人以上の一人ひとりに勲章を授与し、六〇〇にも及ぶ各種団体のパトロンとして様々な催しに参加する姿は、日本流でいう「卒寿」を越えた女性の日常生活とはとても思えない「超人的な」活動であろう。

これまでもたびたび指摘してきたとおり、世界に拡がる二八の君主国には、それぞれの先人たちが培ってきた歴史や文化、伝統がある。それを十把一絡げに論ずることはできない。しかし、その各々の伝統を踏まえた上で、海外の王室が生み出した新たな要素を柔軟に採り入れていくことも、これからの何百年、何千年の君主制の伝統を支えていくために必要なことではないだろうか。

註

（1）二〇一八年四月に独立五〇周年を迎えたスワジランドは、これを機に国名を「エスワティニ王国」と改めることになった。

（2）"Report: The World's Richest Royals", *Forbes*, April 29, 2011.

（3）松尾昌樹『湾岸産油国——レンティア国家のゆくえ』講談社選書メチエ、二〇一〇年、第四章。

読書案内

君塚直隆『立憲君主制の現在——日本人は「象徴天皇」を維持できるか』新潮選書、二〇一八年。

＊世界の君主制の現情を比較し、日本の天皇制の今後についても考察する。

女王陛下とイギリス王室

——地上最後の王様？——

君塚直隆

1　千年の歴史をせおって

在位六五年（サファイア・ジュビリー）を超えて

世界中が騒乱の渦にある。いずれこの世には五人の王しか残らなくなるだろう。イングランドの王、スペードの王、クラブの王、ハートの王、そしてダイヤの王である。(1)

これは第二次世界大戦が終結した三年後（一九四八年）に、ときのエジプト国王ファルーク（Farouk I）が残した有名な言葉である。この四年後の七月にファルーク自身もクーデターで王位を追われ、エジプトの君主制も崩壊する。自らの運命を予兆したかのような言葉であった。

そのファルークが退位する五カ月前、彼が「最後まで生き残る王」と表現したイギリス（イングランド）に二五歳の若き君主が誕生した。エリザベス二世（Elizabeth II 在位一九五二〜）。彼女の戴冠式（一九五三年六月二日）は、エジプトでムハンマド・アリー王朝が廃絶される二週間ほど前に、ロンドンのウェストミンスター修道院で厳かに執り行われた。世界中から貴顕が招待されるなか、日本の明仁皇太子（現天皇陛下）の姿も見られた。この戴冠式を政府側から取り仕切ったのが、当時七八歳で大戦の「英雄」サー・ウィンストン・チャーチル首相（Sir Winston Churchill）である。彼はこの三カ月前に、修道院のすぐ隣に建つ国会議事堂内の会堂（ホール）で開かれた午餐会の席で、臨席するエリザベス女王をも含めた賓客らを前に、次のように演説した。

女王陛下、この古い歴史をもつ名誉ある殿堂において、王室と議会との葛藤が長年にわたり繰り広げられてまいりました。そしてわれわれの大半がいまこの瞬間も、オリヴァー・クロムウェル（Oliver Cromwell）の銅像から一〇〇ヤードと離れていない場所に座っていることを承知していることと存じます。しかしながら陛下、そのような抗争の時代は過ぎ去ったのです。もはや王室と議会の対決ではなく、両者の共存の時代がおとずれたのであります。われわれの島国では、何世紀にもわたる試行錯誤と忍耐の結果、極めて見事な結論を見出すことに成功を収めたのです。それはこういうことです。女王は決して不正を犯されるはずはないと。(2)

この演説から六五年もの歳月が流れた。二〇一六年四月二一日に女王は九〇歳の誕生日を迎え、翌一七年二月六日には在位六五年（Sapphire Jubilee と称す）を超えた。彼女が即位した二〇世紀半ばと、二一世紀も一〇年代を終えようとする現在とでは、イギリスのみならず、世界全体が大きく変わってしまった。それでも変わらずに「君臨」するのが、ファルークが予見したイギリス王室とこの女王陛下なのかもしれない。その秘密とはいったい何なのか。

本章では、君主制とは一見相反するかに思える民主政治（デモクラシー）との共存を果たし、現代世界の陛下たちの頂点に立つイギリス王室のあり方を、エリザベス女王を中心に検討していくことにしよう。しかし、まずはこの国の「王権と議会」が繰り広げてきた千年の歴史について簡単に振り返っておきたい。

「海峡をまたいだ」王たちの悲劇

イングランド王国に議会の原型が登場したのは、いまから千年以上前のアゼルスタン王（Athelstan 在位九二四〜九三九）の時代のことである。それは「賢人会議（ウィテナイェモート）」と呼ばれ、地理的にも社会的にも様々な「賢人（ウィタン）（聖俗諸侯）」らが集められ、社会的な協調と政治的な安定を維持するために、キリスト教の祝祭日に合わせて定期的に開催された。やがて、現在のフランス北西部のノルマンディからウィリアム一世（William I 在位一〇六六〜八七）が「征服王」として登場すると、彼はイングランド古来からの祖法を守ることを約束して、この賢人会議で王位を認められ、即位することになった。

ウィリアム以降のイングランドの歴代の王たちは、「海峡をまたいだ王国」を統治しなければならなくなった。彼自身、二〇年の間に九回も海峡を往復し、支配を確実にしていった。さらに彼の曾孫にあたるヘンリ二世（Henry II 在位一一五四〜八九）の時代になると、イングランド王はグレートブリテン各地やアイルランド、さらに現在のフランスの西半分も統治する「アンジュー帝国」と呼ばれた広大な領土を守らなければならなくなった。ヘンリが三五年近くに及ぶその統治期間にイングランドで過ごしたのは一三年に過ぎず、残りの二二年はフランス各地を廻っていたのである。その留守中のイングランドの統治は賢人会議に託すしかなかった。また、四方を敵に囲まれた（息子や妃の反乱にも悩まされた）ヘンリは、領土を防衛するための遠征費も捻出しなければならず、その課税においても賢人会議からの了承は不可欠となった。

このヘンリ二世の時代に賢人会議はフランス語で「パルルマン」と呼ばれるようになった。しかし、ヘンリの末子ジョン（John 在位一一九九〜一二一六）の時代にノルマンディはフランス王に奪われ、その奪回で失敗を重ねたジョンと諸侯との確執が深まった。ついに諸侯らは不当な課税を禁じる「大憲章（マグナ・カルタ）」を国王に突きつけ（一二一五年）、これ以後、王は諸侯らの会議に無断で増税は行えなくなった。一三世紀半ばまでには、「パルルマン」は英語で「議会（パーラメント）」と呼ばれるようになる。フランスでは一〇世紀からの三〇〇年ほどは王位継承が順調に進み、国王の領土も集中していたため、諸侯よりも王権が強化された。イングランドでは王位継承争いが相次ぎ、領土防衛にも困難を極めたことから、王権より諸侯らの集まりの方が力をもつようになったと考えられる。

そのフランスで王家の直系が途絶え、直系の血筋を引くイングランド王エドワード三世（Edward III 在位一三二七〜七七）が英仏百年戦争（一三三七〜一四五三年）を引き起こしたが、彼の治世までには議会は、聖俗の有力諸侯からなる「貴族院」と騎士や都市代表からなる「庶民院」の二院へと分かれる。百年戦争に敗退したイングランドは、その直後にはバラ戦争（一四五五〜八五年）と呼ばれる内乱に突入し、その勝利者であるヘンリ七世（Henry VII 在位一四八五〜一五〇九）によってテューダー王朝が形成された。この王朝でも歴代の王たちは、たとえばイングランド国教会の設立（一五三三～三四年）などの重要な政策については、必ず議会の了承を得てから進めていった。

王権と議会のせめぎ合い

一六〇三年三月、世継ぎのいなかった女王エリザベス一世（Elizabeth I 在位一五五八～一六〇三）に替わり、スコットランド国王がイングランド国王を兼ねてジェームズ一世（James I 在位一六〇三～二五）に即位した。彼は「王権神授説」を唱える王ではあったが、議会の権限も十分に尊重はした。しかし、次代のチャールズ一世（Charles I 在位一六二五～四九）のときに種々の問題で国王と議会の対立が表面化した。国王は一一年にわたり議会を開かず、不当な課税や逮捕・投獄も相次いだ。ここに「清教徒（ピューリタン）革命」（一六四二～四九年）と呼ばれる国王軍と議会軍の内乱が勃発し、敗れた国王は断頭台の露と消えた。

こののち、革命の英雄クロムウェルを指導者とする「共和政」（一六四九～六〇年）が登場し、政府はスコットランドやアイルランドにも武力でその支配を広めた。新たに「護国卿（ロード・プロテクター）」に就任したクロムウェルは、議会から「王位」への推戴を受けながらも拒否したが、彼の護国卿就任式は「戴冠式」そこのけの豪奢（ごうしゃ）なものであった。しかしクロムウェルの死後に共和政は崩壊し、王政が復古した。イングランド政治の安定には、これまで培われてきた「国王、貴族院、庶民院」の三位一体での均衡と協調が必要であるとの認識がここに定着した。国王となったチャールズ二世（Charles II 在位一六六〇～八五）は「現実主義と柔軟性」をモットーに、国王大権による課税も捨てて、議会との協調を第一とした。実は国王はカトリックに改宗していたが、当時のイングランドとスコットランドではカトリックは少数派

（人口の一％程度）であるとともに、有力者からも嫌悪されていたため、強引な宗教政策は控えていた。

ところが、次代の弟ジェームズ二世（James II 在位一六八五～八八）がカトリックの復権を進めようとするや、国王と議会との対立は頂点に達する。ここに議会側と手を結んだ王の女婿にしてオランダ総督が国王一派の追放に成功し（名誉革命）、ウィリアム三世（William III 在位一六八九～一七〇二）として王位に即いた。戴冠式（一六八九年）では、「イングランド諸王により与えられた法と慣習を人民に与えることを確認する」というそれまでの宣誓文が「議会の同意により制定された法と、同様に定められた慣習に基づき、人民を統治する」という文言に改められた。同年に制定された「権利章典」でも、「議会の合意のない法律の停止は無効である」との条項が盛り込まれ、ここに正式にイングランドは「王権と議会」によって統治されることが明確化された。

さらにこの名誉革命以降は、議会が毎年開かれることも定例化し、「議会はもはや行事ではなく制度」となった。[3] そして一七一四年にドイツ北部のハノーファー選帝侯がイギリス（一七〇七年五月にイングランドとスコットランドが合邦）国王を兼ねるようになると、かつての「海峡をまたいだ王たち」のように、再び国王不在の時期が続く。このハノーヴァー王朝の前半期に、貴族院・庶民院いずれかに議席を置く閣僚たちからなる「責任内閣制（議院内閣制）」が確立され、国王に替わって内閣を統括するようになった「首相（プライム・ミニスター）」が、政治の諸事全般にわたって大きな力を発揮する時代へと変わっていった。

大衆の政治参加へ

一八世紀末までには、世論の強大化（新聞雑誌の影響や議会への請願数の拡大）、政治家たちの政党への忠誠心の強化（国王による大臣の任免権の弱体化）、王室財政力の衰弱、国王の持つ恩顧関係（パトロネージ）の衰退、首相権限の強化、行政の複雑化が進み、一九世紀に入ると王権はますます弱まっていった。こうした時代には、かつてのチャールズ二世に倣い、国王たちが議会に対して「現実主義と柔軟性」を示すことこそが、政治の安定化につながった。

しかし一八世紀後半以降に、商業や農業、金融業の急速な発展をも伴う「産業革命」がイギリスに見られるようになると、それまで議会政治を担ってきた地主貴族（ジェントルマン）階級に加え、商工業で富を得た中産階級も政治的な権利を主張するようになった。一七八〇年代からこうした動きも活発化し、隣国フランスでの革命もこれに影響を与えた。フランス革命とナポレオン戦争が終結した一八一五年以後、今度は地主貴族を中核とする議会がより下の階級に対して「現実主義と柔軟性」を示す番となった。一八三二年には、初めての選挙法改正が行われ、下層中産階級（小売店主など）にまで国政での選挙権が拡大されるとともに、貴族に有利な中世以来の選挙区割りでも定数是正が進められるようになった。

ヨーロッパ大陸の専制主義的な大国（プロイセン、オーストリアなど）では、王侯を中心とした体制が堅持され、より下の階級へと選挙権を開く自由主義（リベラリズム）や国民主義（ナショナリズム）（民族主義）の運動が抑圧された。こうした国々では市民による革命（一八四八年）も生じたが、種々の改革を地主貴族を中心とする議会が主体となって進めたイギリスではこうした動きは最小限で済まされていた。とはいえ、時代とともにより下の階級へと選挙権は拡大され、第二次（六七年）、第三次（八四年）の選挙法改正によって、一九世紀末までには男性世帯主の労働者階級も有権者として直接国政に関わることが可能となった。

こうしたなかで一八六〇年代には、保守党と自由党の二大政党が議会政治の中核を担うようになっていた。両政党とも総選挙に備えての支持者の確保、候補者の選定、選挙運動への援護を全国的・組織的に行った。一八六八年には、史上初めて総選挙の結果によって政権交代が実現していた。いまや二大政党のいずれもが、政権を維持するにも、政権を奪回するにも、大衆をも含めた国民の多くから支持を集めなければならない時代へと大きく変化していたのだ。

こうした波に乗って大衆の心をつかんだのが自由党の指導者で四度も政権を獲得したウィリアム・グラッドストン（William Ewart Gladstone）だった。彼は、鉄道を駆使して各地を遊説して回り、その演説は翌朝には全国紙に掲載された。近代的な選挙運動（キャンペーン）の生みの親とも言うべきグラッドストンの自由党が総選挙で地滑り的な大勝利をつかみ、保守党から政権を奪回した一八八〇年の暮れに、ヴィクトリア女王（Queen Victoria 在位一八三七～一九〇一）は閣僚の一人にこう述べた。「私は民主的君主制の女王にはなれないし、またなるつもりもありません」[4]。内心では保守党びいきだった女王の意思がどうであれ、もはやイギリスは確実に大衆民主政治の時代へと移り変わりつつあったのである。

2　ジョージ五世の遺訓

貴族政治（アリストクラシー）から大衆民主政治（マスデモクラシー）へ

ヴィクトリア女王は二〇世紀の幕が開けた一九〇一年一月二二日に崩御（ほうぎょ）した。五年後（一九〇六年）には、労働者階級を主体とする労働党が結成され、その年の総選挙で三〇名の議員を庶民院へと送り込んだ。新党の結成に焦りを感じたのが、それまで巧みに労働者たちを取り込んできた自由党政権であった。彼らからのさらなる支持を得ようと、政府は老齢年金の供出を盛り込んだ予算案を議会に提出する（〇九年）。政府首脳部と提携したマスコミは「人民予算」と銘打った。しかし財源に富裕階級への所得税や相続税増税が充てられていたこともあり、自由党（庶民院）と保守党（貴族院）との深刻な対立が始まる。

一九一〇年には史上初めての年内に二度の解散・総選挙が実施され、まさに国論を二分する事態に発展したが、そのようなさなかに国王として即位したのが、エリザベス二世の祖父ジョージ五世（George V 在位一九一〇～三六）である。与野党間の密約で「人民予算」は成立したものの、自由党政府はその後、貴族院の権限を大幅に縮小する議会法案を提出して、二大政党間の対立は激化していた。最終的には保守党が折れるかたちで議会法も成立し、国政における貴族院の権限は縮小された。

地主貴族（ジェントルマン）階級の没落にさらに追い討ちをかけたのが、第一次世界大戦（一九一四～一八年）の勃発だった。中世以来の「高貴なる者の責務（ノブレス・オブリージュ）」さながら、彼らは真っ先に戦場に駆けつけたが、そこで待ち受けていたのは、同じく華美な甲冑を身にまとった勇士たちではなく、機関銃であり毒ガスだったのだ。戦法も武器の性能も一世紀前（ナポレオン戦争）とはまったく異なっていた。大戦の最初の年だけで、地主貴族とその子弟の一九％が戦場で命を落としたとされる。もはや国を守るのは一握りの支配階級ではなく、老若男女を問わず国民全体の責務となっていた。一九一六年には、ついにイギリスにも史上初めての徴兵制が導入された。夫や父、息子を戦場へと送り出した妻や娘や母たちは、勤労動員され工場で武器や弾薬を製造した。

四年にわたる死闘が終わり、イギリスもヨーロッパもそれまでとはまったく違う世界になってしまっ

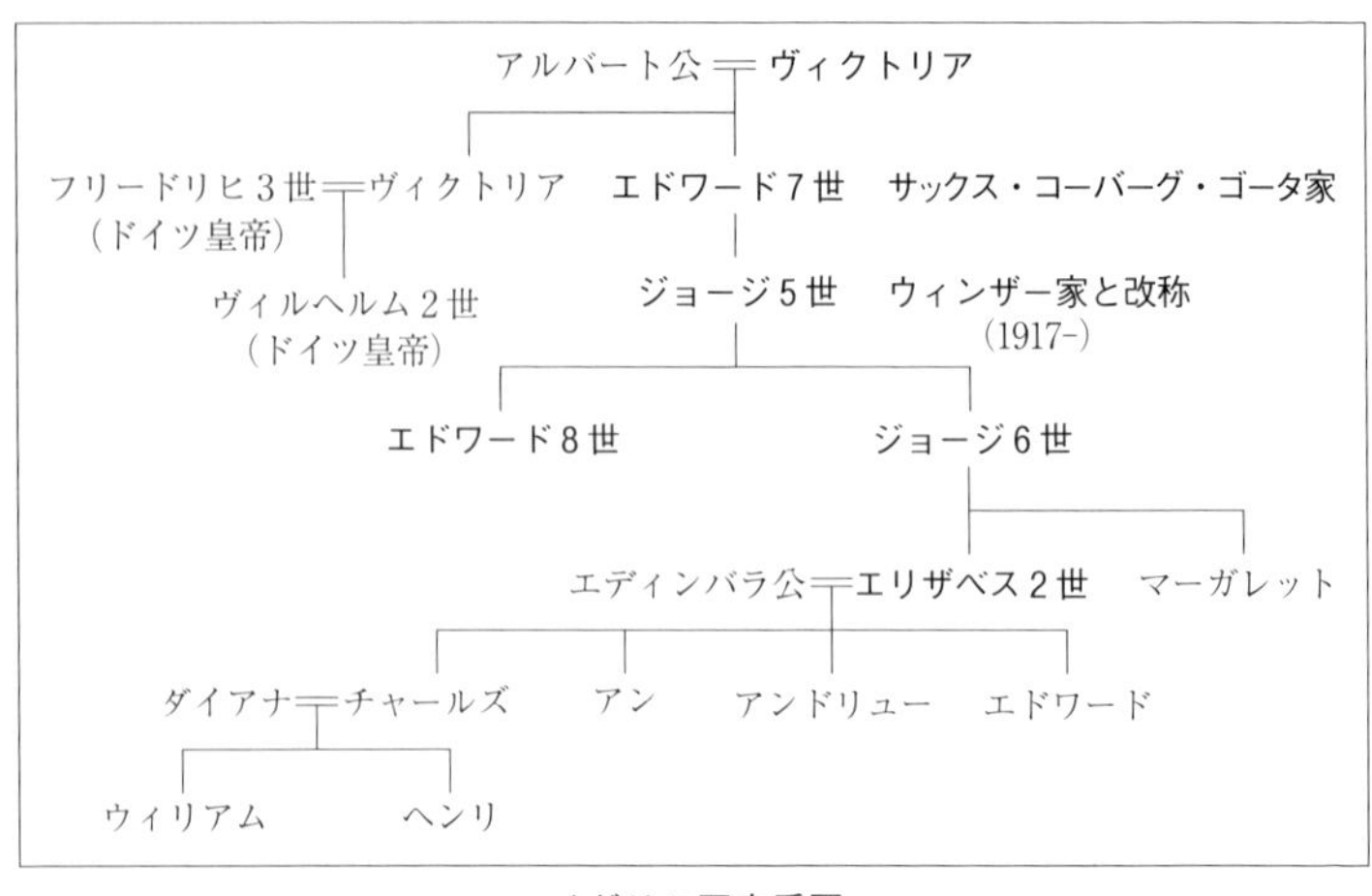

イギリス王室系図

た。ジョージ五世の従兄（いとこ）でドイツ皇帝のヴィルヘルム二世（Wilhelm II）はオランダへと亡命し、そこで一生を終えた。ドイツ帝国は崩壊し、ヴァイマル共和国へと姿を変えた。もう一人の従弟（いとこ）でともにドイツと戦ったロシア皇帝ニコライ二世（Nikolai II）は、大戦のさなかの一九一七年に生じた革命で玉座を追われ、翌一八年の七月に家族もろとも処刑された。この国もまた社会主義を基盤とする連邦共和国になってしまった。

世界大戦は、国を守るという「国民の責務（ナショナル・オブリージュ）」を果たした人々にも選挙権を与える契機となった。大戦が終結した年（一九一八年）、イギリスでは男子普通選挙権とともに、女子への選挙権も実現する。一〇年後には男女普通選挙制となった。反対に地主貴族たちは多くの後継者を戦争で亡くし、戦後に降りかかってきた莫大な相続税にあえぎ、彼らの土地財産は大量に売りに出された。それを購入したのが戦争で富を増やした新興の商工業階級であった。

今や貴族政治（アリストクラシー）は終焉を迎え、大衆民主政治（マスデモクラシー）が本格的に始動していた。その予兆はすでに大戦中から見られていた。几帳面できまじめなジョージ五世は、自ら国民の模範になろうとした。戦争中は外出は公務に限られ、宮殿の晩餐席(ディナー)からアルコール類も姿を消した。暖房や照明の使用は最小限に抑えられ、風呂もお湯は五〜六センチ程度だけ。あとは水で済まされた。四年間で国王が慰問に訪れた連隊の数は四五〇、病院への負傷者の見舞いは三〇〇回、軍需工場や港湾で働く人々への激励も同じく三〇〇回、勲章や記章を自ら授与した人数は五万人を超えた。いつしかジョージは「国父」として国民から慕われていた。

戦後にはこの「国父」は国民と帝国にとっての「喪主」の役割も兼ねていく。第一次世界大戦で動員された帝国臣民(カナダやオーストラリア、インド等も含む)は八九〇万人を超え、その一割にあたる八八万人以上が戦死した。終戦から一年を迎えた一九一九年一一月一一日、この日は「戦没者追悼記念日」と定められ、これ以後毎年、王室や政府指導者が国民とともに式典を主催した。

しかし「国父」ジョージの威厳の背後には、大衆からの無言の圧力ものしかかっていた。総力戦は、それまでの戦争とは異なり、敵軍だけではなく敵国の言語や文化までをも完全に否定する風潮を生み出した。戦争が始まって一年が経とうとした頃から、イギリス国内では反ドイツ感情が高まりを見せ、それはかつてヴィルヘルム二世などドイツ系の王侯八人に与えられたイギリス最高位のガーター勲章を剥奪することにつながり(一九一五年五月)、さらにドイツ系の王朝名も古来からイングランドにゆかりのある城下町にちなみ「ウィンザー」王朝へと変更せざるを得ない事態となっていたのである(一七年七月)。

「おばあちゃまが生きていたら」：労働党政権の成立

第一次大戦後のイギリス議会政治もまた様変わりした。大戦中に政権を担っていた自由党が内部分裂に陥り、それは戦後も尾を引いていた。これと同時期にイギリスで労働運動が全国化・組織化もされ、労働組合員の数も大戦中の四年間で四〇〇万から八〇〇万人へと倍増していた。彼らの多くが労働党を支持し、自由党の没落とは裏腹に、労働党がめざましく勢力を拡張していった。

それは選挙結果にも反映された。一九二三年一二月の総選挙では、与党保守党が二五八議席と過半数を割り、野党側では労働党が一九一議席、自由党が一五九議席を獲得した。もはや自由党は野党第一党の座からも転落していたのである。代わりに台頭した労働党が初めて単独政権を獲得する機会がおとずれた。この一年前には社会主義のソビエト連邦もロシアで成立しており、ヨーロッパ全土で社会主義が猛威を振るっていた。貴族院のことを「人民を食い物にする富裕階級の利益を守るだけの連中」と評し、その廃止まで掲げていた労働党が政権を獲得することに、上流階級の多くが戦々恐々としていた。

ところがジョージ五世はいたって冷静であった。国王は来るべき議会審議で保守党政権が野党側からの攻勢に敗れたら、迷わず労働党の党首ラムゼイ・マクドナルド（James Ramsay MacDonald）を招請し、彼に首相の大命を降下するつもりであった。

一九二四年一月二二日にそれは現実となった。イギリス史上初の労働党単独政権の誕生に国民は沸いた。その日の晩、ジョージ五世は少年時代から続けてきた日課とも言うべき日記に、次のような一文を寄せた。「二三年前の今日、愛するおばあちゃまが亡くなった。労働党政権が誕生したと聞いたら、彼女はなんと思ったことだろう」[5]。ヴィクトリア女王の死から四半世紀も経たないうちに、イギリスには大衆民主政治がしっかりと根を下ろすようになっていたのだ。それと同時に、彼女があれだけ忌避していた「民主的君主制」が、孫の代には現実のものとなっていたのである。

しかし社会主義を標榜していた労働党政権とこの国王とは意外なまでにウマがあった。彼らが政権を獲得したのはソ連ではなくイギリスなのである。アゼルスタン王が召集した「賢人会議」（九二四年）からちょうど千年後に成立したマクドナルド政権は、イギリス議会政治の枠組みのなかで政策を立案し、実行していかなければならなかった。貴族院にも新たに議席を得なければ審議ができなかったし、何よりも不慣れな宮中晩餐会や外交使節との接見など、わからない儀礼がいっぱいだった。ここに救いの手を差し伸べてくれたのが、ほかならぬ国王陛下だったのである。ジョージは儀礼のすべてを伝授した。

筋金入りの社会主義者として知られたベアトリス・ウェッブ（Beatrice Webb）は、盟友マクドナルドがフロックコートを着て国王に恭しくお辞儀をしたり、他の閣僚の多くも御前にひざまずいて国王の手に接吻をする光景を間近で見て衝撃を受けていた。さらにこののち、夫のシドニー（Sidney Webb）が植民地相に就任した際、爵位を与えられ、彼女自身も「パスフィールド男爵夫人（Baroness Passfield）」と呼ばれるようになったことには、大いに落胆したとされる。

とはいえ、人間的にも国王とマクドナルド首相（国王より一歳年下）は強い信頼関係で結ばれ、ジョージにとってもそれまでの保守党や自由党の首相よりずっと付き合いやすかったようである。その二人に最大の危機がおとずれる。

国王のリーダーシップ：一九三一年挙国一致政権の成立

一九二九年一〇月にニューヨークのウォール街で始まった株価の大暴落は、そのまま世界恐慌へと拡大した。イギリスもその波にのみこまれた。一九三一年八月、労働党政権は閣内不一致で総辞職を決意し、マクドナルド首相は御前に赴いた。しかし国王の判断では、大戦以来の未曾有の危機とも言うべきこの事態に対処できるのはマクドナルドをおいて他にいないと考えられた。国王は保守党と自由党の指導者を宮殿に呼び、彼らと慎重に討議した結果、マクドナルドを首班とする「挙国一致政権（ナショナル・ガバメント）」を樹立することに決まった。このとき政権樹立を躊躇するマクドナルドを叱咤激励（しったげきれい）したのも国王であった。

当時、国王の行為は国制における越権行為ではないかと評する声も上がった。実はマクドナルドはすでに労働党党首の座から追われ、労働党主流派は政権の樹立に反対だったのである。しかし国王はそれを承知の上で政権を託すとともに、可能な限り早い時期に議会を解散して、総選挙で国民に信を問うことも各党の指導者たちに約束させていた。

政権発足の二カ月後に実施された総選挙では、挙国一致政権側が庶民院の全議席（六一五）の実に九〇％（五五四議席）を獲得し、政府は国民から圧倒的な支持を集めた。それは国王に対する信任投票の意味もあったかもしれない。

ジョージ五世がこのようなリーダーシップを発揮できたのは、彼自身が政党間の抗争のなかでもつねに「公正中立」の立場を貫いていたからである。この姿勢を彼が学んだのは、年子の兄が急逝し、父の後を受けて王位継承者第二位としての自覚を強めた一八九四年のことであった。この年の三月に、ジョージはケンブリッジ大学で国制史を講ずるジョゼフ・タナー（Joseph Robson Tanner）から個人授業を受け、一九世紀半ばにウォルター・バジョット（Wlater Bagehot）が著した『イギリス憲政論（*English Constitution*）』をテキストに「君主とはどうあるべきか」を学ぶこととなった。

このときのジョージの講義ノートで特に強調されていたのが、次の一文である。「君主は諸政党から離れており、それゆえ彼の助言がきちんと受け入れられるだけの公正な立場を保証してくれている。彼はまたこの国で政治的な経験を長く保てる唯一の政治家なのである」[6]。パブリックスクールを経て、オクスフォードかケンブリッジのいずれかの大学で学ぶというこの国の上流階級に普遍的な教育をいっさい経験せず、海軍兵学校を出た生粋の軍人ジョージが、二八歳にして突然、王位継承者となるべく政治や国制について学びだしたときに自ら体得した「君主の極意」というべきであろうか。

この言葉を体現するかのように、ジョージ五世は即位後早々に、人民予算や議会法をめぐる与野党間の対立に直面し、このときにも「公正中立」の立場を保持して事態に対処した。それから二〇年後の挙国一致政権樹立の際にも、一部の労働党幹部を除き、与野党の指導者層のすべてから信頼されていた国王の動きが速かったからこそ、イギリスの政治や経済の混乱は最小限で済まされたのである。挙国一致政権の樹立が決まった直後に、国王秘書官サー・クライヴ・ウィグラム（Sir Clive Wigram）は覚書に次のように記している。

陛下は問題の解決に協力したくれた彼ら［三政党の指導者］を讃えた。フランスや他の国では、政権ができずに数週間が経過するようなことも頻発しているのに、この国では各党の指導者たちが、庶民院における闘争の後であろうと君主のもとで結束を固め、種々の政策の相違を乗り越えて挙国一致政権を築いてくれるほどに、国制が柔軟にできているとも指摘された(7)。

同じく一九三一年には、本国と自治領諸国とのそれまでの上下関係を一掃し、両者が対等の関係で経済協力を進めるための「ウェストミンスター憲章」も調印された。翌年からこれらの国々は「英連邦諸国（ブリティッシュ・コモンウェルス）」として特恵関税制度で結ばれていく。こうした新たな共同体の紐帯（ちゅうたい）となったのも国王であった。その四年後の一九三五年五月、国王は在位二五周年記念式典（シルヴァー・ジュビリー）を国民とともに盛大に祝った。それから八カ月後の三六年一月、ジョージ五世は息を引き取った。国会議事堂に隣接するウェストミンスター・ホールに正装安置された国王の棺の前を一〇〇万人以上の人々が訪れ、「国父」に最後の別れを告げたのである。

3　リリベットの登場と帝国の再編

エリザベス二世の時代へ

謹言実直なジョージ五世の跡を継いだのは、放蕩息子のデイヴィッドこと、エドワード八世（Edward VIII）であった。最晩年に、老国王はデイヴィッドが結婚もせず、世継ぎも残さずに、年子の弟バーティ（ジョージ六世の愛称）とその長女リリベット（エリザベス二世の愛称）に王位が継承されることを強く望んでいたという。この願いはかなえられた。国王の死から一年も経たない、一九三六年一二月にエドワードは俗に「王冠をかけた恋」（コラム1）と呼ばれた恋愛騒動ののちに、自ら退位を発表した。ここにバーティが「ジョージ六世（George VI 在位一九三六～五二）」として王位を引き継いだ。

それからまもなくして、イギリスとヨーロッパは二度目の世界大戦（一九三九～四五年）に突入した。六年間に及んだこの大戦を最初から最後まで戦い抜いたのは、イギリス一国だけであった。それだけ人的・経済的な負担も大きかった。負担がかかったのはイギリスだけではなく、国王の心身にしてもしかりであった。終戦から二年後に長女リリベットはギリシャ王室出身のフィリップ（Prince Phillip, Duke of Edinburgh）と結婚し、翌四八年には長男チャールズ（Prince Charles, Prince of Wales）が、五〇年には長女アン（Princess Anne, Princess Royal）がそれぞれ誕生した。一九五一年からはリリベット夫妻が病身の父に代わり世界中を回ることになった。同年秋にはカナダとアメリカに、翌五二年にはオセアニアを訪れることになった。

一九五二年一月末に、リリベットとフィリップはイギリス領東アフリカ（現ケニア）を経由して、オセアニアへと旅立った。空港には珍しく父が見送りに来ていた。しかしそれが父娘の最後の別れとなってしまった。二月六日にジョージ六世は崩御し、リリベットは急遽ケニアから帰国した。ここにウィンザー王朝四代目の君主「エリザベス二世」が誕生したのである。

一九五三年六月二日にウェストミンスター修道院で荘厳な戴冠式を済ませると、エリザベス女王は一一月から夫君エディンバラ公とともに六カ月にわたる世界周遊の旅に出かける。訪問先は大半が自治領や植民地である。最初の訪問地バミューダ諸島（五三年一一月）を皮切りに、ジャマイカ（同）、フィジー、トンガ（一二月）、ニュージーランド（一二月～五四年一月）、オーストラリア（二～四月）、ココス諸島（四月）、セイロン（現スリランカ：同）、アデン（現イエメン：同）、ウガンダ（同）、トブルク（リビア：五月）、マルタ（同）、そしてジブラルタルを経由して、翌五四年五月半ばにイギリスへと帰国した。

さらに帰国の翌月末には、スウェーデン国王グスタヴ六世（Gustaf VI Adolf）夫妻を国賓としてバッキンガム宮殿で接待し、同年一〇月にはエチオピア皇帝ハイレ・セラシエ一世（Haile Selassie I）がやはり国賓としてイギリスを訪れた。また女王夫妻も翌五五年六月にはノルウェーにホーコン七世国王（Haakon VII）を訪ねる。六五年の在位の間に、四二回の外遊で世界の一二〇カ国を歴訪することとなる、女王の長い「外交歴」はこうして始まった。

「三つのサークル」のはざまで

しかし、女王が即位した頃の世界は、第二次世界大戦の末期からすでに始まっていた「米ソ冷戦」のまっただなかにあった。戦勝国とはいえ、一九四五年の時点でイギリスは巨額の債務にあえぎ、四七年のインド、パキスタンの独立に象徴されるように、もはや「大英帝国」は幻想のかなたにあった。一九五六年のスエズ戦争では、世界中から非難を浴びてスエズから撤退するという失態を演じ、「帝国主義」が今や時代錯誤となっていることを見せつけられた。

こうしたなかでもイギリスが国際政治で一定の影響力を示すことができるとすれば、それはチャーチルがかつて述べたとおり、①コモンウェルス（旧植民地・自治領）、②アメリカとの特別な関係、③ヨーロッパ、という「三つのサークル」の中心に位置できる、イギリスのみに固有の利点に頼るしかなかった。スエズ戦争は、この三つのサークルのなかでバランスを失ったイギリスが外交的に犯した大失敗であった。戦争終結直後の一九五七年には、就任したばかりのハロルド・マクミラン首相（Harold

Macmillan）が「戦友アイク」ことドワイト・アイゼンハワー米大統領（Dwight David Eisenhower）と会見し、スエズ問題で傷ついた両国の関係の修復にあたった。同じ年の秋にはエリザベス女王夫妻も合衆国を公式に訪問し、アメリとの「特別な関係」の強化に協力した。

女王がアメリカを訪問したのはこれが二度目であった。彼女の父親ジョージ六世こそが、独立後の合衆国を公式に訪問した最初のイギリス君主であった。一九三九年六月、王妃エリザベス（Queen Elizabeth のちの Queen Mother）とワシントンを訪れた国王は、首都の人口の半分にあたる七〇万人もの人々から大歓迎を受けた。ニューヨークでは三五〇万人もの民衆が待ち受けていた。当時の英米関係は、ナチスドイツへの対応や第一次大戦の戦時債務などをめぐり最悪の状態にあったが、国王夫妻の訪問がすべてを変えた。この三カ月後からヨーロッパは次の世界大戦に突入し、四一年一二月の日米開戦により、合衆国はイギリスと同盟関係を結んだ。二年前に国王夫妻を歓待したフランクリン・ローズヴェルト大統領（Franklin Delano Roosevelt）は、ホワイトハウスでの晩餐会の席でチャーチル首相にこう述べた。「この戦争ののちにも続くであろう英語両国民の合体を実現した端緒こそが、国王夫妻によるアメリカ訪問でした」。

一二年後に同じくアメリカを訪れたリリベットも負けてはいなかった。大戦で協力してくれたアメリカに直接お礼を言うため、一九五一年秋にリリベットはワシントンを訪れた。歓待してくれたのはときのハリー・トルーマン大統領（Harry S. Truman）。大統領は美しい王女に魅了され、晩餐会の直後にイギリスの国王に手紙を送った。「王女はすべてのアメリカ市民の心を奪ってしまいましたよ」。それから六年後に、今度は「女王」として初の訪米を果たした。

これ以後、エリザベス二世が公式にアメリカを訪問したのは三回にも及ぶ。彼女がこれまでに交流した大統領はトルーマンからトランプ（Donald Trump）まで一三人。二〇一一年に訪英したバラク・オバマ大統領（Barack Obama）は、彼自身が教科書のなかでしか知らないようなトルーマンやアイゼンハワーとも親しく接した、この偉大なる「現代史の生き証人」を尊敬のまなざしで見つめていた。

また、二〇〇三年のイラク戦争にあたり世界中から非難を浴びたジョージ・ブッシュ大統領（George Walker Bush）を、ロンドンで抗議デモが行われるなか、同年秋にバッキンガム宮殿で接遇したのも女王であった。ブッシュ政権と二人三脚でイラク戦争を進めたトニー・ブレア首相（Anthony Charles Blair）からの要請もあったであろうが、女王自身も「英米の特別な関係」の紐帯なのである。

イギリスとヨーロッパとの関係においても、女王は歴代政府を援護してきた。特に戦後のイギリスにとって経済力を回復するためには、一九五七年に創設されたヨーロッパ経済共同体（ＥＥＣ：のちにＥＣ、ＥＵへと拡大）への加盟は、六〇年代以降に特に必然視されるようになっていた。一九六三年、六七年と二度にわたりフランスからの拒絶で加盟に失敗していたイギリスでは、七〇年に加盟実現に積極的なエドワード・ヒース（Edward Heath）保守党政権が成立して以来、この問題を最優先課題としていた。ところが、イギリスと関税協定を結ぶコモンウェルス諸国の首脳たちは、イギリスの加盟に批判的であり、首脳会議（後述）のたびごとに女王陛下に不満を漏らしていた。

イギリスは戦後に「三つのサークル」のはざまで、種々の政策をめぐり板挟みになることが多かったが、女王自身も時として同じ状況に陥った。一九七一年にはシンガポールで首脳会議が開かれる予定となっていたが、ヒース首相からの強い要望で、女王は出席を見送らざるを得なくなった。翌七二年にはイギリスがヨーロッパ共同体（ＥＣ）に加盟することも決まり、七三年一月に正式に加わった。この過程で、加盟交渉で尽力してくれたフランスのジョルジュ・ポンピドゥー大統領（George Pompidou）に感謝するため、政府の要請も受けて、女王夫妻は七二年五月にフランスを公式に訪問した。

さらにこの前後の月に女王がイギリスに国賓として招待したのは、オランダのユリアナ女王（Queen Juliana）夫妻（七二年四月）とルクセンブルクのジャン大公（Grand Duke Jean）夫妻（同年六月）であり、この年の一〇月には西ドイツからグスタフ・ハイネマン大統領（Gustav Heinemann）夫妻まで訪英した。いずれもＥＥＣ創設当初からの加盟国の首脳である。

このように戦後のイギリス歴代政府が、「三つのサークル」の間で揺れ動きながら外交政策を進めていたなかで、女王も様々なかたちでこれに協力してきた。しかし、かつての大英帝国の時代とは異なり、一九六〇年代後半には「英国病」などという日本語まで飛び出すほどまでに、イギリスの経済的な力は弱まっていた。このため、「三つのサークル」のなかで、イギリスとの貿易量が減少していたコモンウェルスが有する比重は徐々に小さくなり、歴代政府がより気を遣う相手は「アメリカ」と「ヨーロッパ」へとシフトしていく。

保守党のマーガレット・サッチャー首相（Margaret Thatcher）の政権時（一九七九〜九〇年）にはアメリカとの関係が強化され、労働党のブレア政権のときにはヨーロッパへの歩み寄りも見られたが、イラク戦争での対応をめぐって、ブレアはアメリカとの関係強化に踏み出した。こうしたなかでコモンウェルスとの関係をつなぎとめておいてくれたのが、女王陛下だったのである。

コモンウェルスの女王陛下

一九世紀後半のヴィクトリア女王の時代にはイギリス本国を頂点とするピラミッド型の「帝国（エンパイア）」だったものが、孫のジョージ五世の時代（一九三一年）にイギリスと自治領とが対等の関係（英連邦）となり、さらにその孫のエリザベス二世の時代の幕が開けた一九五三年からは、毎年のように首脳会議が開かれる「旧英連邦諸国（コモンウェルス）」へと姿を変えた。二〇一八年現在、五三カ国が加盟する。

そもそもが女王にとっての初の外遊先が、一九四七年四月に両親と四歳年下の妹マーガレット（Princess Margaret）の家族四人で訪れた南アフリカ連邦（当時）だった。その後、父の名代としてカナダを訪問したのをはじめ、戴冠式後の世界周遊でもコモンウェルス諸国を歴訪した。コモンウェルスは、女王にとってはイギリス本国と同様に最も親しみを感じる地域なのである。序章（三～四頁）でも記したとおり、そのなかには女王自身が国家元首をいまだに務める「英連邦王国」がイギリス以外に一五カ国も存在する。

しかし女王が即位した当初は、いまだ本国の植民地省や外務省の役人たちの頭のなかはピラミッド構造の「帝国」のままであった。かつての植民地は独立とともにコモンウェルスのメンバーになることが許され、大半の国々が加盟したため、その数は一九六〇年代から急激に増え始めた。それにもかかわらず、首脳会議の開催地はいつもロンドンで、しかもイギリス政府の都合で開かれたり開かれなかったり。この状況に変化が訪れるのが六〇年代末のことだった。一九六八年一月にイギリス政府は財政難により、スエズ以東の防衛から三年以内に手を引くと発表した。イギリスの経済的・軍事的地位は相対的に下がった。

そこでコモンウェルス諸国首脳会議（ＣＨＯＧＭ）も加盟国が輪番制で主催し、二年に一度ずつ定期的に開催することが決まった。栄えある第一回（一九七一年）はシンガポールで開かれることになった。ところが、ＥＣ加盟問題で女王の参加は見送られたが、その次の回（七三年にオタワで開催）からは女王はときの政府に邪魔だてされることもなく、ほぼすべての会議に出席している。戴冠式の際にコモンウェルスの「首長」と認められた女王であるが、その役割は決して「お飾り」などではない。彼女はＣＨＯＧＭに出席する際には、事前に外務省の高官から（イギリスを除いた）加盟国すべての情報を事細かく収集し、実際の会議では出席した首脳のすべてと同じ時間ずつ会見を行っていた。

このため女王のコモンウェルス諸国に関する情報は、イギリスの歴代首相らでさえ舌を巻くほどであった。またそれゆえ、各国の首脳たちは女王を信頼し、イギリス政府に直接言えないようなことも彼女に「直訴」していたわけである。

さらに一九五三年から首脳会議に出席し続けている女王は、各国の首脳たちと「兄弟姉妹」のような深い関係をもつようになった。それがときとして、世界史的な偉業に結びつくこともあった。たとえば、一九七九年にアフリカ大陸で初めてのＣＨＯＧＭとなったルサカ（ザンビア）での会議の折である。ここでは主催者であるケネス・カウンダ大統領（Kenneth Kaunda）の裁量で、南隣国の南ローデシアにおける人種差別政策を終わらせることが第一の議題として掲げられた。ところがこの会議に初めて参加したイギリスのサッチャー首相はこれに関心を示さず、当初はカウンダら黒人大統領たちと険悪な仲になっていた。

これに風穴を開けたのが女王陛下であった。会議の後で開かれた晩餐会で、女王はサッチャーを黒人大統領たちに引き合わせ、一挙に場が和んでいった。翌日からサッチャーも南ローデシア問題に関心をもち始め、その年の暮れにはイギリスを仲裁役とするランカスターハウス協定が結ばれ、翌八〇年には黒人にも選挙権が与えられて、ロバート・ムガベ（Robert Mugabe）が初の黒人政権を樹立し、国名も「ジンバブエ」と改められた。その後、サッチャーは冷戦の幕引きなどに関心を移し、アフリカから離れてしまったが、黒人大統領たちのさらなる狙いがより深刻だった南アフリカ共和国でのアパルトヘイト（人種隔離政策）の根絶だったのだ。サッチャー首相がこれに積極的に関わらない以上、女王陛下が表だってこの問題に関わるわけにはいかなかった。

しかし女王は、長年の外交歴のなかで世界各地に築いていた人脈を活かし、南アフリカで二〇年以上にわたって虜囚の身となっていたネルソン・マンデラ（Nelson Mandela）の釈放のために、カウンダやムガベさらには世界各国の首脳たちと協力して、南アフリカ政府に圧力をかけていった。一九九〇年二月に、マンデラは釈放された。そののちアパルトヘイトは音を立てて崩れていった。同年のノーベル平和賞の候補に最後まで残っていた人物が二人いる。そのうちの一人がカウンダやムガベといったアフリカ各国の大統領や首相らを推薦人とするエリザベス二世。推薦理由は「マンデラ釈放への尽力」であったとされる。ただしこの年の受賞者は、前年一二月のマルタ会談で冷戦の終結を宣言した、ソ連のミハイル・ゴルバチョフ大統領（Mikhail Gorbachev）となった。

「コモンウェルス」こそは、政府や閣僚、現場の外交官らが政策決定の実権を握る戦後イギリス外交の世界のなかで、女王や王室がいまだに大きな影響力を残す舞台なのである。かつて女王の父ジョージ六世は、「君主というものは権威を付随した抽象的な象徴に過ぎないが、国王自身は個人なのだ」とコモンウェルスの首脳たちに漏らしたことがあった。この感慨を自らのかたちで発展させたのが娘のエリザベス二世であった。祖父ジョージ五世の時代に始まり、エリザベスの治世から毎年恒例となったBBCラジオ（一九五七年からはテレビ）を通じての「クリスマス・メッセージ」は、即位翌年の五三年一二月には訪問先のニュージーランドから放映された。

そのなかで女王はこう訴えかけた。「私は君主というものが、私たちの団結にとって単に抽象的な象徴であるだけではなく、あなたと私とを結ぶ個人的な生きた紐帯であることを示したいのです(8)」。

二〇一一年秋にオーストラリアのパースで開かれたCHOGMにも出席した女王は、この機会に大陸の隅々まで訪問した。当時八五歳を超えていた女王にとってこれが最後の豪州訪問になると予想された。次の会議（一三年）はスリランカで開催されたが高齢の女王は欠席し、代理にチャールズ皇太子を立てた。そして二〇一五年のマルタでの会議には女王も出席し、次は一八年にイギリス（ロンドン・ウィンザー）で開催された。ここで首脳らは女王陛下から熱烈な歓待を受けたのである。

4　二一世紀のイギリス王室

「ダイアナ事件」が遺したもの

このように六五年にわたる長い治世のなかで、ときとして世界史的な偉業にも関わったエリザベス女王ではあったが、彼女だけではなく、王室全体をも震撼（しんかん）させるような事態に直面したことがあった。それが一九九七年の夏に生じた、チャールズ皇太子の前妃ダイアナ（Princess Diana, Princess of Wales）の突然の交通事故死に端を発する「ダイアナ事件」だった。

八月三一日にパリから訃報が伝わると、イギリス中が深い悲しみに包まれた。その日は日曜日であり、自宅近くの教会で礼拝を済ませたブレア首相が「彼女は人々から愛された民衆の皇太子妃（プリンセス）であった」と報道陣に一早く追悼の言葉を伝えたのに対し、ロンドンから八〇〇キロも離れたスコットランドのバルモラル城で静養を続ける女王は、いっさいコメントを寄せなかった。バッキンガム宮殿やダイアナゆかりのケンジントン宮殿には花束がうずたかく積まれた。新聞各紙は数日経っても姿を見せない女王に「あなたの国民は悲しんでいる。話しかけてください陛下」「あなたの哀悼を見せてください」といった大見出しを一面に掲げて、女王からの哀悼の意を望んでいた。

このとき女王は現実を読み違えていたのかもしれない。これよりちょうど二〇年前、女王は在位二五周年記念式典（シルヴァー・ジュビリー）を国民とともに盛大に祝った。一九七七年と言えば、イギリス経済はどん底であり、アイルランド共和軍（ＩＲＡ）によるテロ活動も盛んな時期であり、ときの政府も式典には当初は反対だった。しかし、こういう時勢だからこそ国民を盛り上げたいという女王陛下の意思に打たれ、政府も協力して式典は大成功に終わった。ところがそれから二〇年で、イギリスの状況も大きく変わってしまった。式典の二年後の一九七九年にサッチャー政権が誕生し、「自由競争」の原理により国民の間で王室や上流階級に対する「恭順」という意識が急激に衰退した。さらにサッチャー主義によって、イギリス経済は全体的に上向いていったが、国民の間にも経済的格差が拡がり、白人労働者階級を中心とする「置き去りにされた人々」も多数現れた。

ダイアナ事件の直後に宮殿に花を手向けに訪れた人々の多くが、失業中の白人労働者階級や女性、そして非白人系の市民といったまさにサッチャー主義に「置き去りにされた人々」であった。彼らはみなダイアナに自己投影し、彼女も王室によって「置き去りにされた」のだと信じて疑わなかったのだ。

事態の深刻さに気がついた女王は、葬儀（九月六日）の前日に急いでロンドンに戻り、宮殿前ではわざわざ車から降りて、集まった人々と親しく接した。さらにＢＢＣテレビで国民の目を見つめながら「女王として」「孫たちにとっての祖母として」の偽らざる気持ちを伝えた。翌日の葬儀にも王族のすべてが出席し、女王に対する国民の怒りは徐々に静められていった。

しかし女王の「反省」はここからであった。今の国民は二〇年前に在位記念（ジュビリー）をともに祝った国民ではない。自分たちの活動を目に見えるかたちで伝えなければわかってくれない。遅ればせながらではあったが、ダイアナの葬儀の際に示した女王の迅速な行動の結果がそれを如実に物語っていた。

ダイアナの訃報が伝えられてから、新聞やテレビはいっせいに彼女がエイズ患者の救済や対人地雷の禁止活動に積極的であった姿を報じた。しかし王族のすべてがダイアナよりはるか以前から慈善活動には精を出していたのである。そもそもがヴィクトリア女王の時代から、王室は義務、奉仕、自己犠牲、安定性、威厳、そして道徳的原理を具現する存在であり、慈善活動の先頭を切って、国民の生活をより豊かなものにするために努力を続けてきた。王室全体で三千もの団体の会長や総裁を務めていた。しかしそれは「慎ましく行動する」がモットーであり、派手なパフォーマンスが目立ったダイアナは、実は王族の多くから反感（と嫉妬）をもたれていたのである。

ところが時代は変わっていた。様々な慈善活動も「ダイアナ流」に世間の目を集めるようにしなければ成功しなくなっていた。二〇世紀末から現れたホームページやユーチューブ、ツイッターやフェイスブックなど、最新の機器を導入して、王室は自らの活動をアピールするようになった。こうして国民の多くは、女王陛下をはじめ、すべての王族が実はとんでもない多忙の日々を過ごし、国民のため、世界のために全力を尽くしていることを知ったのである。

二〇一二年の女王の在位六〇周年記念式典（ダイヤモンド・ジュビリー）も、一六年の九〇歳誕生日式典も、いずれも国民総出でお祝いムードとなった。あの一九七七年のような感慨が女王の心にも去来したかもしれない。しかしこうしたムードを醸し出すためには、女王にとっても、新たな努力が必要とされるようになっていたのだ。

女王大権と王室財政

二一世紀の今日、イギリスは他のヨーロッパの君主国と同様に「民主的君主制」を採るのが当たり前となっている。「ダイアナ事件」でも明らかとなったように、いまや王室も君主制も国民からの支持なくしては成り立たない。とはいえ、それは君主たちの権威や権力がまったくなくなってしまったということまでは意味していない。現在でも、女王陛下には数々の「国王大権（ロイヤル・プレロガティヴ）」が備わっているのである。

以下に主なものだけ挙げてみると、

①議会の開会・停会、②首相の任免、③議会制定法の裁可、④官職者の任免、⑤枢密院令の裁可、⑥国家元首としての役割（国賓接遇、外国への国賓としての公式訪問など）、⑦各国外交官の接受、⑧首相との定期的な会見、⑨栄典・爵位の授与、⑩国軍の最高司令官、⑪裁判官の任免、⑫イングランド国教会の最高首長。さらにこの大権のなかには、条約の締結や領土の割譲・併合、宣戦布告や講和締結なども含

まれている。

もちろんイギリスの日々の政治や外交、防衛を現実に担っているのは、首相をはじめとする議会政治家や官僚、外交官、軍人たちである。しかし女王の有する大権はいまだに大きな意味をもつ。たとえば、与党党首選挙で敗れた首相が議会の解散を行おうとしても、女王はそれを拒否することができる。君主には首相の独断専行を阻止できる大きな権限が備わっているのだ。イギリスには日本やアメリカのような一つにまとまった「成典憲法」はない。それゆえ、これまでの慣例が極めて重視され、それを体現するのが君主なのである。

イギリスのように民主的な方法（選挙）によって選ばれた庶民院議員でさえ、みな君主に対して宣誓をしてから議会に入ることを許される。君主はこの国に「連続性と安定性」を保障してくれる存在なのである。その根幹にあるものが、女王の祖父ジョージ五世が若き頃に学び、実際に国王に即いてから体験した、「政党間での公正中立の立場」である。孫のリリベットもこれを守っている。

アメリカやフランスのように実権を握る大統領制とは異なり、ドイツやイタリアでは首相が実権を握り、大統領は国家元首としての役割に限定している。彼らは連邦議会などによって選ばれ、その意味では君主よりは民主的な存在であるかもしれない。しかし彼らの大半が「元」政党政治家なのであり、大統領になった瞬間からかつて所属した政党からは超然としていなければならないが、同じ議会政治家や国民たちからは真に「公正中立」とは見なされないこともある。現に、昨今では両国でも大統領の選出が困難を極めることが多い。

また「ダイアナ事件」以降に、イギリス国民の多くが誤解していた点が王室に対する非難として噴出することになった。「王室はわれわれの税金で暮らしている」という誤解である。一七世紀の二度の革命を経て、イギリスでは広大な所領からあがる王室の収入を議会（政府）が管理し、その一部を「王室費」として国家予算のなかに計上してきた。実は税金など一ペニーたりとも使っていなかったのだ。しかし国家予算に組み込まれていたこともあり、国民の多くが誤解するのも無理はなかった。

二〇一一年の議会制定法に基づきこれが改められた。「王室費」は廃止され、王室所領からの収入の一五％（前二カ年間の収入実績から判断）を議会の承認のもとで王室の年間費用（宮殿や城の維持・国内外の訪問も含む）に充てていく制度が二〇一三年から始まった。たとえば二〇一五〜一六年度を見てみると、それ以前二年間の収入実績（ロンドンの繁華街などからの莫大な地代収入がある）が二億六七一〇万ポンド（邦貨で約三七四億円）であり、その一五％ということで年間費用として四〇一〇万ポンド（邦貨で約五六億円）が認められた。年ごとで使い途が若干異なるが、この年度には王室は三九八〇万ポンド（邦貨で約五五億円強）を支出したので、ほぼ順当な金額と言えよう[9]。

こうした「事実」は、新聞やテレビ、さらにはインターネット等でも詳細に報道されたため、二〇一三年以降には国民の間に広がっていた「誤解」も徐々に修正されていった。さらに毎年の王室の収支決算報告書や年間活動に関わる報告書がやはり王室サイトを通じて公開されるようになったこともあり、国民にとっても、王室はイギリスに「連続性と安定性」を与えてくれる大切な存在と映るようになっていった。

これからのイギリス王室

とはいえ女王陛下も安穏とはしていられない。エリザベス二世は、ある意味で高祖母ヴィクトリア女王や祖父ジョージ五世以上に難しい舵取りを託されていると言えるかもしれない。この二人は「大英帝国の当主」という単独の位置に君臨できる場合が多かったが、エリザベスは、①連合王国の女王、②英連邦王国の女王、③コモンウェルスの首長、という二〇世紀後半から新たに現出した三つの役割を同時に担わなければならないのである。先に記した「三つのサークル」のなかで板挟みになることも多い女王だが、それとも関わってこの三つの役割のなかで板挟みになることもあろう。

それればかりではない。近年ではこの三つの役割のそれぞれにおいても多くの問題を抱えるようになっているのだ。まずは連合王国である。これまでの長い歴史のなかで、イングランドが西のウェールズ、北のスコットランド、そして隣島アイルランドを順次「吸収合併」してきて「イギリス」が成り立ってきた。しかし二〇世紀前半にアイルランドの大半がこれから離脱し、別の国になった。さらにブレア政権の時代にスコットランドにもウェールズにも議会が開設され、各地方に関わる立法機関として定着している。そして二〇一六年六月には、イギリスがヨーロッパ連合（ＥＵ）から離脱するか否かをめぐる国民投票が行われた。イングランドでは離脱派が勝利を収め、スコットランドや北アイルランドでは残留派が多かったにもかかわらず、全体では離脱派が多数を占めたためにイギリスの離脱が決まった。この結果に不服を申し立てたスコットランドが、連合王国から脱退する可能性も高まっている。その場合には一七〇七年以前のように、イングランドとスコットランドは再び一人の君主を媒介とした「同君連合」で結ばれることになるのか。あるいは共和制が誕生するのか。

英連邦王国のなかにも「共和制への移行」を叫ぶ声がある。特に顕著なのはオーストラリアである。一九七五年前後から独自の国歌や勲章も制定してきたオーストラリアでは、王室スキャンダル（王子や王女の別居・離婚）が相次いだ一九九〇年代以降には、君主制存続の是非を問う国民投票を実施してはどうかとの声も高まった。一九九九年にそれは現実のものとなった。君主制維持に賛成五五％、反対四五％で「女王陛下はとどまった」。女王が初めて夫とともにオーストラリアを訪れたとき（一九五四年）、五七日間の滞在で二五〇件以上の公務をこなし、七〇もの市町村をめぐり、自動車で二〇七回、飛行機で三三回の移動を行い、夫妻を一度は見たという国民は人口の実に七五％にも及んだと言われている。しかしそれは完全に過去の出来事になりつつある。

そして女王が愛着を抱くコモンウェルスにも問題は生じている。それまで差別を受けてきた黒人たちの政治参加を実現し、自らの国「ジンバブエ」を創設するにあたっては、先にも書いたとおり、女王陛下も一役買っていた。しかしここで首相ついで大統領となったムガベはやがて独裁者と化し、白人たちを逆差別する政策に出た。二〇〇三年についにジンバブエはコモンウェルスからも脱退してしまった。同様の事態はアジアでも頻繁に生じているが、女王にはなす術（すべ）はない。とはいえ、コモンウェルスの首長は女王陛下（イギリス君主）にしか果たせないのかもしれない。ＣＨＯＧＭのホスト国と同様に、任期制・輪番制で首長を選んだとしても、五三カ国もあるのだから回ってくるのははるか未来の話である。しかもたまたまそのときにムガベやかつてのウガンダのイディ・アミン大統領（Idi Amin）のような独裁者が首長に就く番であったら、いったいどうなってしまうのか。

このように連合王国、英連邦王国、そしてコモンウェルスといずれにも種々の問題はあるが、いずれも「連続性と安定性」を考えると、女王陛下さらには王室の存在は極めて重要なのではないだろうか。

また近年、イギリスには非キリスト教徒の国民も増えてきている。現代社会に特有の「多文化共生社会」あるいは「多信仰社会」のなかで、女王の役割にも変化が見られつつある。彼女は一六世紀以来のイングランド国教会の最高首長にして、信仰の擁護者でもある。しかし最近では、王室に関わる様々な行事にキリスト教他宗派や他宗教の聖職者たちも招かれるようになっており、女王は多様な国民にとってのすべての信仰の擁護者になろうとしている。それは、女王以上に「異宗教間の対話」に尽力してきた、次世代のチャールズ皇太子に顕著に見られる特質であろう。

国内外の社会情勢や人々の感性が日々刻々と変わる現代においては、かつて一七世紀後半にチャールズ二世が議会に対して示した「現実主義と柔軟性」が、君主や王室が国民全体に対して示すべき重要な要素となってこよう。二〇世紀の半ばに、社会主義や全体主義がヨーロッパや世界全体を席巻したなかでも、この二つを示せた王室があったからこそ、イギリスの民主政治には「連続性と安定性」がもたらされたである。その原動力になっているのが、千年の歴史のなかで民主政治との共存に成功を収めてきた王室なのかもしれない。

今から七〇年前の一九四七年四月に二一歳の誕生日を迎えたリリベットは、国民に向けてのラジオ演説で次のように心情を語った。


私の人生のすべては、それが長いものになろうが短いものになろうが、あなたがたのすべてが属する大いなる帝国という家族への奉仕に献げられることになるでしょう。

二〇一八年に九二歳を迎えた女王の挑戦はまだまだ続くことになる。

註

（1）Bassil A. Mardelli, *A King Oppressed : The Story of Farouk of Egypt*, CreateSpace, 2015, p. 42.

（2）Martin Gilbert, *Never Despair : Winston S. Churchill 1945-1965*, Heinemann, 1988, p. 809.

（3）W.A. Speck, *Reluctant Revolutionaries : Englishmen and the Revolution of 1688*, Oxford University Press, 1988, p. 246.

（4）G.E. Buckle, ed., *The Letters of Queen Victoria*, 2nd series, 3vols., vol. 3, John Murray, 1928, p.166 : The Queen to W.E. Forster, 25 Dec. 1880.

（5）George V Papers, The Royal Archives, Windsor Castle, RA GV/PRIV/GVD/1924 : The King's Diary, 22 Jan. 1924. 王室文書館の史料については、エリザベス二世女王陛下より閲覧・使用の許可をいただいている。記して感謝したい。

（6）George V Papers, RA GV/PRIV/AA3 : George's note, Mar. 1894.

（7）MacDonald Papers, The National Archives, PRO 30/69/627 : Wigram's Memorandum, 24 Aug. 1931.

（8）https://www.royal.uk/christmas-broadcast-1953.

（9）The Sovereign Grant and Sovereign Grant Reserve, *Annual Report and Accounts 2015-16*, House of Commons, June 2016, pp. 2-4. なお、二〇一七年度から、バッキンガム宮殿の各種修繕費を捻出するため、この割合が二五%に引きあげられている。

読書案内

君塚直隆『物語イギリスの歴史』上下巻、中公新書、二〇一五年。
　＊中世から現代までのイギリスの歴史を「王権と議会」をキーワードに描いた通史。
君塚直隆『ヴィクトリア女王』中公新書、二〇〇七年。
　＊大英帝国の最盛期を築いた女王の人生を政治・外交的な側面を中心に描いた評伝。
君塚直隆『ジョージ五世』日経プレミアムシリーズ、二〇一一年。
　＊二〇世紀に大衆民主政治が定着していくなかで、立憲君主制を実直に維持した君主の評伝。
水谷三公『イギリス王室とメディア――エドワード大衆王とその時代』文春学藝ライブラリー、二〇一五年。
　＊王室とメディアとの関係を巧みに論じるとともに、エドワード八世の「王冠をかけた恋」についても論じた好著。
君塚直隆『女王陛下の外交戦略――エリザベス二世と「三つのサークル」』講談社、二〇〇八年。
　＊第二次世界大戦後のイギリス外交を「三つのサークル」のそれぞれにおいて政府と支えてきた女王の物語。
君塚直隆『女王陛下のブルーリボン――英国勲章外交史』中公文庫、二〇一四年。
　＊イギリス最高位のガーター勲章が歴代国王によってどのように外交の世界で使われてきたのかを検証。
水島治郎『ポピュリズムとは何か――民主主義の敵か、改革の希望か』中公新書、二〇一六年。
　＊二一世紀の世界を席巻（せっけん）するポピュリズムの本質に迫る名著。第六章「イギリスのＥＵ離脱――『置き去りにされた人々』の逆転劇」が本章に特に関わる。

コラム1　王冠をかけた恋

君塚直隆

「私は自分が愛した女性の助けと支えなしには、国王としての重責と義務とを、自らがそうしたいと望むように担い、また果たすことは不可能なのです」。

一九三六年一二月一一日午後一〇時。四二歳のイギリスの「前」国王エドワード八世は、ＢＢＣ（英国放送協会）のラジオを通じて、国民にこう訴えかけた。それは大衆から絶大な人気を誇り、「魅惑の王子（プリンス・チャーミング）」ともてはやされた国王による退位演説であった。在位は三二五日に終わった。当時日本で「王冠をかけた恋」と呼ばれ、世界中に大きな衝撃をもたらしたこの事件の原因ともなった、国王が「愛した女性」とは一体何者だったのか。

彼女の名はウォリス。エドワードより二歳年下で、アメリカの中流家庭に生まれ育った。離婚の後にイギリスに渡り、エドワードの友人の一人アーネスト・シンプソンと結婚した。夫とともにたびたび招待を受けているうちに、二人は「恋仲」になっていった。

一九三六年一月に父ジョージ五世が亡くなり、エドワード八世として即位するや、彼はウォリスとの結婚を真剣に考え始めた。母メアリ皇太后やボールドウィン首相、議会内の多数やイングランド国教会もこぞって反対した。政府と報道界との「紳士協定」で二人の関係は伏せられていたが、その期限が切れた一二月一日に「ウォリス」は瞬く間に衆目を集めることになった。首相は国王に迫った。「王冠を取るのか、ウォリスを取るのか」。

国王が選んだのは「ウォリス」であった。一二月一〇日に議会で退位法が成立し、年子の弟がジョージ六世として即位した。エドワードは「ウィンザー公爵」に叙せられ、年金を与えられて国外で生活することを余儀なくされた。翌三七年六月三日、二人はフランス北西部の城で華燭（かしょく）の典を挙げた。新国王の厳命により王族からの出席者はいなかった。

その後もナチス・ドイツに近づくなどで世間を騒がせた二人は、第二次大戦中にカリブ海のバハマ総督に任ぜられた以外は、終生パリ近郊の屋敷で生活した。一九七一年一〇月には「旧友」昭和天皇夫妻が訪れ、目に涙を浮かべて再会を喜んだ。その七カ月後の七二年五月にエドワードは亡くなった。それから一四年の歳月を経て、ウォリスも八九歳で大往生を遂げた。今も二人は、ウィンザー城近くの王室墓地で寄り添うように眠っている。

コラム2　ロイヤル・ウェディングの起源

君塚直隆

一九八一年七月二九日、ロンドンのセント・ポール大聖堂でイギリスのチャールズ皇太子とダイアナ妃の結婚式が盛大に執り行われた。日本の皇太子夫妻（のちの明仁天皇と美智子皇后）をはじめ、国内外の三五〇〇人にも及ぶ貴顕が式典に参列した。式後には新郎新婦が乗る馬車はロンドンを横断してバッキンガム宮殿へと向かい、沿道で見守る数万人の人々から熱い祝福を受けた。宮殿のバルコニーには、エリザベス女王を筆頭にすべての王族が一堂に会し、そのなかで新郎新婦はキスを披露した。テレビ中継を通じて全世界で七億五千万人もの人々がその姿に酔いしれたとされる。

今ではすっかりお馴染みとなったこの「ロイヤル・ウェディング」の光景は、それから三〇年後の二〇一一年には、二人の長男ウィリアム王子とキャサリン妃の結婚式でも踏襲されたばかりか、ヨーロッパ中の王族の結婚式にも大きな影響を与えた。

しかし、このようなかたちでの「ロイヤル・ウェディング」が定着したのは、実はそう古い話ではない。今からたかだか一〇〇年前からに過ぎないのである。きっかけは第一次世界大戦であった。

それまでの王族の結婚式は文字どおりの「私的な」儀式だった。セント・ジェームズ宮殿の王室礼拝堂やウィンザー城内の附属礼拝堂で、王侯貴族らだけを招いて執り行われていた。それが第一次大戦という史上初めての本格的な総力戦の登場で状況が一変した。大戦の勝利も王室の存続も、国民あってのものと考えた、ときの国王ジョージ五世のはからいで、国王の従妹（いとこ）パトリシア王女の結婚式がウェストミンスター修道院で華やかに執り行われることになった。大戦終結からわずか三カ月後の、一九一九年二月のことである。

さらにジョージ五世の次男アルバート王子（のちの国王ジョージ六世）とエリザベス妃の結婚式の際（一九二三年四月）には、同じくウェストミンスターで式が挙げられた後で、新郎新婦は沿道で大勢の国民が見守るなかを馬車でバッキンガム宮殿へと向かった。そして双方の両親とともにバルコニーに姿を現し、祝福する人々に手を振った。

ウェストミンスター修道院とバッキンガム宮殿のバルコニーとは、これ以後、イギリス王室のウェディングに欠かせない「舞台装置」として定着していく。

第2章

スペイン政治と王室
――安定装置としての君主制――

細田晴子

1　不安定な君主制

迷走する元帝国

スペイン人は、政治という劇を観客として傍観すると言ったのは、イギリス人・フランス人・スペイン人を比較考察した、外交官・歴史家のマダリアーガ（Salvador de Madariaga）である。また彼は、他の国ならば政治生命の終わりとなるような重大な政治的失策も、スペインではそうならないとも言っている。登場人物の交代、再登場は許容されているのだ[1]。

スペインの王室の歴史を劇にするならば、何幕も必要だろう。スペイン帝国の最盛期と言えば、日の沈まぬ帝国と言われた、ハプスブルク家のフェリペ二世（Felipe II 在位一五五六～九八）の時代が真っ先に思い浮かぶかもしれない。続くフェリペ三世（Felipe III 在位一五九八～一六二一）、フェリペ四世

（Felipe IV 在位一六二一～六五）の時代は黄金世紀と言われ、劇をはじめとする芸術が絶頂期を迎えた時代である。しかし、スペインの国力は衰退に向かっていた。ハプスブルク家は一七〇〇年には途絶え、フランスからボルボン（ブルボン）朝のルイ一四世（Louis XIV 在位一六四三～一七一五）の孫でハプスブルクの血も受け継いだ王（フェリペ五世（Felipe V 在位一七〇〇～二四、二四～四六））を迎えた。こうして現在まで続くボルボン（ブルボン）朝が幕を開け、スペインは中央集権的になる。

革命と反革命

一九世紀、スペインでは革命と反革命が繰り返されていた。女子の王位継承権が復活されて間もなく、フェルナンド七世（Fernando VII 在位一八〇八、一三～三三、途中ナポレオンが進軍し、兄のジョセフがスペイン王に任命された）に娘イサベル（Isabel II 在位一八三三～六八）が誕生すると、王弟カルロス（Carlos de Borbón）との間に争いが起こった。結局イサベルは三歳で即位し、これに反対するカルリスタ（カルロス支持者）は、一八七〇年代まで何度か武装蜂起した。

その後革命勃発によりイサベル二世は亡命した。一八六九年憲法では、国民主権に基づく「民主的な王政」、信教の自由がうたわれた。しかし、そもそも連邦共和派は王政に反対であった。ボルボン（ブルボン）家を排除すべくスペイン議会で決定された「民主的な」王、イタリア・サヴォイア家のアマデオ一世（Amadeo I 在位一八七一～七三）は王位に即くも、二年でこれを放棄した。主役が代わり、ここに第一共和政が成立したが、内乱は続き依然として政局は不安定なままだった。

結局不安定な共和制への反動で、軍のクーデタを契機に、イサベル二世の息子でイギリスの士官学校

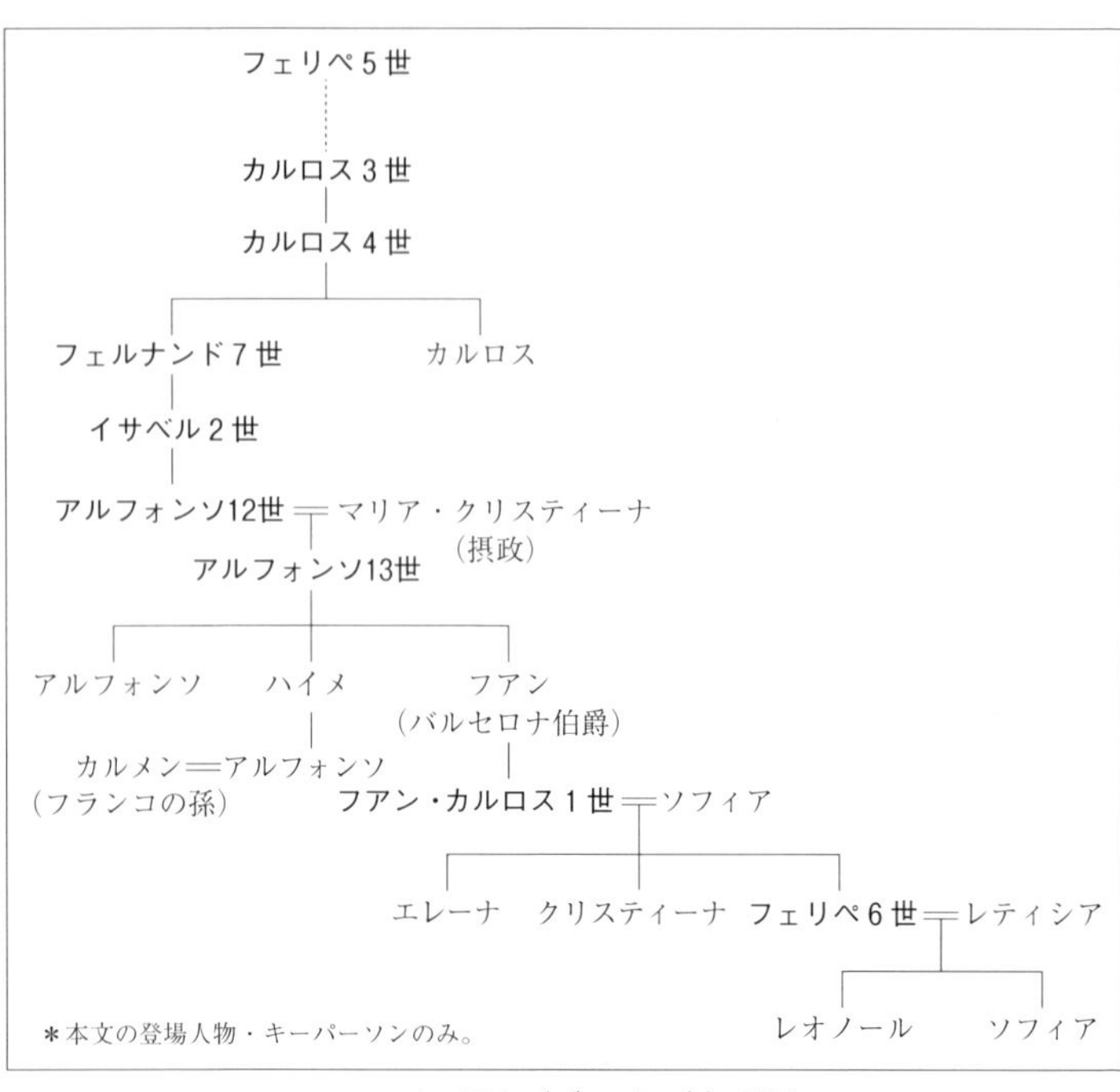

スペイン王室（ブルボン家）系図

に在籍していたアルフォンソ一二世（Alfonso XII 在位一八七四～八五）が即位し、再びボルボン（ブルボン）朝の治世となった。アルフォンソ一二世は、イギリス政治に倣い「君臨すれども統治せず」を守り、絶対王政ではなく立憲王制を目指した。一八七六年憲法では、統帥権など国王に絶大な権利が与えられ、カトリックを国家宗教として規定していた。議会と王権が主権を共有し、首相選任に関する国王の権限も強力だったが、ひとまず二大政党制で政権交代が行われていた。

一八八五年アルフォンソ一二世が没した時、マリア・クリスティーナ王妃（María Cristina de Habsburgo、オーストリア出身）は男子を身ごもっていた。翌年誕生したアルフォンソ一三世（Alfonso XIII 在位一八八六〜一九三一、一九〇二年より親政を開始するまでは同王妃が摂政）は、生まれながらの王であった。

帝国主義の時代、海外領土の獲得合戦が繰り広げられるなか、スペインは一八九八年米西戦争に敗北し、最後のラテンアメリカの植民地キューバ、プエルトリコ、アジアではフィリピン、グアムを失った。ナショナリズムの強まるなかで、若い国王はスペイン再生の希望となった。マスメディアは王室に関する報道を行い、国王が出席する宗教行事はまさにショー化した。王党派は立憲政治を正統化しようとし、地域主義者などの様々な社会勢力はそれぞれの目的を達成するために君主制に頼ろうとした。特に軍隊は、王の行幸や軍事的行事などを通じて、最も一貫した国家主義的政策を遂行していた(2)。

しかし二〇世紀初め、スペインは植民地モロッコで敗北し、徴兵やその責任の帰趨に関して、政府、労働組合、軍部の対立が激化した。労働組合・アナーキストの活動は活発化し、政治家は次々暗殺され、スペインは不安定な状態に陥った。国王自身も、結婚式のパレードにおいて、アナーキストのフリーメイソンに爆弾を投じられている。ちなみに王妃は、イギリス人でしかもプロテスタントであったが、結婚に際してカトリックに改宗していた。

こうした政治的に不安定な時期、一九二三年、プリモ・デ・リベーラ将軍（Miguel Primo de Rivera）はクーデタを起こし、イタリアのムッソリーニ（Benito Mussolini）のファシスト党を模したファシズム体制を構築しようとした。王は脇役に退いてこれを承認し支持したため、スペインでは君主制＝独裁制という図式が定着していった。また国と教会の結びつきは、教権主義者と反教権主義者の間の対立を生むことになった。さらに王宮のあるマドリード（カスティーリャ地方）を中心とするナショナリズムに対抗して、カタルーニャやバスクなどでは地域ナショナリズムが盛んになり、これに共和主義者も加わっていった。

宗教、地域ナショナリズム

ここでスペインの政治、王室の不安定さの要因として、スペインの特殊事情をまとめてみたい。

第一に、宗教と王権の結びつきがある。近世スペインでは、民衆にとっての王は、「圧制を排して公共善を実現してくれるはずの、父なる存在」として思い描かれていた。たとえば黄金世紀には、王によって正しい裁きが下され、平民の名誉が擁護される劇があった。一八世紀の啓蒙的改革においてでさえ、国王が聖職者にも及ぶ絶対的な王権を有し、一種の「国王教権主義」的考え方がとられた[3]。自由主義的といわれた一八一二年憲法でも、第一四条で「スペイン国民の政府は、世襲の穏健な君主制」であるとされ、カトリックを国教とし信教の自由はなかった。しかしスペインでは、カトリック勢力が常に優勢な状態ではなく、教権主義と反教権主義がせめぎ合っており、どちらかが強力になり過ぎるとその反動がきた。

第二に、地域ナショナリズムの問題がある。一六世紀、ヨーロッパは複合国家から成り立っており、スペインも例外ではなかった。冒頭のマダリアーガによれば、地方自治体が最もエネルギッシュで有能な人物を輩出するという。一九世紀には、ベルギー、イタリア、ドイツ等で国王が国民統合・祖国の象徴となるなかで、スペインはそうはならなかった。逆に一九世紀前半までには大半の植民地を失い内乱も経験したスペインでは、中央からの動きに対抗するように、カタルーニャやバスクで、地域ナショナリズムが主張されるようになった。

最後に、スペインでは万世一系にはこだわらなかったことを指摘したい。王朝は交代するのみならず、外国から連れてこられた王が即位することもあった。亡命した王（女王）もいた。後述するようにフランコ（Francisco Franco）独裁時代（一九三九～七五年）は、スペインの男性でありさえすれば、法律上は王になれる可能性があった。

以上のように、スペインでは宗教や地域ナショナリズムの問題が絡み、他のヨーロッパ諸国とは異なり、王室は祖国統一の象徴となり得ず、非連続的な君主制のもとで不安定な時代が続いたのである。

2　不安定な共和制・君主制か、安定した独裁制か

国民の象徴たり得ない王室とアナーキーな共和制

二〇世紀初頭、脆弱な君主制の対案として、再び共和制が登場する。一九三一年、全国の市町村議会選挙において共和派が勝利をおさめ、共和国が成立した。アルフォンソ一三世は、国民から敬愛の念を得られず亡命した。共和国には、アナーキスト、共産党、スペイン社会労働党（ＰＳＯＥ）といった役者がそろい、数人の閣僚はフリーメイソンであった。しかし第一共和政と同様、共和派が盤石だったわけではなく、王党派の力が脆弱であったために君主制が崩壊したのであった。そのため共和国は国民の強い支持を得られず、政治は不安定なままであった。

一九三四年には、ムッソリーニと会談した亡命中のアルフォンソ一三世は、もしスペインで無秩序状

態を終わらせ王政復古を支持するようなクーデタが起これば、政治的・軍事的に支援すると述べている。舞台への再登場を望むアルフォンソ一三世は、軍人のなかでも十分な力量があり、王室に忠誠を誓いそうな将軍としてフランコに白羽の矢を立て、現金一〇〇万ペセタ（インフレを勘案すると二〇〇七年の価値で一二〇万ユーロ、約一億九千万円相当）を送金した。しかし、スペインを無秩序化した共和国から救う、スペインの破壊を救うという点で両者の意見は一致していたが、フランコは王政復古のために軍事蜂起したのではなかった。アルフォンソ一三世は内戦でフランコが勝利するたび電報を送るが、返答しないフランコに次第に裏切られた感情を抱いていった。(4)

そして国王の懸念は現実のものとなった。フランコはアルフォンソ一三世を偉大な王と評価する一方で、フランコから見れば混乱を招いた「リベラルな」君主制は再来すべきでないと考えていた。再び無秩序状態となり、共産主義が定着することを危惧したためである。つまり、首長として再び国王が登場するならば、その王は「平和をもたらす調停者」であるべきで、勝者の側だけに君臨するものであってはならなかった。さらにフランコは内戦終結後、新しい国の構築には時間がかかると見ていた。その際統治するのは、三〇年間君臨した王ではなく若い皇太子であるべき、スペイン国民は新しい人物を望んでいる、年寄りは若者に譲るべきだ、と考えた。(5)

弱い君主制より強い独裁制を選択したアメリカ：敗れたバルセロナ伯爵

アルフォンソ一三世は一九四一年亡命先で没し、その息子二七歳のフアン（Juan de Borbón、バルセロナ伯爵。四男であったが、長男が血友病、次男ハイメ〔Jaime〕は耳が不自由で、三男は死産であったため、王位継承権を得た）が王政復古を掲げてフランコと対峙することになった。フランコは、国王としてスペインに戻る条件として、「すべてのスペイン人の王になること」および「国民運動（当時スペインにあった唯一の政党で、ファシスト）に加入すること」という、無理難題を突き付けた。

このスペインの政治体制の問題に関しては、イギリスのチャーチル首相（Winston Churchill）はスペインに君主制を残し影響力を維持したく、またスペインが連合国側につくことを願っていた。当初アメリカも、第二次世界大戦中スペインが中立で不参戦を望んでいたため、ローズヴェルト大統領（Franklin D. Roosevelt）はバルセロナ伯爵のもとの君主制を望んだ。しかし民主的な連合国側の支援を得ているバルセロナ伯爵としては、フランコが提示したファシズム支持という条件は受け入れられなかった。こうしてフランコ側が再三秋波を送ったにもかかわらず、バルセロナ伯爵は、フランコ側の政治体制下で政権の「後継者」として王位に即くという台本を拒否した。

潮目が変わるのは一九四五年ローズヴェルトが病没して、フリーメイソンのトルーマン（Harry S. Truman）が大統領に就任してからである。フランコ政権は、反フリーメイソン、反自由主義を標榜していたが、両者は、反共産主義という点では意見が一致していた。トルーマンは「未熟な王のもとの、不安定な政府のスペインよりも、反共のフランコ政権の方が、西側には役に立つ」と見たのである。一方その頃、チャーチル首相は選挙に敗れ下野することとなった。新たに表舞台に躍り出た主人公フランコは、第二次世界大戦後、連合国側の力関係の変化を見逃さなかった。逆転劇を狙うのである。

独裁制下の皇太子：父と決別したフアン・カルロス

フランコ政権は、そもそも王党派、軍部、国民運動、カトリックなど、思想が異なる役者から構成されていた。軍部は、モロッコでの戦争やアルフォンソ一三世の亡命などで君主制に不信感を抱く一方、王党派はカトリック勢力内などにも存在しており、独裁を暫定的政権と見なしていた。

フランコ自身は、王党派だと宣言しており、決して君主制を否定しなかった。ただ他国からの干渉を嫌い、君主制システムを構築するまで、後継者を即断しなかった。急がず、自分が王という主人公を決めるという筋書きだった。

前述のようにフランコは、アルフォンソ一三世とは異なる、新しい王室を望んでいた。フランコの観点からすると、アルフォンソ一三世もバルセロナ伯も、後継者の器ではなかった。そのため、バルセロナ伯爵を後継者として承認しなかった。そして一九四七年国家元首継承法によって、国王が不在にもかかわらずスペインをカトリックの「王国」と規定するが、フランコが国家元首となり、後継者を指名する権限を有することとした。さらに後継者の王としての条件は、カトリック教徒で三〇歳以上のスペイン人男性であった。ボルボン（ブルボン）家出身とは限定しなかったのである。

フランコ体制は過渡的なもので、議会主義君主制への準備期間であった。一方で、その君主制はフランコの意に沿うものでなければならなかった。すなわち反乱側であったフランコは、特定の派閥が突出することを望まず、派閥を懐柔しつつ、国際的な認知、正統性を確固たるものにしようとしたのである。

フランコは、当時のスペイン人が君主制に負のイメージを抱いていると痛感していた。そのため主人公にアドリブを任せるのではなく、舞台監督がしっかりと脚本どおりに進行させようとしたのである。

個人に任せればその個人が倒れればシステムが崩壊する。そのため、たとえ主人公が入れ替わってもスペインが安泰なように法整備を行ったのである。

一方冷戦の対立が深まるなか、アメリカは独裁政権とはいえ安定したフランコ政権を倒すのは得策ではないとの思いを強くした。スペインの共産党以外は、共和主義者、社会主義者、王党派は分裂しており、カリスマ的リーダーが不在なため、在モスクワ米国大使を務めた、「封じ込め政策」の発案者ジョージ・ケナン（George F. Kennan）も、フランコ政権支持を提言していた[6]。

亡命スペイン人の王党派は、亡命したPSOEとともに反フランコを掲げ、バルセロナ伯爵を中心に君主制再興に動いていた。PSOEは、「国民が選べば」バルセロナ伯を認めるとした。しかしながら、彼らに出る幕はなかった。というのも、実はこの頃、当のバルセロナ伯は舞台裏でフランコと会談し、息子ファン・カルロス（Juan Carlos のちの Juan Carlos I 在位一九七五〜二〇一四）をスペインで教育させる可能性について協議していたのである。

内戦を終結させ、第二次世界大戦は中立を守り生き残ったフランコは、安定的な政治システム構築のために、君主制を選択した。ただしそれは時間をかけて構築すべきだと考え、弱冠一〇歳のファン・カルロスをスペインで教育することとした。一九世紀から二〇世紀前半にかけて、スペインでは共和制も不安定であったが、君主制も不安定だと国内外で見なされていたのである。

3　安定した独裁制と後継者——なぜフランコは君主制を選択したのか？

皇太子と祖国愛

フランコは一九四五年の国民憲章で、カトリックを国教と定めた。枢軸側の支援を得てスペイン内戦を勝利したとのイメージが国際的には強かったため、カトリック派の外相を登用し、ヴァチカンとは、一九五三年政教協約を締結した。フランコ政権の「カトリック＝普遍」性、西洋との価値観の一致をアピールしようとしたのだ。またフランコは、フェリペ二世の曽祖父母、カトリック両王時代のような、「一つで、偉大で、自由な」中央集権的・帝国主義的スペインを目指していた。

ファン・カルロス皇太子は、一九六二年、ギリシャ王室（当時）の長女ソフィア（Sofía de Grecia）王女と結婚した。ギリシャ正教徒であった王女は、カトリックに改宗した。

フランコは、一九六四年にはすでに皇太子夫妻のスペインに対する強い祖国愛を感じ取っていたが、君主制の大義に反し、国の将来を考えぬような「側近」に、若すぎるがゆえに言いくるめられてしまうのを懸念した。そのため、国民運動の理念を維持したような憲法を研究していた。これにより、スペインの将来の君主制が正常に展開していくと考え、また国民が国民投票で首相を選ぶべきとも意見していた。さらにフランコは、国民の介入のもとにある君主制の上に成り立つ体制、政府の安定を目指すと述べている。

一九六六年一二月基本法に関する国民投票が行われ、八八％が賛成した。この基本法では首長とは別に首相職が設置された。一九六九年には、フランコは前年三〇歳となった皇太子を国家元首後継者に指名した。二〇年かけ、皇太子が真に国王として適任か否かを見極めたのである。

フランコは、皇太子の即位の際には、スペインの法制――つまりフランコ体制の――に宣誓すべきと思っていた。皇太子は、フランコ体制の原則に議会で宣誓することに一瞬躊躇し、法律家で彼の教育係のフェルナンデス・ミランダ（Torcuato Fernandez-Miranda）に相談した。彼は「法は改正可能で、廃止もできる」と答えた[7]。後には、まさにフランコ体制の内部から、法の改正・廃止によって民主的な体制を作り上げていくことになるのである。

スペイン国内の一九六九年頃の世論調査では、フランコ政権後に求める政体として、約四九％が共和国、約三〇％が現政権、君主制を求めたのはわずか二一％ほどであった[8]。言論統制が敷かれた政権下の調査でも、共和制支持者が半数近くを占めるのは驚くべきものがある。

皇太子は、君主制の評判、広報の不足を懸念し、贅沢すぎもせず特権的すぎもしないヨーロッパの近代的・民主的な君主制のような、人々に慕われる君主制を望んでいた。フランコも皇太子に、スペイン国民に一層身近に感じてもらうべきと助言していた。

皇太子は、父王から譲位されたベルギーのボードゥアン一世（Baudouin I 在位一九五一～九〇、九〇～九三、王妃はスペイン人）や、ギリシャ国民から遠かったことを後悔していた義弟の亡命ギリシャ王コンスタンティノス（Konstantinos II 在位一九六四～七三）からも助言を受けていた。またソフィア王妃は、一九六七年ギリシャで革命が起こった際偶然そこに居合わせたので、王妃からの助言もあったかもしれない。

ボルボン（ブルボン）家の戦い

次の主人公として期待されたフアン・カルロス皇太子の前に、意外なところから敵が登場した。一九六三年には、前述のカルリスタの領袖ウーゴ・デ・ボルボン・パルマ（Carlos Hugo）が名前をカルロス・ウーゴに改め、王位継承を狙うことを宣言したのである。彼はフランス国籍を有しフランスで兵役にもついたが、スペイン国籍取得を試みた。しかしフランコは、王党派を分裂させ、左翼の政治への介入を招いたカルリスタが祖国に与えた損害は計り知れないとして、国籍取得、すなわち王位継承の候補者となることを拒否したのである。

また、同じボルボン（ブルボン）家のなかでも、アルフォンソ一三世の次男で王位継承権を放棄していたハイメの息子（すなわちフアン・カルロスのいとこ）であるアルフォンソ（Alfonso）も王位継承の野心を捨てなかった。フランコは、アルフォンソをスウェーデン大使に任命（一九六九〜七三年）して舞台から追い出そうとした。

一九七二年、意外な展開が待っていた。アルフォンソはフランコの孫と結婚した。同年、男児が誕生した。そのためフランコが一九六九年の宣言を翻して、アルフォンソを後継者に指名するのではないかとの噂も流れた。しかし舞台監督のフランコはためらわず、次の主役――フアン・カルロス皇太子――を変更しなかった。皇太子夫妻の愛国心に、フランコは満足していたのである。

フランコとデモクラシー、共産党と王室

不思議にも、フランコはフアン・カルロス皇太子の下でのデモクラシーを否定しなかった。一九七〇

年春に、フランコは皇太子に対し「私は戦争に勝利しましたが、デモクラシーまで勝ち取れとはおっしゃいますな。私にはできません。また誰も、私の四〇年にわたる歴史を裏切れとは頼みますまい。デモクラシーを勝ち取るのは、殿下や若い方たちがなさるでしょう」と語った(9)。

つまりフランコは、ポスト・フランコ時代スペインの民主化の可能性も予見しており、スペインが君主制の下で安定することを望んでいた。これに対しフランコの右腕、カレーロ・ブランコ首相（Luis Carrero Blanco）は、フランコ体制の維持に固執していた。首相は政党を認めず、国王が「すべてのスペイン人の王」となることは望まなかったのである。

皇太子は、軍人と文民のバランス、地域主義者、共産党といった脇役との関係も常に考慮していた。彼はすでに、外交官のオレーハ（Marcelino Oreja、のちの外相、在任一九七六～八〇）の助言で、王宮府のスタッフを徐々に軍人から文民に交代させ、カタルーニャやバスク地方の代表と会見していた。さらには、非合法のスペイン共産党のカリーリョ書記長（Santiago Carrillo）の情報も得ていた。

フランコ死去前年の一九七四年、パリで共産党を中心に「民主評議会」が結成されたが、ここにはバルセロナ伯を擁する王党派も参加していた。前述のカルロス・ウーゴは、そこにも接近した。カリーリョ共産党書記長は、すでに一九六九年リベラルな王党派との協力にまで言及しており、共産党と王党派の協力関係は、驚くものではなかった。

当時非合法の共産党員であった経済学者、タマメス（Ramón Tamames）は、最近の筆者とのインタビューのなかで、「反フランコ政権ということで、リベラルな王党派とも協力し」「立憲君主制を認める代わりに共産党を合法化するという取引をした」と証言した。彼から見れば、一九七八年憲法が制定されるまで第二共和政の旗を使用するなど、PSOE側の方が君主制に関しての態度があいまいであったという[10]。実際フアン・カルロス皇太子は、共産党の合法化を支持し、共産党側ともそれと引き換えに君主制を認める密約を交わしていた。皇太子はチャウシェスク（Nicolae Ceaușescu）ルーマニア大統領とも親しく、同国へ特使まで派遣していたのである。

すなわち国内の王党派は皇太子、反フランコの亡命者たちは国外でバルセロナ伯爵を擁立した君主制を目論んだのである。どちらが勝利しても、君主制となる。共産党とのこの「取引」は、後に民主化過程においてスペイン政治の安定に大きく貢献することとなる。

軍でのリーダーシップ

一九七四年フランコの病状が悪化し、一時的にフアン・カルロス皇太子が臨時国家元首となった。フランコは快方に向かっていたが、翌年一〇月三〇日その病状は再度悪化し、皇太子が再度臨時国家元首となる。かねてから国際司法裁判所に対しスペイン領西サハラを自らの領土と主張していたモロッコは、これを好機と捉え、西サハラにむけ女性・子ども・老人を中心とした非武装の「緑の行進」を開始した。

陸海空軍の三つの士官学校で学んだ当時三七歳の皇太子は、モロッコ沖のカナリアス諸島のスペイン軍駐屯地で待機すべきという意見に異を唱え、ここが正念場と現地アイウンへと飛んだ。すなわち軍人のメンタリティーを理解していた皇太子は、司令官が不在（フランコは病床）であることから軍部のなかに生じる不安を払拭するために、リーダーが存在することを誇示すべく現地へ向かい、婦女子に対して銃を向けてはいけないこと、スペイン軍は名誉ある撤退をすることを訴えた。

黄金世紀の劇のテーマによく見られた「名誉」は、スペイン人、特に軍人においては重要なキーワードである。こうした皇太子の態度によって、軍人は納得しただけでなく、若く、颯爽とした総司令官に感銘を受けたのである。さらに、皇太子は、こうした軍の司令官としての行動を北アフリカ人が評価することも理解していた。実際皇太子の予想通り、モロッコのハッサン二世（Hassan II 在位一九六一～九九）は電話で行進を停止すると述べ、さらに皇太子の行動を称賛した。こうして皇太子は、国内外でポスト・フランコ期のリーダーとしての支持を得たのである。

古い独裁制より新しい君主制を選択したアメリカ

当初アメリカでは、フアン・カルロス皇太子下のスペインは安定した君主制になるとは思われていなかった。一九七一年、ポスト・フランコ時代のスペインを懸念したニクソン大統領（Richard Nixon）は、ウォルターズ将軍（Vernon Walters）をスペインへ派遣した。ウォルターズは単刀直入にフランコに質問した。フランコは、スペインの民主化を予想し、後継者フアン・カルロス皇太子は困難に直面するとしつつ、軍人・文民としての彼の政治的・管理能力を保証した。さらに中産階級を形成したので、革命も内戦もないだろうと述べた。

結果的にアメリカは、皇太子の君主制定着に決定的な支援を与えることとなった。政府外でも、すでに一九七三年には、皇太子に近い企業家たちは、アメリカの労働組合のナショナルセンター（ＡＦＬ－ＣＩＯ）に向けてコンタクトをとっている。王室と労働組合とは、王室と共産党と同様、不可解な組み合わせに見えるかもしれない。しかし、結果的にこうした要素が積み重なって、第二次世界大戦後脆弱な君主制よりも強い独裁者を選択したアメリカは、今度は皇太子を支援するに至るのである。

一九七三年、スペインを訪問したキッシンジャー国務長官（Henry Kissinger）は、皇太子とも会談し、彼に好印象を抱いた。一方で前述のカレーロ・ブランコ首相は、キッシンジャーに対して強硬姿勢をとり、スペインは一国で核装備ができる、すなわちアメリカの防衛に頼らずとも、独自の軍事・核政策をとれると、アメリカに対し強気の姿勢を崩さなかった。[11] しかし舞台は最後まで緊張感が続く。カレーロ・ブランコ首相は翌日バスク地方の独立を目指すＥＴＡ（バスク祖国と自由）に暗殺された。フランコの妻やフランコの娘婿は、カレーロ・ブランコの後任として彼らが操作しやすい首相を選出して、フランコの後継者を変えようとした。再度フランコの孫娘の夫、アルフォンソを推す動きが活発化したのである。

一九七五年スペイン大使として、スティブラー大使（Wells Stabler）が着任した。彼はキッシンジャー国務長官に対して、皇太子の有能さをアピールした。一九七五年に訪西したフォード大統領（Gerald Ford）および国務長官は、それまでの皇太子に対する「好人物だがトップとしては頼りない」との見解を改めていった。そして国務長官は、ミーニーＡＦＬ‐ＣＩＯ会長（George Meany）にさえ、皇太子の支援を依頼した。アメリカはスペインの安定のため、フランコ政権とその後継者ではなく、また選挙を超越しているもの――君主制――を支援することにしたのである。

当時アメリカの最終的な目標は基地の使用権維持であり、それにはスペインの政治的安定は不可欠であった。米西協定は改定時期にあり、ポスト・フランコ時代を見据えつつ何としても可能なうちに改定する必要があった。そのため民主化に際し、アメリカとの協定を非難する共産党の合法化は総選挙後にと、スペイン側に「助言」していた。しかし皇太子は、前述のようにすでに君主制の承認と合法化に関して共産党側と密約を交わしていたのである。

当時ヨーロッパのほとんどが立憲民主主義を採っていたのに対し、スペインではフランコ独裁政権下の国家元首継承法によって定められたファン・カルロス皇太子が同年一一月のフランコの死後、国王――体制の後継者――となった。しかしながら、君主制を安定させるためフランコ政権と手を組んでいた王室も、これからはヨーロッパの他の君主制の国に合わせるべきという結論に至った。そのためには共産党と手を結ぶのも矛盾していない。そしてこの方針は結果的に、二分して戦われたスペイン内戦の傷跡を一時的にではあるが覆い隠し、スムーズな民主化を促すのに貢献したのである。

フランコは、臨終の床で皇太子に、「スペインの統一」を訴えていた。フランコが固執したのはスペインの政治の安定性であり、そのため国民運動の規則に基づく堅固な君主制を目指した。それを筋書きどおり運ぶためには、自分の身内すら優先しなかった。誰もが主人公の力量を有しているわけではないからだ。

4　民主化移行――フランコ体制の後継者からデモクラシーの国王へ

すべてのスペイン人の王へ

スペイン人は、アルフォンソ一三世までは国王や王室を国全体の象徴、祖国統一の象徴と見なさなかった。当初PSOEや共産党は、君主制ではなく連邦制を考えていた。新しい時代が幕を開け、ファン・カルロス皇太子は、ボルボン（ブルボン）家の長い歴史を背負いつつ、スペインという想像の共同体の国王フアン・カルロス一世として、いかにして象徴となっていったのか。

国王は地域ナショナリズムの強いカタルーニャに配慮して、一九七六年二月、最初の公式訪問先にカタルーニャを選び、祖父のアルフォンソ一三世も共和国の首相も行わなかった、カタルーニャ語でのスピーチを行った。

さらに同年、新国王は早速アメリカを公式訪問し、上下院合同セッションにおいて流暢な英語でスピーチを行った。その際には、思想や内戦の傷跡を超えて、スペイン君主制は、すべての国民が参加可能な開かれた機関であると言及し、「すべてのスペイン人のための王」でありたいとの明確な意思表示がなされた。これは国際的にももちろん、スペイン国内へ向けてのアピールでもあった。また共和国政府が亡命していたメキシコ訪問の際には、亡命した大統領の未亡人を表敬し、「大統領も、奥様も、私がそうであるように、スペインの歴史の一部を形成しているのです」と述べ、和解を試みた[12]。さらには、「すべてのスペイン人」とは、内戦での敗者のみならず、カタルーニャやバスクなども包含することも意味していたのであろう。

共産党も君主制を支持

フアン・カルロス一世は、イギリスの政治制度やデモクラシーを評価するフェルナンデス・ミランダ（一九七三年には副首相）をフランコ死後のフランコ制定議会の議長とし、スアレス首相（Adolfo Suárez）とともにフランコ体制の法制度を用いつつ、内部からの改革を進めていった。七六年一一月には、フランコ時代の法制度を用いつつ、民主化を目指す政治改革法が国民投票で承認された。

　共産党を除く政党は合法化されたが、独裁者フランコの後任とされたファン・カルロス一世は、共産党の合法化なくしては、内戦後二つに分断されたスペインを一つにし、真のスペイン民主化を行うのは不可能と感じていた。そのため前述のように、フランコ時代から共産党と接触を試みた。

　共産党も君主制を支持したのは、フランコ独裁下非合法だった彼らが、民主化過程において取り残されぬよう、新しいシステムのもとでの政治参加を希望したためである。共産党にとっての選択肢は、君主制か共和制かではなく、独裁制か民主制かであった[13]。彼らが党の合法化を条件に君主制の受け入れを承諾したため、共和制を主張していたPSOEもこれに従ったのである（スペイン内戦時、共和国政府内でも社会党系と共産党系は、対立関係にあった）。のちに共産党書記長と国王は何度も話すことがあったが、自分は王党派ではないと強調する書記長に、国王が「しかしこのままだと、王立スペイン共産党と改名しなければね」、と冗談を言うほどの仲となった[14]。

　七七年五月、バルセロナ伯爵は公式に王位継承権を破棄し、ボルボン（ブルボン）王朝の王位はファン・カルロス一世に継承されることとなった。陸海空軍の士官学校で学んだ国王は統帥権を有しており、共産党合法化に最も抵抗すると見られた軍部にも信頼されていた。そのため最終的に大きな混乱もなく四月共産党は合法化された。六月には、共産党も参加して四一年ぶりに総選挙が開催された。こうしてファン・カルロス一世はデモクラシーの王へと前進した。

一九七八年憲法と地域ナショナリズムの再燃

普通選挙の次は憲法制定である。政権与党の中道民主連合（ＵＣＤ）、ＰＳＯＥ、国民同盟（フランコ体制の流れを汲む右派）、共産党、カタルーニャ・バスク議員（カタルーニャ人が代表）からなる下院憲法起草委員会が草案を作成した。懸案事項は政治体制と地方自治であったが、カリーリョ共産党書記長が君主制を支持したため、ＰＳＯＥも妥協せざるを得なかった。バスクとカタルーニャの地域主義者は抵抗した。

一八七六年憲法はスペインを立憲君主制としたが、一九七八年憲法の序章では、議会主義君主制と規定した。こうした王権および王国の地位に関する点は、欧州の君主制諸国の憲法からの影響が見られる。一九世紀末のアルフォンソ一三世が広範な権限を有したのとは異なり、フアン・カルロス一世は、スウェーデンを除く他の欧州の国王より権限が制限されている。

さらに一九七八年憲法では、第二編で王権（Corona）について規定している。国王を「歴史的王朝の正統な後継者」としたことで、フランコ政権の王ではないことが明確にされた。国王は「国家元首」であり、「国の統一性および永続性の象徴」である。五七条の王位継承は長子相続の原則で、同一親等内では男子が女子に優先する。フアン・カルロス一世は長女のエレーナ王女（Elena de Borbón y Grecia）の健康状態も考慮して同意したとも言われる。[15] 一方国王は、軍の統帥権を維持した。

地方自治の問題に関しては、連邦制と明示されない一方、歴史的共同体に配慮された自治州設立の手続きが規定されたが、このときのあいまいさ・暫定性が火種となって残存することになる。

一方、バスクのＥＴＡがテロを活発化させればさせるほど、軍は焦燥感をつのらせた。特にこの年後半、憲法が国民投票にかけられる前にはＥＴＡと右派の応酬が激化した。スペイン全体では、投票者の約八八％が賛成したが、バスク州では約半数が棄権した。

国王は、バスク地方の分離・独立を望むＥＴＡなどのテロリストに対する軍隊の敵意を目の当たりにし、急激な地方自治州政府への権限移管を望まなかった。それでもフランコ死後、スペインでカタルーニャやバスクも結びつける役割を漠然と王権が担っていたように見えた。

カリスマ的象徴へ：クーデタ未遂

アルフォンソ一三世時代、宮廷儀式や宗教行事を仰々しく執り行っていたのとは異なり、フアン・カルロス一世はスペイン全土を行幸し人々と触れ合い、身近な存在となった。一九八〇年には、ノーベル平和賞の候補の一人となった。

劇の中盤には、主人公に苦難が降りかかって一層の強さ――カリスマ性を得なければならない。国王のリーダーシップが国内外で一層明確になるのは、一九八一年二月二三日のクーデタ未遂事件においてである。これは、スアレス首相の後任、カルボ・ソテーロ首相（Leopoldo Calvo-Sotelo）信任のために国会へ参集していた閣僚・議員を人質に、内政・民主化への不満を爆発させたテヘロ中佐（Antonio Tejero）と治安警察が下院を占拠した事件である。テヘロ中佐は、各地の軍に蜂起を呼びかけ、国王に対しても支持を求めた。

しかしテレビ放送で国王は毅然とした態度でこれを拒否し、憲法のもとの民主化過程を擁護すると明確に述べた。このため同事件は一日で収束した。憲法で国王に付与された軍の統帥権が、プラスに働いたのである。クーデタの数日後二八日には、イデオロギーを超えて三〇〇万人の人たちが自由、デモクラシー、憲法擁護のために行進を行った。ただし二一世紀の現在、学者のなかにはこれは急激な左傾化への危惧から、あるいは弱い政府に対して君主制を確固たるものにすべく仕組まれた茶番劇であったという説を唱える人もいる。

積極的な王室外交

ファン・カルロス一世の時代は、王室外交も盛んとなった。スペインは一九八六年ECへ加盟した。一九九二年にはカタルーニャ州のバルセロナでオリンピックが開催された。後者においては、国王がカタルーニャ語で挨拶するなどカタルーニャにも配慮する一方、フェリペ皇太子（現フェリペ六世〔Felipe VI 在位二〇一四～〕国王）がヨット選手として出場し、スペイン選手団入場の際の旗手を務めるなど、王室はスペイン国民とともにあるように見えた。ヨットやポロという貴族のスポーツをたしなむスペイン王室は、スポーツ事業を支援するようになる。

王室が外交に占める役割も無視できない。そもそもヨーロッパの王室は、姻戚関係で結ばれている上に地理的に近く往来が容易である。また、前述の「緑の行進」で明確になったように、ファン・カルロス一世は、モロッコ王室との間にも絆を形成している。さらに、一九七三年の石油危機時には、通常の外交ルートでは時間を要する石油の入手も、サウジアラビア王室とのホットラインによりスペイン国王へ直ちに石油が送られた。二一世紀に入ってもなお、モロッコとは国王を通じた方がスムーズな関係修復がなされ、アラブ諸国は国王を通じて直接取引を行うことを好んだ。

またスペインは、イギリス女王とコモンウェルスとの関係のように、「兄弟国」のラテンアメリカ諸国との関係を、国王により強化しようと試みた。ラテンアメリカでは、歴史的にスペインは「征服者」であっても、国王に対してはむしろ一般的には親近感を有している。一九九一年からイベロアメリカ会議を開催し、翌年にはスペインでコロンブス新大陸発見五〇〇年の記念式典を執り行い、イベロアメリカ共同体を可視化した。

アメリカとの間には、特にレーガン大統領（Ronald Reagan）とは「ホットライン」が存在し、それはＮＡＴＯの加盟直前、ＮＡＴＯ残留国民投票の際使用されることとなった。さらには、日本の皇室とは異なり、スペイン国王の外遊の際には、企業家を同伴することも珍しくない。

しかしながら、イギリスとの間に抱える領土問題（ジブラルタル問題）に関しては、王室外交をもってしてもいまだ解決されていない。序章で触れた、イギリスのエリザベス二世女王の在位六〇周年にスペイン王族が欠席したのは、まさにこの問題に関連したがゆえであった。ただ二〇一七年には、訪英したフェリペ六世は、イギリスから最高位のガーター勲章を授与されている。ブレグジット問題で孤立するイギリスは、スペインとの関係を改善しようとしているのである。(16)

フランコ死去直後は、フランコの選んだ後継者として国民の一部からは疑念をもたれていたフアン・カルロス一世であるが、一九七五年西サハラへ飛んで軍の前でリーダーシップを発揮して以来、カリスマ性を得てきた。共産党をも含めた民主化移行を平和裏に行い、思想の違いを超えてフランコ体制と反フランコ体制の仲介者となり、王室外交によって国外の信頼も得て、フアン・カルロス一世のもとの立憲君主国スペインは二〇世紀末前進した。それは内戦で二分された国民を統合する新しい世代の象徴として、当時のスペインには不可欠なものであった。ただし国民は厳しい過去を克服するため、思想の違いや地域ナショナリズムの主張を一時的に封印していたのである。

UCDの後にPSOEが政権の座に就き、一九九六年には中道右派の国民（民衆）党が政権をとり二大政党による政権交代がスムーズに行われるようになると、国王の「政治的な」役割も減少していく。特にアスナール（José María Aznar）政権では、アスナール首相夫妻が舞台の前面に出るようになった。[17]

5　二一世紀のスペイン王室――カリスマ国王から大衆化した王室へ

「大衆化」する王室

フアン・カルロス一世は、「広く国民に親しまれる王室」「自分が君主制という制度の表れの一つと言われること」を目指したが、二一世紀に入るとクーデタ未遂事件を知らない若者も増え、また価値観の多様化が一層進み、地域ナショナリズムの主張が活発化する。

フランコ死去後、約三〇年間特に民主化移行期には、極右・極左以外は基本的に王室のイメージを傷つけるような報道は回避した。財界人が国王を脅迫するような報道も見られたが、その際は、むしろ国王は同情を集めた。一方で、ヨーロッパの王室報道によくあるように、女性雑誌や中流階級向けの雑誌には、幸せな王室、華やかな王室のイメージが投影されていった。[18] 一九九五年には長女エレーナ王女が貴族の男性とスペイン南部セビーリャで、二年後には次女クリスティーナ王女（Cristina Federica de

Borbón）がバルセロナ・オリンピックで活躍したハンドボールの選手で、バスク出身でカタルーニャ語も話すウルダンガリン（Iñaki Urdangarin）とバルセロナで結婚式を挙げた。

二〇〇四年フェリペ皇太子（現国王）が結婚式を挙げ、その時各国の皇族・王族が参集する様子は、マスメディアで盛んに報道された。容姿端麗なレティシア王妃（Letizia Ortiz）は、祖父がタクシー運転手という庶民出身、元国営テレビのキャスターで、離婚経験のある、親近感を抱かせるスペイン人であった。

三〇半ばまで結婚に至らなかった皇太子は、彼女との結婚を固持した。保守派も、以前の結婚は市民婚でありカトリック教会の前には無効として容認し、無事に結婚に至ったのである。二〇〇五年にはレオノール王女（Leonor de Borbón）、二年後にはソフィア王女（Sofía de Borbón）が誕生している。

二〇一一年には公式ユーチューブ・チャンネル、二〇一四年にはツイッターが開設され、随時更新されている。ヨーロッパの王室のなかではイギリスに次ぐ人気である。王宮府の予算や給与まで「透明化」しようと試みている。王女たちは、中国語も学んでいる。[19] レティシア王妃はその後も王室のファッションリーダーとして、スペインはもちろん日本の女性ファッション雑誌にも登場している。王妃は、スペインのファスト・ファッションのザラ（ＺＡＲＡ）を着こなしている。大衆を念頭に置いたと思われる広報が展開されている。

破られる報道の「紳士協定」

フランコが君主制という制度構築を目指したのに対し、フランコ死後は次第に国王個人のカリスマで王室が成り立っていた。しかしこうした個人のカリスマに依拠する制度は、一旦そのカリスマが失せ、国民のアイデンティティや道徳的模範とならなくなると、瞬く間に崩れ去る。その個人が危機的状況になると、王室への愛着にも危機が訪れ、封印されていた思想の違いや地域ナショナリズムなどが噴出するようになる。

また二一世紀になると、報道規制に関する「紳士協定」が破られてくる。もともと「政治という劇」が好きな観客であるスペイン国民に支持される王室というものは、それなりの対価を伴うことが一層明確になってきた。

地域ナショナリズムの勃興以上に、王室の存続を脅かしたのは、王室内部の要因である。すなわち、模範としての王室の危機である。まず二〇一〇年、長女のエレーナ王女が離婚した。さらに次女のクリスティーナ王女の配偶者ウルダンガリンの、財団を通じた公金横領の疑いが発覚した。これにより、王室財政の一層の透明化が求められた。二〇一七年二月一八日、初めてスペイン王族が被告となった裁判が行われた。ウルダンガリン被告は、数百万ユーロの公金横領の罪で起訴され、禁錮六年三カ月の実刑が下された。脱税ほう助の罪で起訴されていた王女は無罪であったが、この事件によって「王族」としての道徳的模範性には疑問が呈され、王女の王位継承権の剥奪も議論されている。

フアン・カルロス一世自身も二〇一二年のボツワナでの象狩り旅行によって、マスメディアによる批判の対象となる。スペインでは経済危機で教育費や福祉費が削減されている際、招待ではあるが豪奢な旅行を行ったこと、世界自然保護基金（ＷＷＦ）の名誉総裁の国王が象狩を行ったこと、しかもこの旅行が愛人との旅行であったことなどで、王室へのイメージ、評価が一層低下した。

フアン・カルロス一世の時代、王政復古およびスペインに自由な政治体制成立のため政治改革が断行されたことは評価されるべきだろう。しかし二一世紀には、さらなる改革のための新しい「象徴」が必要となってきた。前述のような王室のスキャンダルに加え、フアン・カルロス一世自身の健康問題が取り沙汰されるようになった。こうしたなかで、前述のようにフェリペ皇太子（当時）家族を中心とした広報が盛んになったのも、偶然ではない。

未来へ向けて生前退位

当時王室のなかでも比較的クリーンなイメージの、フェリペ皇太子への譲位が議論されるようになった。はたして、譲位を発表後の、左派系の電子版新聞の電話アンケートでも、現在のスペインにふさわしい政体として、彼のもとの君主制を支持する人が約五二%、共和制が約三三%となった[20]。

フアン・カルロス一世の譲位の表明に対し、スペインでは生前の譲位についての規定が存在しなかったため、憲法五七条第五項（退位及び王位放棄、並びに王位継承順序において生ずる事実上または法的な疑義は、基本法によりこれを解決する）に基づき、二〇一四年基本法を制定し、フアン・カルロス一世の退位に関する法整備を行った。フアン・カルロス一世は七六歳で退位し、二〇一四年、フェリペ六世が四六歳で即位した。

そもそもフアン・カルロス一世の父のバルセロナ伯爵は、王の子であり、王の父ではあったが、王位には即けなかった。そのためフアン・カルロス一世とも親子間の確執がなかったとは言えない。フアン・カルロス一世は、そのような経験を経ていたからこそ、生前譲位についても理解を示したのではないか。

毎年、スペイン国王は国民へ向けてクリスマスイブにメッセージを流すが、二〇一六年のメッセージは、異なる思想・立場の人々の尊重や、法の順守のもとの民主的共存などを強調した。二〇一五年一二月および翌年六月と、半年間に二度の総選挙を経験したスペインで、国王のリーダーシップが問われた年でもあった。

しかし、二〇一七年には、君主制と国民のアイデンティティの融合が不完全なことが明らかになっていく。フェリペ六世国王がカタルーニャの独立運動機運を沈静化しようとし、「一部の州政府指導者たちが不法にカタルーニャの独立を宣言して法で定められた民主主義の原則を破壊している、カタルーニャ、スペインの統一を分断している」と述べ、「国の正当な権力が憲法にのっとり秩序を守るべき」とした。

スペインでは一八六八年と一九三一年と、約六〇年の間に二度ほど女王・国王が亡命した。一九世紀祖国統一の象徴になれなかった王室は、二〇世紀には内戦で二つに分裂したスペインをまとめ、二一世紀にはまさに大衆の王室となった。しかし、情報の透明化によってあまりにも「大衆化」した王室は、新たな危機を迎えている。情報の透明化が進む現在、どの程度開かれた王室が政治の安定のために適切なのか。

古代ギリシアでは、一般に安定性という点でデモクラシーは君主制に及ばないものとされた。デモクラシーが行き過ぎると、それは衆愚政治になり、やがて無政府状態が生まれ、その先は僭主制になると言われる。一九世紀スペインの政体は、ボルボン（ブルボン）家、サヴォイア家のもとの王制、共和制、再びボルボン（ブルボン）家のもとの王制、二〇世紀初めにプリモ・デ・リベーラ独裁のもとの君主制、再び共和制、フランコ独裁、君主制と大きく変化した。

二一世紀になりEUという超国家的枠組みの問題が顕在化し、欧州各地で地域ナショナリズムが勢力を増す現在、スペインではカタルーニャが今までになく独立機運を高めている。その中でスペインの王朝の連続性――正統性は歴史的王朝をベースとするのか、民族をベースとするのか（そもそも民族とは何かという問題が再燃する）。そして現在のところ、王位継承者第一位はフェリペ六世の長女レオノール王女であり、スペインで久々に女王が誕生することになる。フランコは制度として君主制スペインを脚本に描き、スペインの政治の安定を図ったが、二一世紀、その筋書きが根本から揺らいでいる。

スペインでは、アイデンティティやスペインとは何かが改めて問われ、新しい政治制度を構築する時期にあるが、スペイン王室は、日本にも様々な示唆を与えてくれる。スペインから一つ学ぶとすれば、不変のシステムは存在しないということである。めまぐるしく変化する政治情勢に対して、法制度を改革しないことに固執し、国や国民などが滅びては意味がない。フェルナンデス・ミランダの言ったとおり「法は改正可能で、廃止もできる」のである。スペインの新しい脚本、新しい登場人物の活躍に期待したい。

註

（1）Madariaga, Salvador de, *Ingleses, franceses, españoles*, México D.F.: Editorial Hermes, 1951, pp. 195–201.

(2) Moreno Luzón, Javier, "Alfonso el Regenerador. Monarquía escénica e imaginario nacionalista español, en perspectiva comparada (1902-1913)", *Hispania,* vol. LXXIII, núm. 244, mayo-agosto, 2013, p. 324.

(3) 内村俊太「スペイン近世国家のなかの諸地域——複合王政の時代」『スペインの歴史を知るための50章』明石書店、二〇一六年、三三三頁、中本香「啓蒙とブルボン改革——啓蒙的改革派官僚のビジョンと戦略」前掲書、一六二頁。

(4) Urbano, Pilar, *El precio del trono,* Barcelona : Planeta, 2011, pp. 17-18.

(5) Ibid., pp. 24-25 ; Franco Salgado-Araujo, F., *Mis conversaciones privadas con Franco,* Barcelona : Planeta, 1976, pp. 427-429.

(6) ただし、つねにアメリカの国益に鑑み、フランコが強くなり過ぎぬよう、国際情勢によってはスペインとの友好的な関係を断つとする提言であった。Urbano, op.cit., pp. 160-161.

(7) Fernández-Miranda, Juan, *El guionista de la transición : Torcuato Fernández-Miranda, el profesor del Rey,* Barcelona : Plaza & Janés, 2015, p. 109.

(8) Urbano, op.cit., p. 365.

(9) Ibid., p. 375.

(10) ラモン・タマメス教授とのインタビュー（二〇一五年九月八日、マドリードのオフィスにて）。

(11) Urbano, op.cit., p. 548.

(12) Vilallonga, José Luis de, *El Rey : conversaciones con D. Juan Carlos I de España,* Barcelona : Plaza & Janés, 1993, p. 238.

(13) Pinilla García, Alfonso, *La legalización del PCE : la historia no contada 1974-1977,* Madrid : Alianza Editorial, 2017, p. 191.

(14) Vilallonga, op.cit., p. 127.

(15) Preston, Paul, *Juan Carlos : El rey de un pueblo (Edición actualizada)*, Barcelona : Debate, 2012, p. 461.

(16) 君塚直隆「英国王室「異例の勲章授与」とブレグジットの深い関係」『現代ビジネス』二〇一七年七月二三日 (http://gendai.ismedia.jp/articles/-/52337 二〇一七年七月二九日アクセス)。

(17) Preston, op.cit., pp. 573-574.

(18) Ibid., p. 567 ; Moreno Luzón, Javier, "¿ 'El Rey de todos los españoles'? Monarquía y nación", en Javier Moreno Luzón y Xosé M. Núñez Seixas eds., *Ser españoles : Imaginarios nacionalistas en el siglo XX*, Barcelona : RBA, 2013, pp. 150-151.

(19) Enríquez, Carmen, *Felipe VI : La monarquía renovada*, Barcelona : Planeta, 2015, pp. 97, 235-236, 238.

(20) "Encuesta : La abdicación del rey eleva el porcentaje de españoles que respaldan la monarquía", *eldiario.es*, 14 de junio de 2014 (http: //www.eldiario.es/ politica/ abdicacion-porcentaje-espanoles-monarquia-parlamentaria_0_270523743.html 二〇一七年六月二日アクセス)。

読書案内

ホセ・ルイス・デ・ビラジョンガ『国王――スペイン国王ドン・フアン・カルロス一世との対談』オプトコミュニケーションズ、一九九四年。

＊フアン・カルロス一世の公式な伝記であるが、日本語版はフランス語版からの翻訳である。スペイン語の初版は一九九三年であり、まさにフアン・カルロス一世の「全盛期」に出版されたものである。

川成洋・坂東省次・桑原真夫編『スペイン王権史』中公選書、二〇一三年。

＊スペイン王室の歴史や皇室との交流のエピソード。

日本スペイン法研究会・サラゴサ大学法学部・Ｎｉｃｈｉｚａ日本法研究班共著『現代スペイン法入門』嵯峨野書院、二〇一〇年。

＊憲法を含むスペインの法制度についての本。
細田晴子『戦後スペインと国際安全保障――米西関係に見るミドルパワー外交の可能性と限界』千倉書房、二〇一二年。
＊ファン・カルロス一世の民主化過程とその後の外交について詳しい。

コラム3　本家はどちら？

君塚直隆

二〇〇四年一二月、パリ西部のテルヌにある礼拝堂に紳士淑女が集まり、厳かな儀式が執り行われた。黒いコートを着た初老の紳士の前にひざまづくのは、中世に由来する聖ラザロ騎士団の深緑のマントと白い制服に身を包む青年。男の名はシャルル・フィリップ・ドルレアン。この日、彼はフランスの歴史に燦然と輝く「アンジュー公」の爵位を授与されたのである。爵位を授けた初老の紳士こそは、彼の伯父にしてフランス王位請求者の位置にある「パリ伯（フランス公）」アンリ。かの七月革命（一八三〇年）で王位に即いたルイ・フィリップの末裔である。アンジュー公は皇太子の次に格の高い爵位となる。

ところが、これより二〇年前にすでに自分こそが「アンジュー公」であると称していた人物がスペインにいた。シャルル・フィリップより一つ年下のその男の名はルイス・アルフォンソ・デ・ボルボン。亡父アルフォンソはスペイン・ブルボン（西語でボルボン）家のアルフォンソ一三世の孫で、フアン・カルロス国王の従兄にあたる。さらに母親は、あのスペインの独裁者フランシスコ・フランコの孫娘だった。

一八七一年にフランスで第二帝政が崩壊して以来、この国は一五〇年近くにわたって共和国である。王政復古の兆しが見られたこともあったが、現在の第五共和政（一九五八年創設）以降、国政の中枢を担うエリゼ宮殿の主は「大統領」となっている。

こうしたなかで、二月革命（一八四八年）で玉座を追われたルイ・フィリップの一族を王位請求者に担ぐ「オルレアン派」がいる一方で、ルイ一四世の孫にしてスペイン・ブルボン家の開祖フェリペ五世の一族こそ正統なフランスの王位継承者であると主張する「正統王朝主義者」の勢力も根強い。「アンジュー公」の称号やフランス王家にゆかりのユリの紋章の使用をめぐっては、両者の間で衝突が絶えず、ついにはフランスで訴訟沙汰となったが、「共和国」フランスの裁判所がこれを取り合うことはなかった。

さらにこの両派に加え、最後にフランス君主の座にあったナポレオン三世（一八七〇年に退位）の一族である「ボナパルト派」も、かのナポレオン一世の末弟ジェロームの子孫ジャン・クリストフ・ナポレオン・ボナパルトを「ナポレオン八世」として擁立している。

はたしてフランスに「君主」が復活する日は訪れるのであろうか？

コラム4　多才な北欧の君主たち

君塚直隆

「おとぎの国」デンマーク。その首都コペンハーゲンの中央部に位置するチボリ公園。ここにはこの国を代表する童話作家アンデルセンもたびたび訪れて、様々な物語の構想を練っていたという。その公園の一角にたたずむ音楽堂で、二〇一六年一二月にチャイコフスキー作曲のバレエ『くるみ割り人形』が上演された。華やかな舞台とそれを彩る背景画や踊り子の衣装。公演終了後に出演者とともに登壇した一人の女性が、この日最大の拍手を観客から集めていた。

誰あろうこの国の女王陛下マルグレーテ二世ではないか。彼女はこの日の公演の衣装と舞台装置のデザインをすべて担当していたのである。

コペンハーゲンで学問を修めた後、マルグレーテ女王はケンブリッジ大学やパリ大学でさらに学究を極め、英仏独など五カ国語に通じる才女であった。さらに絵の才能は玄人はだしで、英国ファンタジー小説の傑作『指輪物語（ロード・オブ・ザ・リング）』のデンマーク語訳の作業に加わっただけではなく、そこに見事な挿絵まで寄せている。その出来映えは、原作者トールキンをもうならせるものであった。

絵の才能で負けていないのが、お隣ノルウェーのソニア王妃。彼女はマルグレーテとは逆に、オスロで商人の家に生まれ、裁縫の専門学校しか出ていなかった。それが同い年のハーラル皇太子（現国王）と出会い人生が変わった。オスロ大学に通うようになり、そこでソニアは英仏などの外国語や美術史を専攻し、見事に学位を取得した。当初は息子との結婚に反対していたオーラヴ五世国王も彼女の努力を認め、一九六八年に結婚を許した。

ソニアも玄人はだしの版画家であり、公務の合間に友人の芸術家たちと展覧会を開くことがある。そして夫のハーラル五世国王は、芸術よりスポーツがお得意。一九六四年の東京オリンピックではヨット競技に出場し、ノルウェー選手団の先頭を旗手として行進した。実は父王オーラヴも二八年のアムステルダム大会に出場しており、息子と同じヨット競技で何と金メダルを獲得していたのである。ハーラルの方はメダル獲得はならなかったが、東京の後もメキシコ（六八年）、ミュンヘン（七二年）と三大会連続してオリンピックに出場し、海洋国ノルウェーの意地を世界に見せつけた。

第3章　オランダにおける王室の展開
――時代の流れに沿って――

水島治郎

1　デモクラシーと共存する王制

「隠れ家」に届いた女王演説

日本でも名高い『アンネの日記』のなかに、次のような記述がある。

火曜と水曜の夜に、わたしたちの敬愛する女王様がラジオで国民に呼びかけられました。目下、オランダ帰国のときにそなえて、健康維持のために休暇をとっておいでだとのこと。お話のなかで、女王様は、〝近い将来〟、〝帰国したあかつきには〟、〝急速な解放〟、〝ヒロイズム〟、あるいは〝重荷を背負って〟といった表現をお使いになりました。（一九四四年五月一一日）[1]

第二次世界大戦中、ナチ・ドイツに占領されたオランダでは、占領当局に隠れて人々が密かに耳を傾けていた夜のラジオ番組があった。「ラジオ・オランイェ」である。ロンドンに亡命したオランダ政府のもとで制作され、BBCのヨーロッパ向け放送のなかで放送されたこのラジオ番組は、占領下のオランダの人々に世界情勢を伝え、励ます役割を担っていた。この番組を聴くことができたのは、幸運にもラジオを密かにもつことのできた一部の市民に限られていたが、アムステルダムの「隠れ家」で家族や他のユダヤ人たちと息をひそめて生活を送り、日記を書き綴っていたアンネ・フランク（Anne Frank）もまた、その熱心な聴き手の一人だったのである。

この番組のハイライトは、やはりロンドンで亡命生活を送っていたウィルヘルミナ女王（Wilhelmina在位一八九〇～一九四八）の登場である。そもそも番組に冠された「オランイェ（オレンジ）」という名称自体、オランダ王室＝オランイェ家を示す言葉である。またオレンジ色は、王室のシンボルカラーでもある。第二次世界大戦勃発以前からナチ・ドイツに強い批判を向け、オランダ占領後もロンドンから対独抵抗の旗を振るウィルヘルミナ女王には、国民の熱い支持が寄せられた。クリスマスなど節目には、ウィルヘルミナ女王が自らラジオ・オランイェに出演し、抑制された声で国民に忍耐と希望をもつよう語りかけた。

冒頭で引用した一九四四年五月の女王の語りかけは、連合軍のノルマンディー上陸、いわゆる「Dデイ」の前月に放送されたものである。「近い将来」「急速な解放」といった言葉に、迫るオランダ解放への期待と緊張感が伝わってくるだろう。とはいえ、六月のノルマンディー上陸後も、オランダの解放は容易には果たされなかった。アンネたちはラジオを囲みながら、かたずを飲んで戦線のゆくえを見守った。そして解放の日を迎えることがかなわないまま、ついに運命の一九四四年八月四日を迎える。その朝、ドイツ秘密警察がアンネたちの「隠れ家」に踏み込み、彼女たちを連行する。翌一九四五年初め、アンネは強制収容所でその短い生涯を終えた。

しかし後に残された彼女の日記は、奇跡的に生還した父、オットー・フランク（Otto Frank）によって刊行され、世界的なベストセラーとなる。そして彼女の日記を通じ、今も私たちは、「隠れ家」で逃亡生活を送っていたアンネ・フランクたちの生活ぶりをつぶさに知ることができる。そしてなかでも、女王もときどき出演するラジオ・オランイェが、占領下の普通のオランダ市民のみならず、アンネや隠れ家のユダヤ人たちにも、貴重な情報を伝え、忍耐と希望を与えるものだったことを知るのである。

本章は、オランダの王制を扱う。デモクラシーが順調に発展し、近年では安楽死の合法化、売春の合法化、同性間結婚の制度化など、先端的な「改革」が進められている「最先進国」オランダ。しかしそのオランダでは今に至るまで、王制が基本的には国民の幅広い支持を受け、存続してきた。

その背景にあるのは、オランダの王室が社会の近代化、政治の民主化といった流れに抗するのではなく、むしろこれを受け入れ、場合によっては先導する役回りを担ってきたこと、そして特に大戦中の占領下で、抵抗と解放のシンボルとして王室が積極的な役割を果たし、国民の絶大な支持を勝ち得ていたことがある。この「デモクラシーと共存する」成功例ともいうべきオランダの王制について、その歴史と現在を描いてみたい。

なお本章では、叙述の補助線として、「国王・女王の配偶者」についても特に注目する。オランダでは国王・女王が外国出身者と結婚する歴史が一世紀にわたり続いているが、この「外部」から王室に入った王妃や殿下たちは、それぞれに困難に直面し、また苦悩を抱えてきた。世紀をまたぐこの「負の歴史」は、これからも繰り返されるのか。このオランダ王室の影の面にも注目することで、現代デモクラシーのもとの王室のあり方を考える材料としたいと考えている。

王制の成立と展開

それではまず、オランダにおける王制の成立と展開について見てみよう(2)。

オランダは一九世紀初頭以来、王制を採っている。もともとオランダは、独立戦争を戦ってスペインによる支配を脱し、一六世紀末に実質的な自立を果たした国であり、それ以来共和制を採用してきた。しかし一八世紀末、フランス革命を経たフランスとの戦争に敗れ、一八〇六年には王制が移植されてフランス皇帝ナポレオン一世（Napoléon I）の弟、ルイ・ボナパルト（Louis Bonaparte）がオランダ国王に即位する。

一八一三年、ナポレオンが各国の連合軍との戦いに敗北すると、フランス支配終焉後のオランダの新体制として選択されたのは、やはり王国だった。独立戦争の英雄として名高いオランイェ公ウィレム（Willem van Oranje）の末裔、ウィレム・フレデリック（Willem Frederik）が一八一五年九月、新王国の初代国王ウィレム一世（Willem I 在位一八一三〜四〇）として正式に即位した。以後現在まで二世紀にわたり、オランダでは国王を擁する国の枠組みが基本的に継続し、現在は立憲君主制の民主主義国家として高度の政治的安定、経済的な繁栄を謳歌している。

ウィレム一世の出身であるオランイェ＝ナッサウ家は、オランダ独立の英雄オランイェ公ウィレムに由来し、共和国時代に総督を輩出したオランダ随一の名門である。もともとナッサウ家は中世のドイツに起源をもつ貴族だったが、さらに南仏のオレンジ（オランイエ）公爵領をこのウィレムが受け継いだことで、「オランイェ＝ナッサウ（Oranje-Nassau）」を称することとなった。「オレンジ」がオランダのシンボルカラーとしてしばしば活用され、たとえばオランダのサッカー代表チームや応援団が鮮やかなオレンジ色をまとうことは日本でも知られているが、このオレンジの由来はまさにオランダ王室にある。

ただ、オランダにおける王制が当初からデモクラシーと調和していたわけではない。むしろ初代国王ウィレム一世は「啓蒙専制君主」を志向し、絶対主義志向の君主として振る舞った人物だった。それではどのようにオランダの王制が近代民主主義と向き合い、妥協と調和を果たしていったのか。

フランス支配を脱したオランダは、国王を戴く国として出発したのみならず、当初は南部ネーデルラント（現在のベルギー）を領域に含んだことで、領土は倍増した。このような大国志向の国が出現した背景には、イギリスの積極的な支持があった。イギリス側は、将来再びフランスが強力な国として周囲を脅かす可能性を考え、フランスの北部にこれに十分に対抗できる強国を配置することが必要と考えたのである。実際、ウィレム一世がイギリスからオランダに帰国する際には、イギリスの手厚い支援を受けた。こうして王位に就いたウィレム一世は、積極的に国内各地を訪れるとともに、金融・海運をはじめとする産業基盤の整備に努め、以後の経済発展の礎を築いた。

しかし「啓蒙専制君主」を目指すウィレム一世のもとで、新王国の政治は国王に近い一握りの層に独占されていた。議会は開設されたものの、下院議員は間接選挙によって選出され、しかも上院議員は国王が自ら選任するとされたことで、国王の意向に沿った議会運営となった。そしてウィレム一世の専制的統治に対する抵抗は、特にオランダと一体化したことへの反発の強い、南部ネーデルラントで高まりを見せる。一八三〇年にはブリュッセルを起点として南部ネーデルラントで革命が勃発し、ウィレム一世は武力で鎮圧しようとしたが失敗に終わる。一八三九年、南部はベルギーとして正式に独立を果たし、ここに王国がもう一つ誕生する（ベルギーについては第4章を参照）。

「改革」の主導者として

王国の専制的統治が動揺するなか、オランダ政治の自由主義化、議会主義化への大胆な方向転換を主導したのは、実はやはり国王だった。オランダで近代デモクラシーへの道を準備したのは、ウィレム一世の長男、一八四〇年に即位したウィレム二世（Willem II 在位一八四〇〜四九）だったのである。一八四八年、ヨーロッパ各地で動乱が勃発し、特にフランスで国王退位と共和制への移行が果たされると、それまで権威主義を引きずってきたウィレム二世は自国での革命の勃発を恐れたのか「豹変」し、大胆な改革を自ら主導する。国王は自由主義者のトルベッケ（Jan Thorbecke）を中心に憲法の大幅な改正案を作成させ、この自由主義的な一八四八年憲法が現在に至るオランダ憲法の基礎となった。

この憲法では、大臣は国王ではなく議会に責任を負う「大臣責任制」が定められたほか、直接選挙による下院議員の選出（ただし有権者は人口の数パーセントにとどまった）、間接選挙による上院議員の選出（これは現在も変わっていない）が定められた。また信教の自由、言論・結社の自由などの諸自由権も規定された。国王の権力は大幅に削減され、以後国王は組閣などいくつかの場面を除き、政治の表舞台からは距離を置くことになる。

一九世紀後半には、ウィレム二世の後を継いだウィレム三世（Willem III 在位一八四九〜九〇）と議会との間で、様々な軋轢が生じることもあったが、議会で多数派となったグループ（のちに政党となる）から首班（首相）を選任し、政治の舵取りを担わせる方向がほぼ確定していく。選挙権の拡大も進み、オランダは大きな障害にぶつかることなく、王制と共存しつつ政治の近代化、民主化を進めていくこととなった。

国制のなかの国王

この一八四八年憲法によって形づくられたオランダの国制は、二一世紀の現在も大きくは変わっていない。革命や長期の占領などの断絶を経ていないオランダでは、王制を含め、一世紀半以上にわたり「一八四八年体制」が継続しているとも言える。そこで次に、現行制度における国王の位置づけについて見てみよう。

国王はオランダ王国の元首であり、対外的にオランダを代表している。現在のオランダ憲法には国王を元首とする明文の規定はないが、これまでの憲法解釈や政府による公式説明などから、国王がオランダの元首であることは明らかとされている。この元首である国王が、外国に公式訪問を行い、また外国の元首や外交官に対し、オランダを代表して接遇する。前女王のベアトリクス（Beatrix）は在位中に五四回に及ぶ公式訪問を行い、各国元首や首脳と積極的な交流活動を展開した。

形式上は、国王はなおも国政上の重要な権限をもっている。憲法四二条は、「政府は、国王及び大臣によって形成される」こと、「国王は不可侵であり、大臣が責任を負う」としている。国王は大臣とともに政府を構成する主体なのである。そしてすべての法律と勅令は、「国王及び一人又は複数の大臣又は副大臣によって署名」されなければならない（憲法四七条）。他方、政府の行為については、国王ではなく、大臣が議会に責任を負うとされ、「大臣責任制」（実質的には議院内閣制）が定められている。

首相及びその他の大臣は、勅令により任命され、また解任される（憲法四三条）。オランダでは今もなお、首相や大臣を議会の投票で選出する制度は存在せず、勅令で国王が任命するというかたちをとっている。実際には総選挙の後、新しく招集される議会で多数派を形成する連合の組み合わせが模索され、連合政権を率いる政治指導者が首相として任命されるのが普通であり、議会を無視した組閣が国王により実施されるわけではない。ただ二〇一〇年に至るまで、選挙後の組閣に際し国王により「組閣者」が指名されることにより、国王の意向が反映される余地が多分に残されていた（現在は国王ではなく、議会が「組閣者」を指名する方式に改正されたことで、国王の関与は事実上排除されている）。

国王は、毎年九月の第三火曜日に、政府の遂行する政策について、両院合同会議において演説を行う。ここで表明される政策内容は政府が入念に準備したものだが、その後一年の政策方針を明示する重要な演説として、その内容をめぐって議会で議論が交わされる。

それ以外にも国王は、国務院の議長を務めること（憲法七四条）、議会が可決した法律を裁可すること（憲法八七条）など、いくつかの国政上の権限が与えられている。

王位の継承については、次のように定められている。王位は世襲により、初代国王オランイェ＝ナッサウ公ウィレム一世の嫡出の子孫に、最年長者から継承される（憲法二四条）。国王に子孫がいない場合には、国王の両親、次に国王の祖父母の嫡出の子孫に継承される。

それでは王制は永続的なのか。憲法では、王位継承者がいない場合には、議会の承認により、新たに継承者を定めることができるとされている（三〇条）。王族の血統が途絶えた場合でも、王制の存続の道を開いているのである。

とはいえ、この新たな王位継承権者の承認が、議会に義務づけられているわけではない。そのため将来、指名と承認がなされない（あるいは得られない）事態が生ずることもある。その場合には、憲法を改正した上で王制が廃止されることもあるとされる[3]。しかし現在、王室には人材が豊富にあり、近い将来に王位継承権者が枯渇する可能性は低いことから、このことが現実味を帯びて議論されているわけではない。オランダの王制は、少なくとも現時点では、「安泰」といってよい。

新国王は、首都アムステルダムで宣誓と即位を行う。そのさい新国王は、憲法に対する忠誠を宣誓し、その責務を忠実に果たすことを誓うべきことが定められている（憲法三二条）。

2　女王の世紀

「革命」を乗り越えたウィルヘルミナ女王

さて近代化への歩みを基本的に順調に進めたオランダは、二〇世紀を通じて三人の女王が相次いで王位を占める、「女王の世紀」を迎えることとなった。そこで以下では、この三人の女王を軸に、二〇世紀のオランダを振り返ってみよう[4]。

オランダ初の女王となるウィルヘルミナは一八九〇年、父ウィレム三世の死去に伴い一〇歳で即位した。ただし未成年者だったウィルヘルミナ女王には、一八歳になるまで母エンマ（Emma）が摂政として補佐役を担った。憲法は現在も、国王が一八歳未満の場合や、国王の権限の行使が不可能な状態に陥ったときには、議会の承認を経て、摂政を置くことができると定めている（三七条）。

ウィルヘルミナ女王の在位は、一八九〇〜一九四八年まで半世紀を超えた。その間にオランダは民主化を実現するとともに、二度の大戦を乗り越え、そして「革命」の危機にもさらされながら、立憲君主制に基づくデモクラシーを確立する。特にウィルヘルミナ女王の信任厚いコルト・ファン・デル・リンデン（Pieter Cort van der Linden）首相のもと、懸案だった男子普通選挙権が実現する（一九一七年）。そして女子普通選挙権の導入（一九一九年）を経て、デモクラシーが基本的に実現している。

ただ一九一八年一一月には、一時的とはいえオランダを「革命」の危機が襲った。隣国ドイツでドイツ革命が生じ、皇帝ヴィルヘルム二世（Wilhelm II）の退位など動乱が広がるなかで、オランダでも社会主義革命が実現するとの憶測が広がった。オランダの社会主義政党の代表格だった社会民主労働者党の指導者、トルールストラ（Pieter Jelles Troelstra）はこの機に「革命」が迫っていると述べ、労働者階級が権力を奪取すべきことを訴え、緊張感が高まる。

しかしこのトルールストラの訴えに呼応する動きはほとんどなく、トルールストラは自らの「過ち」を認めざるを得なかった。反対に王室支持の大規模な集会がハーグで開催され、そこにはウィルヘルミナ女王と夫のヘンドリック殿下（Prins Hendrik）、そしてユリアナ王女（Juliana）らが姿を見せた。結果的に見れば、この「革命」の失敗は、オランダ国民における王室への支持の強さを示すことで、デモクラシー下の王制を確立する、重要な「突破」の瞬間となった。そして社会民主労働者党は一九三〇年代に柔軟路線に転じ、王制を容認する。これ以後オランダでは、王制廃止を主張する主要な政治勢力は、ほとんど存在しない。程度の差こそあれ、オランダ社会の各層で王制が支持される状態が続いている。

「国母」ウィルヘルミナ

しかしオランダ国民がウィルヘルミナ女王を思い起こすとき、多くの人がまず連想するのが、第二次世界大戦期における女王の活躍である。一九四〇年五月、中立を表明していたオランダにドイツ軍が侵入すると、ウィルヘルミナ女王は布告を発し、「善意を踏みにじるこの前例のない侵害」に強く抗議した。もともと女王は、ナチの危険性に強い懸念をもち、ヨーロッパ支配をもくろむヒトラーの野望に強い警鐘を鳴らしていた。ドイツに融和的なオランダの政治家や政党には、むしろ疑念を抱いていた。そしてドイツによるオランダ攻撃は、まさに女王の懸念が正しかったことを示すものとなった。

ラジオ・オランイェ放送中のウィルヘルミナ女王

ドイツによる攻撃の始まった五月一〇日、ハウス・テン・ボス宮殿の隠し部屋に避難して難を逃れた女王一家は、数日後にイギリスに亡命する。イギリスでは国王ジョージ六世（George VI）やエリザベス王妃（Queen Elizabeth）が女王たちを手厚くもてなし、当初はバッキンガム宮殿の一角に女王一家を滞在させるなど、協力を惜しまなかった。そしてロンドンにオランダ亡命政府が樹立され、戦争が長引くことが確実になると、ウィルヘルミナ女王はロンドンに腰を据えて職務に取り組み、オランダの対独抵抗のまさに象徴的存在となる。

一九四〇年七月に始まったラジオ・オランイェの初回放送では、ウィルヘルミナ女王が自ら出演し、戦時下の国民に向けて演説している。娘のユリアナ王女や孫の王女たちがイギリスから北米に移ったため、女王は家族と離れ離れの生活を以後五年にわたり送ったが、最終的な勝利を確信して毅然と立つウィルヘルミナ女王には、オランダ国民の強い信頼が寄せられた。

女王は抵抗のシンボルだっただけでなく、政治的にも重要な役割を果たしている。実際、亡命時の首相だったデ・ヘール（Dirk Jan de Geer）の「弱腰」に不満をもった女王の意向により、新たにヘルブランディ（Pieter Sjoerds Gerbrandy）が首相に任命され、ヘルブランディ亡命政権のもとでオランダは大戦を戦い抜くことになった。また一九四二年八月にアメリカを訪問し、議会で演説を行ったウィルヘルミナ女王は、ローズヴェルト大統領（Franklin Delano Roosevelt）――オランダ人移民の子孫であり、そのことを誇りにしていたとされる――と信頼関係を結ぶ。一九四五年三月、ローズヴェルト大統領はウィルヘルミナ女王に対し、「私が自分のルーツの国を忘れることは決してありません」と書き送っている。こうして占領下にありながらオランダは、女王の活躍に支えられ、大戦下でその国際的な地位の維持を可能としたのである。

戦時下でわが身を顧みず職務に励むこの女王を評し、イギリスのチャーチル首相（Winston Churchill）は「私は世界の誰も恐れることはない……ウィルヘルミナ女王を除いてはね」と語ったと伝えられている。

戦後発展期のユリアナ女王

一九四八年、ウィルヘルミナ女王の退位を受けて即位したのが、長女・ユリアナ（在位一九四八～八〇）である。ユリアナ女王の治世は、まさに戦後のオランダの再建、そして経済成長、福祉国家建設というオランダの発展期にあたっている。王女時代のユリアナは、ライデン大学で普通の学生に交じって学ぶという、当時の王室では異例の青春時代を送り、学生クラブでも活動した。しかし結婚後、大戦の勃発により五年間の亡命生活を娘たちと送り、帰国して三年で即位という波乱の人生を歩むことになる。オランダの国民的シンボルとしてそびえ立った母ウィルヘルミナと異なり、やさしく慈母のような性格だったユリアナは国民から親しまれた。一九五三年にオランダ現代史上最悪となった大水害の際には、最前線の避難所を回って被災者を見舞っている。

しかしこのユリアナ女王の在位中、戦後の王室最大の危機が訪れる。祈祷師ホフマンス（Greet Hofmans）をめぐる騒動、いわゆる「フレート・ホフマンス事件」である。かの「怪僧ラスプーチン」をめぐる事件を人々に連想させたこの事件により、王室の威信は揺らぐこととなった。

民間の祈祷師ホフマンスが宮廷に出入りし、ユリアナ女王と親交を結ぶようになったのは、一九四〇年代末のことである。最初は夫のベルンハルト殿下（Prins Bernhard）がユリアナ女王に紹介したとされるが、ホフマンスは女王の絶大な信頼を得ることに成功し、宮廷に強い影響力をもつに至ったという。ユリアナ女王が祈祷師を受け入れた背景には、一九四七年に生まれた王女マレイケ（Prinses Marijke）

が眼に問題を抱えていたことについて、ユリアナが強い自責の念をもっており、王女の治癒と自らの心理的な安定を願ってホフマンスに依存したとも言われる。

しかもこの件は、単なる宮廷内の騒動にとどまらなかった。ホフマンスの影響を受けたのか、ユリアナ女王の演説内容には宗教的・神秘的な要素が入り込むようになり、ときの内閣を戸惑わせた。異変を察知したベルンハルト殿下による外部へのリークもあり、この問題は表面化し、国政を揺るがす問題に発展した。政府は特別委員会を設置してこの問題の調査にあたらせ、最終的にホフマンスが宮廷を追い出される形で事件は決着したが、この一件でユリアナ女王は大きく傷つき、王室の威信も損なわれる結果となった。

ベアトリクス女王

二〇世紀三人目の女王となったのは、ベアトリクス（在位一九八〇〜二〇一三）である。ユリアナ王女の長女として一九三八年に生まれたベアトリクスは、オランダのドイツ占領に伴い母・ユリアナ王女とともに亡命生活に入り、多難な少女時代を送った。とはいえカナダの生活で英語を身に着けたことは、その後の国際的な活動に大いに役立った。

長じてベアトリクスは母と同じライデン大学に入学し、社会学や議会史、国法学などを学んだ後、法学で学士号を取得して卒業する。興味関心の強い彼女は、国内の様々な場所をお忍びで訪れることを好み、あるときはスカーフを着け変装してアムステルダムの飾り窓地帯（売春宿が集中する区域）を訪れたこともあったが、これはメディアに察知され、お忍び訪問の様子が写真つきで報じられたという逸話も

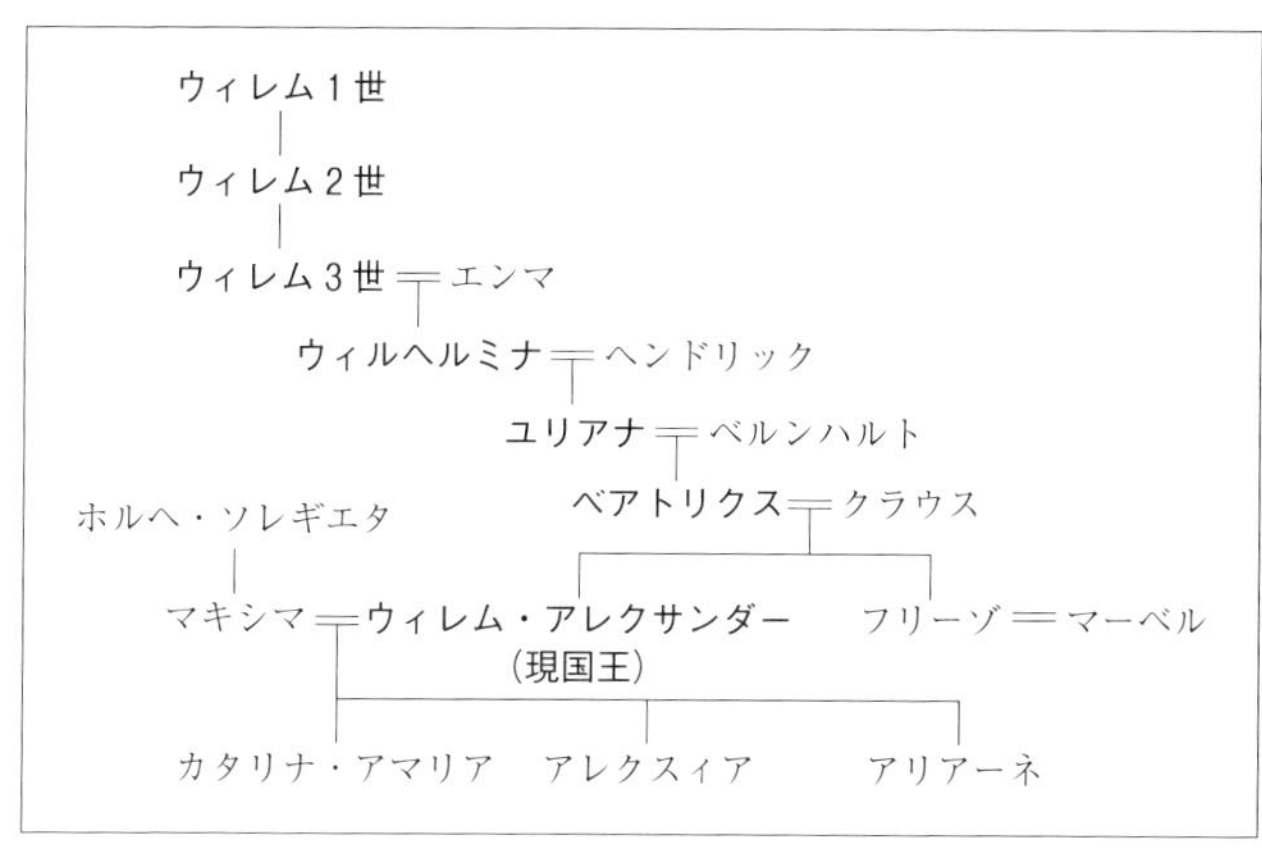

オランダ王室系図

ある。

一九八〇年四月に女王として即位したベアトリクスは、二〇一三年に退位するまで国内外の活動に精力的に取り組み、高く評価された。毅然とし、馴れ馴れしく人を寄せつけることのない態度は、ときに「お高く留まっている」と批判されることもあったが、女王は意に介さなかった。得意の英語を活かして国際交流には特に熱心であり、在位中に実施した外国への公式訪問は五四回に及ぶ。

特に一九八二年には、女王は訪米してアメリカ連邦議会の上下両院合同会議で演説を行い、核軍縮を強く訴えた。当時ヨーロッパでは、アメリカの巡航ミサイルのヨーロッパ配備をめぐり激しい反対運動が展開され、オランダでも大規模な反核集会が開かれていた。ベアトリクス女王は演説のなかで、世界大戦の舞台となったヨーロッパの困難な立場を表明し、米欧の対話の必要性を説いてアメリカ側に理解を求めるとともに、核軍縮に真剣に取り組むことの重要性を訴えた。

また二〇〇〇年五月には、日蘭修好四〇〇年を記念して天皇・皇后によるオランダ公式訪問が行われたが、歓迎晩餐会の席上ベアトリクス女王は、天皇・皇后を前にして、第二次世界大戦中の日本によるオランダ領東インドの占領の歴史を踏まえ、「民間人も軍人も含め、多くのオランダ人が犠牲となりました。多くの者は命を失い、また他の者たちは、その経験をその後もずっと引きずることになりました」と語っている。このように信念を貫き、国際舞台でも遠慮せず発言していくあり方には、広く尊敬の念が寄せられた。

三代にわたる生前退位

次に、日本でも関心の強い「生前退位」を見てみよう。日本で天皇の生前退位が実現する運びとなった背景に、近年のヨーロッパにおける各国君主の相次ぐ退位があったことはしばしば指摘されるが、その皮切りとなったのが、二〇一三年のオランダ・ベアトリクス女王の退位である。

オランダでは、国王は退位宣言を行うことにより、退位することができる。この退位について内閣や議会の承認は不要であり、国王の側の一方的な意思表明によって可能とされている(5)。そして「女王の世紀」の主役だった三人の女王は、いずれも生前に退位している。

まずウィルヘルミナ女王である。一九四八年五月、女王はラジオを通じ、退位の意思を国民に直接告げた。まだ六七歳であり、退位には早いという見方もあった。しかし五年間の亡命生活は女王の心身に強い負担をもたらしていた。すでに一九四七年には、ユリアナ王女が摂政として女王に代わりその任を果たしていた。また、オランダの戦後政治の展開が、ウィルヘルミナ女王の期待に反するものであったことも指摘されている。戦後のオランダでは、戦前の旧態依然とした政党政治の再現ではなく、新しい理念のもとに政治勢力を再編し、政治的な革新を実現することが各方面から期待されていたが、実際には戦前の政党が看板を掛け代えて次々復活し、女王に失望をもたらした。

同年九月、ウィルヘルミナ女王は退位証書に署名し、続いてユリアナ王女が女王として即位した。退位後のウィルヘルミナはヘット・ロー宮殿で静かな余生を送り、絵を描いたり読書にふける生活を送った。公的な場に出ることはほとんどなかったが、一九五九年には『一人でも孤独ではなく』という本を出版し、激動の人生を振り返っている。

次にユリアナ女王は一九八〇年一月、テレビを通し退位を表明した。この時点で女王は七〇歳を迎えていた。「歳を取ることは誰にとっても「厳粛な事実」であり、「体力が衰え、それまでのように職務を全うすることができなくなります」と女王は語り、女王の職を同年四月三〇日に辞し、ベアトリクスに後を託すと告げたのである（四月三〇日はユリアナ女王の七一歳の誕生日にあたる）。すでに前年頃から女王退位の憶測が流れていたこともあり、この退位は広く好意的に受け止められた。退位後、スーストデイク宮殿を住みかとしたユリアナは、公的活動にしばしば参加する生活を続け、一九九九年に諸活動から全面的に引退した。

ベアトリクス女王は二〇一三年一月、七五歳を迎えるのを機に、同年四月三〇日をもって退位する意向を明らかにした。テレビで国民に静かに語りかけた女王は、次のように退位を宣言している

今日に至るまで、この女王という素晴らしい仕事をこなすことで、私は強い充実感を感じてきました。人々に寄り添い、悲しみをともにし、喜びや国の誇りを分かち合えたことは、本当に貴重な体験

となりました。……私が退位するのは、この役割がもう私に負いきれるものではなくなったから、ではありません。我が国に対する責任は、今や新しい世代によって担われるべきと確信するからです。全幅の信頼を持って、本年四月三〇日、王位を我が息子、オランイェ公に託したいと思います。彼とマキシマ妃は、その将来の職務を担う準備が十分に整っています。

予告どおり四月三〇日、ベアトリクス女王は退位証書に署名し、同日長男のオランイェ公、ウィレム・アレクサンダー王子が国王として即位した。ただ退位をもって公的生活をすべて退いたわけではなく、今も王室を代表して国内外のイベントに出席する日々が続いている。ベアトリクスは先の言葉のなかで、「（退位しても）皆さんとお別れするわけではありません。これから先も、多くの皆さんとお会いできることを願っております」と述べていたが、その約束は果たされていると言える。

なお、「人々に寄り添い、悲しみをともにし、喜びや国の誇りを分かち合えたことは、本当に貴重な体験となりました」というベアトリクス女王の言葉は、二〇一六年八月八日の日本の天皇の退位についての「おことば」における、「この間私は、我が国における多くの喜びの時、また悲しみの時を、人々と共に過ごして来ました」とも共通する表現を含んでおり、興味深い（「はじめに」参照）。

退位後のベアトリクスの称号は「プリンセス（王女）」であるが、これはウィルヘルミナ、ユリアナと同じである。称号だけを見れば、女王即位以前の「プリンセス・ベアトリクス」に戻ったとも言える。三人の前女王はいずれも「皇太后」といった特別な称号は避け、普通の王室メンバーの一人として退位後の人生を歩むことを選択した。

3　三人の「殿下」たち

オランダ王室と外国出身者

ところでこの「女王の世紀」の三女王を支えていたのが、女王の夫として生涯を全うした、三人の殿下たちである。オランダにおける「女王の世紀」は「殿下の世紀」でもあった。しかしそれはまた、殿下たちの苦悩と葛藤が一世紀近くにわたり続いた時代でもあった。

オランダではすでに幾代にもわたり、国王や女王による外国出身者との結婚が続いている。ウィルヘルミナ女王の夫のヘンドリック殿下、ユリアナ女王の夫のベルンハルト殿下、ベアトリクス女王の夫のクラウス殿下（Prins Claus）は、いずれもドイツ出身である。そして現在のウィレム・アレクサンダー国王の妻・マキシマ妃はアルゼンチン出身者である。

特に三人の殿下をはじめ、ドイツ出身者との結婚が目立つ。その背景には、ドイツがオランダの隣国で地理的に近いことや、オランイェ＝ナッサウ家がドイツ出身で親近感があったことがある[6]。また代々プロテスタントの信仰を守り、結婚相手にもそれを求めてきたオランダ王室の場合、ドイツに多いプロテスタント系の貴族は、縁組相手としてむしろ好ましいものと思われた。

そもそも統一国家形成が遅れ、王国や公国が二〇世紀初頭まで乱立していたドイツには、王族や貴族の出身者が多く存在していた。そしてオランダの王室とドイツの貴族との間には、普段から交流があり、王室のメンバーがドイツの友人貴族の邸宅のパーティーに参加したり、別荘に滞在することも珍しくなかった。将来の国王・女王の伴侶にふさわしい結婚相手を探す上で、ドイツ貴族の家系はまさに候補者の宝庫だった。

たとえばユリアナ女王とベルンハルト殿下の結婚二五周年の際には、娘である王女ベアトリクスの婿探しの期待を込め、ドイツ貴族出身の貴公子たちがパーティーに多数招かれている。自身もドイツ貴族出身だったベルンハルト公には、そのなかから同じように将来の女王の夫としてオランダ王室に入る人物が現れることを期待したようだ。ただベアトリクス王女は、居並ぶ貴公子たちには関心を示さず、親の側の仕掛けた「婚活」は失敗に終わった。しかしのちにベアトリクスが選んだ夫は、やはりドイツ貴族出身者のクラウスだったのである。

ただ、このようにオランダ王室がドイツとの結びつきを維持したのとは対照的に、オランダ国民のあいだには、国境を接する軍事大国・ドイツへの警戒心がしぶとく存在してきた。第二次世界大戦後は、ナチ・ドイツによる占領の記憶がそこに加わった。この王室と国民の意識のずれが、ドイツ出身の殿下たちに微妙な圧力となって働いた可能性もある。いずれにせよ外国出身者としてオランダ王室に入ることとは、特にその行動や言動が日々国民に晒される現代にあっては、様々な軋轢や苦悩をもたらすこととなった。

ヘンドリック殿下の苦悩

まずウィルヘルミナ女王の夫となったのは、ドイツのメクレンブルク大公家出身の貴公子、ヘンドリックである。一九〇一年に結婚式が執り行われ、一九〇九年に一人娘ユリアナ王女が生まれたこの二人の結婚は、はた目には幸せな夫婦生活だった。ヘンドリックには、形式的とはいえ、オランダ赤十字総裁などの職が提供された。

しかし実際には、二人の関係は冷え冷えとしていた。王としての使命感に身を固めたウィルヘルミナ女王は、夫に国政に関わる地位を一切与えず、その公的な活動に強い制約を加えたため、ヘンドリックは不遇をかこつ生活を送った。そもそも厳格で形式を重んじるウィルヘルミナ女王と、物事に拘泥しないタイプのヘンドリックの相性は悪かった。またオランダの宮廷生活も、格式と伝統を重んじる一方、派手なパーティーなどは開催しない地味な宮廷であったことから、華やかな宮廷生活に慣れたヘンドリックには、居心地の良い場所ではなかったようだ。ヘンドリックの自由になるお金はウィルヘルミナ女王が握り、しかも財布のひもは固く締められていた。このような制約の多い生活のなかで、ヘンドリックは次第に不満を募らせる。王室一家が国内の地方を公式訪問した際に、ヘンドリックは「僕はただのお荷物さ」とドイツ語でうそぶいた、と言われている。

ユリアナ王女が生まれ、ウィルヘルミナ女王の跡継ぎが「確保」されると、二人の関係は一層悪化し、のちに日常生活を別に送ることとなった。彼は酒浸りとなり、泥酔したまま行事に姿を現して周囲を驚かせることもあった。そしてヘンドリックの出身のメクレンブルク大公国がドイツ革命の結果消滅し、母国からの送金の道も絶たれると、いよいよ困窮する。彼の周りには海千山千の者たちが群がり、怪しげな儲け話を持ち込んできた。また彼は宮廷外に慰めを求め、複数の女性たちとの間に婚外子をもうけたとされている。一九三四年、妻に三〇年近く先立つかたちで、殿下は不遇な人生に終わりを告げた。

ベルンハルト殿下の戦い

ヘンドリック殿下とは対照的に、ユリアナ王女の夫となったベルンハルト殿下は、積極的に公的な活動に取り組み、国民的な知名度を博した人物だった。一九三七年、ユリアナ王女とハーグで結婚式を挙げたベルンハルトは、やはりドイツ貴族のリッペ＝ビーステルフェルト侯爵家出身だった。彼はドイツで大学卒業後、ドイツを代表する大企業のＩ・Ｇ・ファルベン社に就職しており、一九三六年頃にオランダ王女のユリアナと出会う。

当時ドイツではすでにナチ党が権力を握っていたため、将来女王となるユリアナがドイツ出身者と結婚することへの懸念も一部にはあった。そこで結婚式ではドイツ色が可能な限り排除され、ドイツからの出席者には、鉤十字などナチに関連するシンボルを身に着けることのないよう、あらかじめ指示が申し渡されていたという。

このベルンハルトが脚光を浴びるきっかけとなったのは、第二次世界大戦の勃発であった。一旦イギリスに亡命した王族のうち、ユリアナ王女やその娘たちは北米に向かったが、ベルンハルトは妻のユリアナ王女に同行せず、ウィルヘルミナ女王とともにロンドンにとどまった。そしてベルンハルトは、孤軍奮闘するウィルヘルミナ女王の絶大な信頼を受け、オランダ軍の高位に昇進するとともに、オランダ国内でドイツ軍に抵抗運動を続けるレジスタンス、いわゆる「オランダ国内戦闘部隊（Binnenlandse Strijdkrachten）」の「司令官」の立場を与えられた。そしてそれまでばらばらだったオランダのレジスタンス組織は、ベルンハルトのもとに束ねられ、以後の対独抵抗を進めていくことになる。

こうしてレジスタンスのシンボルとなったベルンハルトは、強い威信をオランダ国民の間に獲得し、元レジスタンス闘士たちからは終生敬愛の対象となった。のちに彼は自分の歩みを振り返り、「大戦がなかったら……私は王室の操り人形のままだっただろうね」と述懐している。

しかしベルンハルトもまた、戦後は困難な道を歩んでいる。まずユリアナ女王との夫婦仲は好ましいものではなかった。特に先述のホフマンス祈祷師をめぐる事件では、宮廷がユリアナ女王派とベルンハルト派に二分され、激しい対立を繰り広げていたとされる。ユリアナ女王は対立のさなか、離婚の可能性も口にしていたようだ。最終的には祈祷師が宮廷を追い出され、ベルンハルト派の勝利と見える結果となったが、夫妻の間が修復されることはなかった。ベルンハルトは慰めを宮廷外に求め、二人の婚外子の娘をもうけることとなった。

また知名度抜群のベルンハルトは戦後しばらく、KLM（オランダ航空）など多くのオランダを代表する企業の監査役に就くなど、経済界で活躍した。しかし一九七〇年代、アメリカでロッキード事件が表面化した際、ベルンハルトにも多額の賄賂が渡ったとの証言が飛び出し、彼は窮地に追い込まれる。オランダ政府の調査委員会はベルンハルトに批判的な調査をまとめ、彼は以後公的な役職のほとんどを退いた。

このように公私ともに派手な立ち回りを演じたベルンハルトには様々な噂もついて回り、毀誉褒貶が半ばした。二〇〇四年二月、彼は自ら一般紙に公開書簡を発表し、自らに寄せられた批判や噂に反駁する異例の行動に出る。そして思い残すことがなくなったかのように同年一二月、この世を去った。オランダ軍人として抵抗運動を率いたことを終生誇りとし、死んだら軍服で葬ってほしいと願った殿下の、最後まで戦い抜いた人生だったと言えようか。

クラウス殿下の困難

三代目の殿下は、クラウスである。フォン・アムスベルク家という貴族の家柄の出身の外交官だった彼は、やはりドイツ貴族出身者の知り合いの家で、王女だったベアトリクスと出会い、のちに婚約に至る。しかしドイツによる占領の記憶の生々しいオランダでは、次期女王たる王女とドイツ人の結婚は歓迎されなかった。そして本人の積極的な意思によるものでなかったとはいえ、学生時代にヒトラーユーゲントに加入し、ドイツ軍で従軍経験のあるクラウスには、厳しい批判が寄せられた。一九六六年三月一〇日、ベアトリクス王女とクラウスの結婚式は、抗議行動で騒然とするアムステルダムで行われた。「クラウスは出ていけ（'Claus 'raus'）」とのシュプレヒコールが響き、街頭で発煙弾が炸裂した。

この批判を受け止め、クラウス自身は婚約発表時、次のように結婚に理解を求めている。「（結婚に批判的な意見が強いことに対し）私はそれを理解しますし、尊重したいと思います。しかし、私は全力を尽くしたいと思います。そして皆さんの信頼を勝ち取りたい、と思うのです」。

オランダ国民の側の批判は、ほどなく消え去った。しかし、クラウスの側には、困難を乗り越えて立ち位置を勝ち取っていく力は残されていなかったのかもしれない。のちに彼は、三九歳という年齢で他の国に移り住み、王位継承者の夫となることがいかに難しいことであったのか、メディアに告白している。彼は外交官としての経歴を活かし、開発援助など公的な活動にいくつか携わった。しかし一九八〇年代以降は、鬱病を患うなど、心身の不調を訴えて入退院が繰り返され、その状態は二〇〇二年一〇月に亡くなるまで続いた。女王となったベアトリクスは、他国への公式訪問などの行事も一人でこなすことが多かった。九〇年代に入ると皇太子のウィレム・アレクサンダーが父の代わりに、ベアトリクス女王を支える役回りを担った。

このように三代にわたり、オランダでは外国出身の殿下たちが苦悩を抱えつつ、生涯を終える状況が続いてきた。このいわば「呪縛」を解く困難な試みに、次の若い世代の王室メンバーが正面から取り組むことになる。

4　二一世紀に生きる王室

現代っ子のウィレム・アレクサンダー

一九六七年、ベアトリクス王女とクラウスの間に長男、現在の国王になるウィレム・アレクサンダー（Willem-Alexander　在位二〇一三〜）が誕生した。女王が三代続くなか、一世紀ぶりに将来国王となることが見込まれる王子の誕生に、国内外から多くの祝福が寄せられた。一九八〇年、母ベアトリクスの女王即位に伴い、ウィレム・アレクサンダーには皇太子として「オランイェ公」の称号が与えられる。高校卒業後しばらく軍役に就き、ライデン大学では歴史学を学んだ。大学卒業後の一九九五年より、国務院への出席をはじめ公務に積極的に関わり、将来の国王としての準備を進めていく。王室の伝統に則り、プロテスタント教会の会員として一九九七年に堅信礼を受けた。

ウィレム・アレクサンダーはとりわけ水をめぐる問題に強い関心を寄せ、二〇〇六年から国連の「水と衛生に関する諮問委員会」の議長を務めたが、この委員会の名誉総裁を務めたのが日本の徳仁皇太子である。治水や利水に共通の関心をもつ皇太子とウィレム・アレクサンダー王子は、個人的にも親しい関係を結ぶこととなった。

ウィレム・アレクサンダーは皇太子としての役割をこなしながら、あくまで現代っ子として自由に生きる人物でもあった。ライデン大学時代は、大学近くで他の学生たちと住まいをシェアして普通の学生生活を送り、自由な毎日を謳歌した。仲間とバーやディスコに繰り出して深夜まで遊ぶことも珍しくなかった。またスキー、スケート、水泳、飛行機操縦など、様々なスポーツに積極的に取り組んだ。むしろ彼の行動には、「不真面目だ」とする批判も寄せられたほどだった。ただ彼はのちに、この学生時代のイメージがいつまでも付きまとうことは残念だ、という趣旨のことも語っている。

特にメディアの関心事となったのは、皇太子をめぐる女性関係である。数々の女性と浮名を流したウィレム・アレクサンダーだったが、エミリー・ブレーメルス（Emily Bremers）との交際は真剣なものだったとされる。歯科医の娘であるエミリーとの交際は数年続き、二人でドイツに自動車で旅行に出かけるほどの親しい関係だった。世間の期待も高まったが、一九九八年にエミリーは王子に別れを告げ、破局が訪れる。

傷心のウィレム・アレクサンダーは翌一九九九年、友人たちとお忍びでスペインの音楽祭に出かける。そこで出会ったのがアルゼンチン出身の魅力的な女性、マキシマ・ソレギエタ（Máxima Zorreguieta）である。最初は王子も自分の身分を隠していたが、互いに惹かれあった二人は王子が素性を明かして以降も連絡を取り続け、親しい関係になっていく。当初はメディアの関心を避けるため、ウィレム・アレクサンダーの友人の別荘を借りて会うなど、二人きりの時間を作るために相当な努力が重ねられたようである。様々な困難を乗り越えて二〇〇二年、二人は結婚する。

二〇一三年四月三〇日、ベアトリクス女王の退位を受けてウィレム・アレクサンダーは、四六歳で国王に即位した。そして現在、ウィレム・アレクサンダー国王は前女王同様、国内外の活動に積極的に参加し、皇太子時代には想像できなかったような活躍ぶりを見せている。二〇一四年一〇月にはマキシマ妃とともに日本を公式訪問した。

国王はパイロット

発言に重みが加わり、国王としての威厳を十分備えてきたウィレム・アレクサンダーであるが、しかしあくまで二一世紀を生きる彼は、自分の道を意気揚々と歩む現代っ子の王様でもある。

ウィレム・アレクサンダーが若い時分、飛行機操縦を趣味として楽しんでいたことはよく知られている。しかし最近になって明かされたことであるが、皇太子時代はもちろん、国王となって以降も、定期的にパイロットとして飛行機に乗り込み、副操縦士として通常の旅客機の操縦を行っているという。「大型旅客機のパイロットになることが夢」だったというウィレム・アレクサンダーは、現在もＫＬＭなどの飛行機を操縦し、機内放送も担当しているというのである。ＫＬＭの制帽をかぶるウィレム・アレクサンダーの正体に気づく一般客はほとんどいないものの、声でそれとわかることはあるそうだ(7)。

しかしこの国王のパイロット業務を、単なる道楽と片づけてはならない。国王という重荷を背負う彼にとっては、パイロットの仕事は自分を解放できる、貴重な時間を与えてくれるものだからである。彼はパイロット業について次のように語っている。「飛行機があり、お客様がいて、乗務員がいる。それらすべてに責任をもつのですよ。自分が何か問題を抱えていても、その問題を抱えたまま離陸なんてできません。その時間の間は、完全に自分のなかのスイッチを切り替え、他のことに集中することができるのです」。

二一世紀に入る頃からオランダでは、安楽死の合法化、売春の合法化、同性間結婚の制度化など、個人の意思や選択を最大限尊重する改革が進められている。オランダの大胆な改革を他国が後追いする、ということもしばしばである。個人の生き方を尊重するこのオランダ社会にあって、プライヴァシーを重視しつつ自分らしさを追及する国王夫妻の現代的な生活スタイルは、むしろ好感をもって受け止められている。そして現在の国王は、まさに現代の「フライング・ダッチマン」の象徴として、少年時の夢を果たすべく、今日もヨーロッパの空を駆け回っているのである。

悲劇の王子・フリーゾ

しかし、このように堂々と王座へと歩みを進めていったウィレム・アレクサンダーとは対照的に、ベアトリクスの次男、ウィレム・アレクサンダーの一歳違いの弟として生まれた王子フリーゾ（Friso）は悲劇的な人生を送ることとなった。

二〇〇三年六月、フリーゾ王子はマーベル・スミット（Mabel Smit）という一般女性との結婚を希望する旨を表明した。マーベルは一九六八年生まれ、アムステルダム大学で経済学や政治学を学んで優等で卒業し、しかも学生時代から国際的なNGO活動に従事するなど、知性と行動力を兼ね備えたエネルギッシュな女性だった。特に「ヨーロッパ・バルカン平和行動委員会」の設立に関わるなど、国際的な人権活動には熱心に取り組んでいた。現代的課題に関心の強いオランダ王室にとって、迎え入れるにふさわしい人物と思われた。

このマーベルについては、オランダ政府の情報機関である総合情報保安庁も人物調査を行い、太鼓判を押す。首相バルケネンデ（Jan Peter Balkenende）、そしてベアトリクス女王も婚約を認め、記者会見で女王は喜びの気持ちとマーベルへの期待を表明した。マーベルは、結婚後もそれまで携わってきた人権活動などを継続することを希望し、これも温かく受け入れられた。オランダ下院では、最右派から最左派まで、全会派が二人の結婚を承認する意向を示し、結婚に至る準備は着々と進められた。

ここまでは順風満帆だった。オランダ王室は二人の王子がともに、知性溢れる国際派の女性を妃として迎え入れることとなり、王室の未来は安泰に思われた。

しかし二〇〇三年八月、事態は暗転する。オランダのある雑誌が、マーベルがかつて、暗黒街のボス、クラース・ブラインスマ（Klaas Bruinsma）と親しい関係にあったという記事を掲載したのである。ブラインスマは麻薬などを扱うマフィア組織の首領だったとされ、一九九一年に殺害されている。この件はまたたくまにオランダの政界を揺るがす事件に発展し、「マーベルゲート」と呼ばれてメディアの注目を集めることとなった。

マーベル自身はこのブラインスマとの関係について、あらかじめ政府に申し出ていたものの、その際は「数回会った程度」「彼の素性がわかったら関係を断った」としていた。当初は政府もその線に立って彼女を擁護していたが、ブラインスマの元用心棒なるチリ人が「二人は愛人関係にあった」「ブラインスマの船で夜をともにしていた」「彼の素性についても知っていたはずだ」という話をメディアに次々暴露するに及び、事態は収拾不可能となる。将来オランダの王妃となる可能性のある女性が、かつてマフィアのボスの愛人だったことは認められるのか、興味本位の報道も含めてマーベル問題はメディアを賑わせた。

最終的にバルケネンデ首相も、マーベルの話が「不十分で不正確だった」ことを認めざるを得なかった。そしてフリーゾ王子やマーベルとの「信頼関係が損なわれた」として、結婚許可を議会に求めるつもりはない、と表明した。結婚が議会で承認されず、しかしそれでもフリーゾ王子がマーベルと結婚するのであれば、フリーゾ王子の王位継承権は消滅する。

オランダでは憲法上、国王や王位継承権をもつ王族の結婚には議会（上下両院の合同会議）の承認が必要である。もし国王や王位継承権をもつ王族が、議会の承認を得ずに結婚した場合には、国王は退位しなければならず、また当該の王族は王位継承権を放棄しなければならない（憲法二八条）。実際オランダでは、議会の承認を得られずに結婚し、王位継承権を放棄した王族の例はいくつかある。

この重大な局面で、フリーゾ王子はバルケネンデ首相に書簡を送り、当初必要な情報を適切に首相やベアトリクス女王に伝えなかったことを「重大な失敗」だったと認めた。そして「私たちは過ちを認め、結果を引き受けます」と述べる。フリーゾは、王位継承権よりもマーベルとの愛を選択したのである。

二人は二〇〇四年四月に結婚し、質素な結婚式が執り行われた。フリーゾは、王子の称号は個人として保持するものの、王位の継承権を放棄したことで、王位継承権者らからなる「王室」を離れることとなった。ただ二人はのちも王家の家族行事などには参加し、関係を断つことはなかった。そしてロンドンで暮らす夫妻には、娘が二人生まれた。ささやかながら、一家にはつかの間の幸せが訪れたように見えた。

しかし二〇一二年二月、フリーゾたちを再び悲劇が襲う。オーストリアでスキーを楽しんでいたフリーゾは、雪の事故に巻き込まれる。救出後ただちに病院に搬送されたものの、二五分にわたり雪の下に埋まっていたことから、酸素不足で脳に重大な障害が生じていた。意識は戻らないまま、ロンドンに移送されて治療が続けられたが、翌二〇一三年八月、フリーゾは還らぬ人となった。同年四月に即位したばかりのウィレム・アレクサンダー国王は、「強い悲しみをもって」フリーゾの逝去を発表した。オランダで行われた葬儀には、かつてフリーゾが洗礼を受けた際に代父を務めた、ノルウェーのハラール五世（Harald V）も姿を見せた。

アルゼンチン出身の皇太子妃

ウィレム・アレクサンダーとマキシマ妃に話を戻そう。マキシマは一九七一年、ブエノスアイレスの富裕な家庭に生まれた。バスク地方に起源をもつ彼女の一族は政治家、銀行家、医者などが輩出する名門であり、父のホルヘ・ソレギエタ（Jorge Zorreguieta）は閣僚を務めたこともある。保守的なカトリック系の大学を卒業後、ニューヨークで就職し、一九九九年からドイツ銀行のニューヨーク事務所で働いていた。現代っ子の皇太子の結婚相手にふさわしい、国際的に活躍する知的な女性であり、ベアトリクス女王も彼女に好印象をもった。二〇〇一年一月、ウィレム・アレクサンダーとマキシマはハウス・テン・ボス宮殿の運河にスケートに出かけたが、そのとき彼はマキシマの前にひざまずき、「おとぎ話の王子のように」求婚したという。

しかし一見理想的にも思われた二人の結婚には、障害が待ち構えていた。マキシマが外国の民間人出身者であることや、カトリック教徒であることは、二一世紀という時代にはさしたる問題ではなかった。最大の問題は、彼女の父のホルヘが、アルゼンチンでビデラ大統領（Jorge Rafael Videla）下の悪名高い軍事独裁政権で閣僚を務めていたことだった。農業大臣を短期間務めていたホルヘは、人権侵害に直接加担したとは認められなかったが、人権問題に敏感なオランダの世論を刺激するには十分だった。メディアもこの問題を大きく書き立てた。ときの首相のコック（Wim Kok）は慎重に対処し、ホルヘへの軍政期の役割に関する専門家調査委員会を立ち上げて調査を行わせた上で、ホルヘに対し結婚式に列席しないよう働きかけた。二人の行く手を邪魔するこれらの展開に対し、皇太子は強いいらだちを見せたが、そのいらだちがメディアに取り上げられて批判を呼ぶという悪循環も生じたのである。

もともとウィレム・アレクサンダー皇太子は、マキシマと出会う前、自らの結婚についてテレビインタビューに答え、結婚相手の選択については自らの意思を貫くことを宣言していた。「（結婚相手を）この人と思い定めたら、それ以外に考慮するものはありません」と彼は語り、たとえそれで王位継承権を放棄することになろうとも、自らの決めた相手との結婚に踏み切るつもりだ、と明言したこともある。

しかしマキシマの父・ホルヘがオランダ政府の意向を受け、結婚式への出席を見合わせることを不承不承約束したこともあり、結婚への道は基本的に整えられた。二〇〇一年三月三〇日、ベアトリクス女王は二人の婚約を発表する。女王はマキシマを「知的で現代的な女性」と絶賛しつつ、二人の結婚に対しオランダ国民の間に「ためらいがあることもわかります」と述べ、マキシマの父の過去に懸念を寄せるオランダの世論への配慮を見せた。

またこの婚約発表に際し、マキシマは自分の言葉として「ビデラの独裁、当時の失踪、虐待、殺人、そして当時のあらゆるおそるべき出来事を許せないと思います」と軍事独裁を批判し、自らの父がその政権に参加したことを「遺憾に思います」と明言した。

この婚約発表を経て、二人の結婚に批判的な向きもあった世論も沈静化していく。同年五月、コック内閣はウィレム・アレクサンダー皇太子とマキシマの結婚を認める結婚許可法案を議会に提出した。そして七月、上下両院合同会議で採決が行われ、一五名の議員が賛成を留保したものの、強硬な反対はほとんどなく、法案は可決された。合同会議の議長を務めたコルトハルス・アルテス（E. Korthals Altes）は、「この結婚が、オランダ国民との相互の絆に結ばれて、お二人に幸せと繁栄をもたらすものとなりますように」と述べ、二人の門出を祝福した。

なおマキシマはこの間、オランダ語の学習やオランダ社会に関する知識の習得に取り組んでいたが、持ち前の知性と積極性でオランダ語の能力はめきめきと上達し、流暢にオランダ語を操れるようになった。将来の義父となるクラウス公は自身の体験をもとに、「オランダ語は学んでおくように」とマキシマに忠告していたという。

二〇〇二年二月二日、首都アムステルダムで各国の王侯が列席するなか、結婚式と披露宴が盛大に行われた。アムステルダム市内では、一部で結婚への抗議行動も見られたが、概して平穏であり、母ベアトリクスの結婚時のような大規模な騒擾は避けられた。新教会で行われた結婚式はオランダ王室の伝統に則り、プロテスタント式に執り行われた。新教会から宮殿に移動した新郎新婦は、人々の詰めかけたダム広場に面するバルコニーに姿を現して接吻を交わし、群衆を沸かせた。

マキシマ・フィーバー

こうして困難を乗り越え、皇太子妃となったマキシマには国民的な人気が集まった。彼女の訪問先には皇太子妃を一目見ようと人々が押し寄せた。「マキシマ・フィーバー」と言えようか。強い意志と情熱をもってその責任を果たす彼女の姿は幅広く共感を呼び、その父の過去を問う者はもはやいなくなった。

むしろマキシマ妃は、国際金融の場で働いた経験を踏まえ、女性やマイノリティの地位向上をめぐる問題に積極的に関わるなど、活発に活動を展開する。起業やマイクロ・ファイナンスをめぐる委員会に参加したり、G20「金融を通じた包摂のためのグローバル・パートナーシップ」の名誉総裁を務めるなど、彼女の培った経験と専門知識を活かしながら国内外の問題に取り組み、積極的に発言していく。その彼女の活動は、二〇一三年に王妃となって以降も基本的に変わっていない。

そして皇太子夫妻の間には、三人の王女が誕生した。二〇〇三年に王女カタリナ・アマリア（Catharina-Amalia）、二〇〇五年に王女アレクスィア（Alexia）、二〇〇七年に王女アリアーネ（Ariane）が生まれている。なお三王女の正式の長い名前のなかには、それぞれベアトリクス、ユリアナ、ウィルヘルミナというかつての女王たちの名前が含まれている。「女王の世紀」の三女王の歴史が、二一世紀に誕生した三人の王女たちのなかに凝縮されているかのようである。孫娘の洗礼式には、祖父母のソレギエタ夫妻も出席した。

「呪縛」を超えて

ただもちろん、皇太子妃としてのマキシマの歩みが順風満帆だったわけではない。社会的な問題に積極的に関わり、発言する彼女に対しては、ときとして批判も向けられた。

とりわけ物議をかもしたのは、二〇〇七年に彼女が行ったスピーチである。このスピーチで彼女は、「オランダのアイデンティティ」なるものを自分は見つけることはできない、「これぞオランダ人」と言えるようなオランダ人は存在しない、と明言した。この時期のオランダでは、移民やイスラム教徒をめぐる問題が政治的な課題として取り上げられ、移民・難民政策の厳格化が進められていた。オランダに入ってきた移民にオランダ語やオランダの文化を学ばせ、そのオランダ社会への統合を進めることが必要であるとされ、実際に政策にも反映されていた。

このように「オランダ人としてのアイデンティティ」を強調する風潮が強まるなかで、敢えてそれに異を唱え、「オランダのアイデンティティ」を否定するような発言を皇太子妃が行ったことは、各界に驚きを呼び起こした。しかもこの発言は、オランダへのアイデンティティを涵養する必要性をめぐり、政府の審議会が報告書を公表した際のスピーチのなかで飛び出したものだった。彼女は次のように語っている。

　七年ほど前から、オランダのアイデンティティを探す私の旅は始まりました。多くの親切で優れた専門家たちが、私を支えてくれました。多くの人と知り合うことができました。オランダの多くのものを見聞きし、味わうことができました。素晴らしい、豊かな体験でした。感謝の思いでいっぱいです。

しかし、「オランダのアイデンティティ」についてはどうでしょうか。それを私が見つけることは、できませんでした……オランダという国はとても多様な国であって、一言で言い表すことはできない国なのです。「これぞオランダ人」と言えるオランダ人は、存在しません。

オランダではこの発言の前年の二〇〇六年、反イスラムを前面に掲げる急進的なポピュリズム政党・自由党が総選挙に参加して一挙九議席を獲得し、衝撃を与えていた。特に党首ウィルデルス（Geert Wilders）は、移民や難民をめぐる政策で政府の「弱腰」を強く批判した。彼の移民批判が支持を広げるなかで、オランダがそれまで維持してきた多文化主義的政策は疑念の的となり、大きく揺らいでいた(8)。そのような政治状況で飛び出したマキシマ妃の発言は、一定の政治的意味をもつものと解釈され、批判と論争の対象となった。

しかしこの彼女の発言について、その政治的な意味合いにのみ注目するとしたら、それは一面的だろう。むしろ彼女の思い切った問題提起のなかに、それまでオランダの王室で三世代にわたって引きずってきた、「外国出身の殿下」たちの直面した困難——いわば呪縛——を自らの代で断ち切ろうという、彼女の強い意志を読み取ることはできないだろうか。

すでに述べたように、これまで女王たちと結婚して王室に入った三人の外国出身の殿下たちは、いずれも幸せとは言い難い人生を歩んでいる。彼らはオランダ社会への全面的な同化を迫られ、自らのルーツをいわば否定することによって、辛うじてその職にとどまることができた。しかし強い同調圧力にさらされた殿下たちは、夫婦仲が悪化して外に密かに愛人や子どもを儲けたり、あるいは心を病んで引き込もるなど、いずれも個人としては不本意な生き方をせざるを得なかった。特にその後半の人生は、いずれも波乱に見舞われてきた。

彼ら「王位継承者と結婚した外国出身者」たちの織りなしてきた歴史が、マキシマ妃の念頭にあった可能性は高い。

実はこのスピーチで、マキシマ妃は先の言葉に続き、以下のように語っている。

　私の義理の父にあたるクラウス殿下は、そのとき（二〇〇一年の婚約発表時）次のように話しておられました。「答えにくい質問が一つあって、私はよく問われる質問なんだが。それはオランダ人であることをどう感じるか、という問いなんだよね。私はこう答えることにしている。オランダ人であることをどう感じるか、私にはわかりません、と。私には、自分が忠誠心をもつ対象はいくつもある。私は自分が世界市民だと思うし、ヨーロッパ人だと思うし、オランダ人だとも思っている」。このお言葉を、私は決して忘れることはできません。

　人がもつアイデンティティや忠誠心の周りに、塀を立ててはならないのです。

外国からオランダ王室に入り、アイデンティティの問題と格闘したクラウス殿下の遺した思いを受け継ぎ、同じ歩みを繰り返すのはもうやめよう、「呪縛」を断ち切ろうというマキシマ妃の思いがにじみ出る言葉ではないだろうか。

マキシマ妃の発言は、物議をかもしたものの、しかしそれ以上の問題に発展することはなかった。むしろ毅然としてその信念を貫き、逆風をはねのけていく彼女の姿は幅広い共感を呼んでいく。そして現在彼女は、オランダで最も知名度を誇り、人気のある女性として国民に愛される存在になっている。

二〇一三年の即位の際、ウィレム・アレクサンダー新国王は演説のなかでマキシマ新王妃について触れ、次のように述べている。「彼女は我々の国を熱烈に愛してくれたし、オランダ人の中のオランダ人になってくれました。彼女はその多彩な能力をもって、私の王としての職務、そして我々全員の王国を支えようとしています」。

かつて二〇〇一年、婚約の公表時に時のコック首相は「マキシマさんがいつか、オランダ国民の心をつかむことを確信しています」と述べたが、その首相の確信は正しかったと言えるだろう。

グローバル時代の王室に向けて

このようにオランダでは、一九世紀以降の近代化、民主化の流れのなかで、王室が社会の変化に抗するのではなく、時代の流れに沿い、場合によっては改革を先導するかたちで対応してきた。また国土占領という国難に際しては、女王が先頭に立って抵抗運動の旗を振ることで、ナショナリズムの象徴、解放のシンボルとして国民の信を一身に集めることができた。様々な問題に見舞われつつも、国民の王室への信頼は厚く、現在に至るまで王制への幅広い支持は揺らいでいない。

そして二一世紀に入り、自分なりのライフスタイルを大事にしながら国際的な活動を活発に展開し、水問題や女性の人権、マイノリティの権利擁護などに精力的に取り組む新国王と新王妃の歩みは、まさにグローバル時代の幕開けにふさわしい、「時代の流れに沿った」王室のあり方と言えるだろう。

他方、使命感と責任感をもって文字どおりの王道を歩んできた国王・女王たちの影で、殿下や王子たちの苦悩や挫折が織りなすように展開されてきたことも、紛れもない事実である。その負の歴史の克服は、まだ始まったばかりである。

ワークシェアリングなど様々な改革を進め、オランダモデルと呼ばれる社会経済モデルを世界に誇ってきたオランダは、グローバル時代の王室のあり方についても、「モデル」を世界に発信することができるのだろうか。

註

（1）アンネ・フランク（深町眞理子訳）『アンネの日記（増補新訂版）』文春文庫、二〇〇三年、五〇七頁。
（2）オランダの王室史については、Arnout van Cruyningen, *Het Koninklijk Huis der Nederlanden : De Geschiedenis van het Nederlandse Vorstenhuis*, Utrecht : Omniboek, 2015. がわかりやすい。
（3）Constantijn A. J. M. Kortmann and Paul P.T. Bovend' Eert, *Constitutional Law of the Netherlands : An Introduction*, Alphen aan den Rijn: Kluwer Law International, 2007, p. 73.
（4）女王や王女、王妃などの女性王室メンバーに着目してオランダ王室の歴史を描いた本として、Yvonne Hoebe, *Bruiden van Oranje*, Uithoorn : Karakter Uitgevers, 2004.
（5）なお国王の死や退位が生じた場合、直ちに王位継承権第一位の者が国王の座に即くとされており、空白期間は想定されていない。
（6）このようなオランダ王室とドイツとの結びつきの強さは、一九一八年一一月、ドイツ革命で退位し、オランダに亡命してきたドイツ皇帝・ヴィルヘルム二世らへの王室の対応にも示されている。ウィルヘルミナ女王は元々交流があったヴィルヘルム二世を積極的に受け入れる意思を示し、ヴィルヘルム二世の妃アウグスタ・ヴィクトリア（Augusta Victoria）をオランダに招くなど厚遇した。

（7）"Dutch King Willem-Alexander reveals secret flights as co-pilot"（http://www.bbc.com/news/world-europe-39946532 二〇一八年七月一四日アクセス）。

（8）水島治郎『ポピュリズムとは何か――民主主義の敵か、改革の希望か』中公新書、二〇一六年、第四章。なおマキシマ妃のスピーチに関しては、大西吉之氏（富山大学）の研究からも貴重な示唆をいただいた。

読書案内

『各国憲法集（7）　オランダ憲法』国立国会図書館調査及び立法考査局、二〇一二年。

＊オランダ憲法における国王の位置づけについては、本書に収められたオランダ憲法の日本語訳が参考になる。吉田信による解説も有用である。

岸本由子「オランダ型議院内閣制の起源――議会内多数派と政府との相互自律性」『国家学会雑誌』第一二二巻、二〇〇九年、一〇二四～一〇七八頁。

＊議会を中心とした一九世紀のオランダ政治の展開について詳述している。

君塚直隆「オランダ　400年の交流史に彩り　恩讐の彼方に」『産経ニュース』二〇一五年四月二三日（http://www.sankei.com/life/news/150423/lif1504230014-n1.html 二〇一八年七月一四日アクセス）。

＊世代を超えて交流を深める日本の皇室とオランダの王室について、豊富な例を挙げながらわかりやすく描いている。

桜田美津夫『物語オランダの歴史』中公新書、二〇一七年。

＊オランダ近現代史を的確に叙述した入門書であり、オランイェ家や王室に関する記述も随所にある。

佐藤弘幸『図説　オランダの歴史』河出書房新社、二〇一二年。
＊写真や図解が豊富であり、わかりやすくオランダの歴史を見通すことができる。巻末のオランイェ＝ナッサウ家関係の系図も有用である。

水島治郎『反転する福祉国家——オランダモデルの光と影』岩波書店、二〇一二年。
＊現代オランダ政治の変容を、移民政策と福祉政策に注目して論じている。

〔付記〕　本章は、ＪＳＰＳ科研費（課題番号　17H02477, 25285038）の研究成果の一部である。

コラム5　日蘭皇室・王室の絆——マキシマ妃は雅子妃の「ロールモデル」？

水島治郎

日蘭関係はすでに四〇〇年を超え、皇室とオランダ王室の間にも親しい交流が続いている。特に徳仁皇太子一家、とりわけ雅子妃とオランダ王室の「絆」には注目すべきものがある。

二〇〇六年八月、徳仁皇太子一家はオランダ王室の招きを受け、二週間にわたりオランダ郊外の離宮などに滞在した。滞在中皇太子一家はベアトリクス女王、ウィレム・アレクサンダー皇太子夫妻や王女たちと交流し、オランダの各地も訪れて滞蘭生活を満喫した。

二〇一三年四月には、皇太子夫妻はウィレム・アレクサンダー国王の即位式に出席した。長期療養の続いた雅子妃にとって、実に一一年ぶりの海外公務であり、国際的な注目を集めた。前回の静養でお世話になったことの「感謝をお伝えしたい」と語ったという。

そして翌二〇一四年の一〇月、ウィレム・アレクサンダー国王夫妻が日本を公式訪問する。ここでも雅子妃は、やはり一一年ぶりに宮中晩餐会に出席し、注目を浴びた。雅子妃は、歓迎行事や宮中晩餐会にオランダ王室のシンボルカラー、オレンジ色をまとって国王夫妻を迎えた。

このように見ると、雅子妃にとってオランダ王室は特別な存在のようだ。その理由は何か。様々な見方があるが、ここではマキシマ妃の存在に注目したい。

二〇一三年、アムステルダムにおける即位式の前、マキシマ妃は自ら雅子妃に「式に参列してほしい」と電話し、それが一一年ぶりの海外公務を後押しした、と報じられている。

本章で述べたように、マキシマ妃は外国出身の妃として王室に入り、批判にさらされながら信念を貫き、今や国民的な信頼を勝ち得た女性である。しかも国際的な銀行業務の経験を活かし、女性やマイノリティの人権などグローバルな問題に取り組んできた。

雅子妃もかつて外交官として活躍した経験をもち、「皇室外交」にも意欲的だったとされる。その雅子妃にとって、年下ながら、バッシングをはねのけて堂々と時代の先端を歩み、国際的活動に取り組むマキシマ妃は、自分が本来こうありたいと望む姿を示す存在、一種の「ロールモデル」だったとは言えないだろうか。だからこそ雅子妃にとってマキシマ妃は、是が非でも会いたい存在だったのではないだろうか。

皇室の今後を考える上でも、かの地の王室の「オランダモデル」からは、当分目を離せそうにない。

コラム6　ロマノフの亡霊？

君塚直隆

今から一〇〇年前の一九一七年三月、ロシア革命によりロマノフ王朝は倒壊され、一八年七月には「最後の皇帝」ニコライ二世一家が、末娘のアナスタシア（一七歳）や皇太子アレクセイ（一三歳）に至るまで、ロシア中央部のエカテリンブルクで皆殺しにされた。ロマノフ家の係累たちはヨーロッパ各地へと亡命し、一九二二年にはソヴィエト社会主義共和国連邦（ソ連）が成立して、ロシアから永遠に皇帝（ツァーリ）は放逐された。

一九二〇年代になって「アナスタシアが生きていた」とする騒動も起こり、このときの逸話は後年ハリウッド映画『追想』（一九五六年）に描かれ、主演のイングリッド・バーグマンがアカデミー主演女優賞受賞に輝いた。しかしその後、皇帝一家のものとされる遺体が見つかり、最新のDNA鑑定の結果、アナスタシアはやはり家族全員とともに殺害されていたことが明らかとなった。皇帝一家の遺体は、サンクトペテルブルクにあるロマノフ家ゆかりの首座使徒ペトル・パウエル大聖堂に厳かに埋葬された。

現在は、アレクサンドル三世の弟ウラディーミル大公の末裔に当たるマリア・ウラディーミロヴナ大公女が、「ロマノフ家家長」として帝位請求者の位置づけにあるが、ロシアにロマノフの帝政が復活する可能性は今のところは低いようである。

むしろソ連崩壊（一九九一年）後に復活を遂げたのは、君主ではなく、表象であった。ソ連時代に「国章」に使われていた農民と労働者を表す鎌と鎚、小麦の穂は姿を消した。替わりにロシア連邦が国章に採用したのは、双頭の鷲と聖ゲオルギー（伝説の英雄で白馬にまたがり竜を退治する）。色彩こそ黄色の鷲に変えられたものの、それは紛れもなく帝政ロシアの国章（帝政時代の鷲の色は黒）に他ならなかった。

さらに、ソ連時代のレーニン勲章などはすべて廃止され、一九九八年の大統領令により新生ロシアに新たに導入された最高勲章が「聖アンドレーイ勲章」。これまた紛れもなく、ロシア帝国の最高勲章のデザインを若干変えたものだった。これよりちょうど三〇〇年前の一六九八年、西欧諸国を自ら視察したピョートル大帝が、オランダなど西欧流の栄典制度も導入しようとして初めて制定した勲章である。

プーチン大統領も意識するように、この国には「皇帝（ツァーリ）」がやはり必要なのかもしれない。

ベルギー国王とデモクラシーの紆余曲折
――君主を戴く共和国――

松尾秀哉

1 国王の「一時的な退位」!?

一九九〇年、ベルギー王国第五代国王であるボードゥアン一世（Baudouin I 在位一九五一～九三）は、当時のマルテンス内閣から「君臨不可能状態」と見なされ、ベルギーの王位は空席となった。別に健康を害していたわけではない。彼が、議会が可決しようとしていた法案に、個人的な信仰、信条を理由に、強固に反対したからだ。

他の君主国と同様に、ベルギーでは、議会で可決した法律は国王の署名をもって裁可、公布の運びとなる。しかし中世ならともかく、一九九〇年という現代の先進民主国において、国王が議会の決定に反対することなどまずない。国民から選ばれた議会の意思を曲げようとするなど立憲主義の原則から見たら大問題だ。それでもボードゥアン一世は反対し、それを理由に世襲であるはずの王が「クビ」とされたのだ。

さらに奇妙なことに、ボードゥアン王が反対していた法案は、退位直後に可決され、退位から二日後、再び彼は議会の可決をもって復位した。国王が個人的な信仰や信条で議会の決定に反対して議会が動揺するという点でも、その国王が一時的に退位し、すぐ復位するという点でも、この国の君主制やデモクラシーはいったいどうなっているのだろうかと思わざるを得ない。

ベルギーにおける君主とデモクラシーのこの奇妙な関係は、現在のベルギー王国建国時まで遡る。実は、このような退位がこの国でしばしば生じていること、この国の君主制とデモクラシーの微妙な関係を知ることが、ベルギーの民主主義の本質を知ることにつながる。と同時に、少し逆説的な言い方をすれば、ベルギーの人々が真に民主主義者であることを知ることにもなるのだ。まず、ベルギーという国の歴史と、その君主制の歴史を概観することから始めよう。

2　ベルギーとは

ベルギーの歴史：フランデレンとワロンの言語対立

ベルギーは一八三〇年にオランダから独立した。詳しくは後述するが、当時のベルギーの人々は、フランス革命の理念に強く影響されて、国王を排除した「共和制」政体を望んでいたが、国際情勢に左右され、君主国家としてしか独立を認められなかった。

そうした経緯もあって、当時のベルギーの憲法起草委員会は、その憲法で、王がベルギーの国家元首であること、不可侵であること（憲法〔以下同〕八六条、八七条）を渋々認めたが、その権限を制限し、憲法が認めた以外の権限をもたないこと（一〇五条）、即位に際して議会での宣言を必要とし（九一条）、いかなる行為も大臣の副署がなければ効力を発しないこと、内閣の助言を必要とすること（八八条、一〇五条）等を明記した。のちの外相であるポール・ユイマンス（Paul Hymans）によれば、この憲法は、国王の権力を厳しく制限しているという点で、当時「最も自由主義的な憲法」であった[1]。今でも世襲の王が新しく即位するときは、議会での宣誓と承認が必要である。こうした歴史的経緯により、ベルギーは立憲君主国でありながら「非常に賢明ながらも保守的で君主を戴く共和国」と呼ばれることもある。つまり「共和制だけれども国王がいる」という意味だ。

こうして独立したベルギーであったが、地理的にはドイツとフランスの間に位置し、緩やかな海岸を有する。海を渡ればイギリスにも近い。交易や軍事の拠点として重視され、この地はローマの征服にあって以来、時の大国に支配され、また大国間の争いの原因となってきた。そうした支配の歴史の影響で、一八三〇年に独立した時にはすでに北方のフランデレン民族（オランダ語を話す）と、南方のワロン民族（フランス語を話す）によって構成された多言語国家であった。

建国当初はフランス革命に影響された独立戦争を主導し、産業革命以降炭鉱を有していたため経済的に豊かであったワロンの人々が中心になって、フランス語を唯一の公用語とした国家形成が進んだ。絶対王政の時代からフランス語は、ベルギーの地に限らず、フランス近隣諸国で上流階級の使う言語として用いられていた。オランダ語を母語とするフランデレンの人でも、裕福だったり向学心があったりすれば、皆「国際語」であるフランス語を学んでいた。逆に特段の必要がない人はフランス語を学ばなくとも自分の生活圏で暮らしていけた。それは私たちが普段英会話ができなくても暮らしていけるのと同じである（また、両言語の境界周辺では人々の交流もあり、その土地次第でいずれかの言語で会話がなされていたという。この点を強調してベルギーの一体性を論じたのがベルギー出身の歴史家アンリ・ピレンヌである）。

こうしたその土地、地域ごとの自由な言語状況を強制的に変化させ、「フランス語が唯一の公用語」と決めつけたのは、フランス革命思想の影響を受けた、独立時のベルギー政府だった。フランス語を話せなければ公の場でコミュニケーションがとれないから出世はできない。フランス語を理解できないフランデレンの人が、裁判所で何も話せず死刑とされた事件があった。こうした国の政策に反発が高まり、一九世紀末からフランデレンの人々によるオランダ語の公用化運動が激しくなっていった。これはフランデレン運動と呼ばれ、フランデレンとワロンの言語、民族、地域間対立を、一般に「言語問題」という。

一九世紀末に男子普通選挙制が導入されると、もともと人口比でオランダ語話者の数はフランス語話者の数を上回るので、フランデレン運動は一気に政治運動と化して勢いを増し、ベルギーは、戦間期にフランデレンではオランダ語、ワロンではフランス語を公用語とする（首都ブリュッセルは例外として両言語のまま）「地域言語制」を導入し、一件落着を見た（ちなみにこの時期から、ベルギーでは初等教育で、フランデレンではフランス語を、ワロンでは英語、ドイツ語、オランダ語を選択必修で学ぶことになった。今のベルギーの人たちは名実ともにマルチリンガルだ。おおよその会話がなされる場所の公用語で会話が進むのを見かける）。

しかし第二次世界大戦後、ベルギーの言語問題は一層激しいものになっていった。きっかけは、戦後のエネルギー革命に伴い、ワロン経済を支えていた石炭産業が凋落し、当時の政府が炭鉱閉鎖に踏み切ったことにある。逆に政府はフランデレンの海岸地帯に外資を誘致し、もともと農村地帯だったフランデレン地方の工業化を進めた。

間もなくフランデレンとワロンの経済的地位が逆転して、一九六〇年には職を奪われたワロンの労働者がベルギー史上最悪と言われる暴動を起こした。この暴動は豊かになったフランデレンのエリートに、貧しいワロンの労働者が反抗して始まった。当初は「貧しい労働者」が「豊かなエリート」と闘った労使対立だったが、やがて「(豊かな) フランデレン対 (貧しい) ワロン」という地域・言語対立に変容していった。ワロンの人々は「フランデレンの人々に搾取されている」と訴えていくようになったのだ。

その結果、言語問題が政治化した。その後、一九六〇年代のベルギーは言語問題一色で染まった。言語に関わる法律の改正をめぐって議会は荒れ、同一政党も言語・地域の別で割れて議論されるようになり、何も決定できない状況に陥った。一九六八年以降、カトリック、自由、社会の主要政党が次々とフランデレンとワロンの地域政党へと分裂していくようになった。

危機的状態に陥り、ベルギーは対立を回避するために分権化を進め、連邦制の導入を進めていくことになる。フランデレン、ワロンそれぞれに分権化を図り、自治を認めていくことで双方の接触を減らして、多言語・多民族が共存できる途を探ったわけである。一九七〇年以降憲法改正を伴う分権改革が漸進的に進み、結局一九九三年には正式に連邦制を採用した。これによって政策決定過程におけるフランデレンとワロンの直接的な対立を減少させ、言語問題を解決することが期待された。

分裂危機

しかし、連邦制導入後およそ二〇年を経た二〇一〇年六月一三日の総選挙では、なおも経済的には低迷したままで、フランデレン（オランダ語圏）の税収に依存するワロン（フランス語圏）に対するフランデレンの批判が高まり、フランデレンの地域主義政党「新フランデレン同盟（Nieuw-Vlaamse Alliantie：N-VA）」が「フランデレンの独立」を掲げて勝利し、その後の連立合意形成は困難となった。

国庫からどの程度補助金をワロンに出すのかをめぐってフランデレンとワロンの交渉は平行線をたどり、マスコミはしばしば「ベルギーがフランデレンとワロンに分裂してしまう危険性」を口にしていた。後にも詳しく見るが、結局、この第一党となった地域主義政党を除いた新政権が成立したのは二〇一一年一二月である。計五四一日、約一年半もの新政権不在期間は史上最長記録である。このような合意形成が難しい状況は二〇〇七年の選挙時から生じていたが、この二〇〇七～二〇一〇年に生じた言語対立の再燃を「分裂危機」と呼ぶ。

その一年半の危機を経て、フランデレン、ワロン六党による大連立政権が成立した。本章の後半では、このベルギーの分裂危機における国王の働きを検討することで、深い亀裂を抱えた社会に成立する民主主義における国王の役割を評価し、民主主義と君主制の関係を考える際の一助となることを目指す。

なお、この六党連立政権が任期を全うした後に行われた二〇一四年の選挙では、やはり先の地域主義政党であるN－VAが大勝し、長期の空白や危機が再び懸念された。しかし混乱はしたものの、相対的には短く、約五カ月でN－VAを含む新政権が成立した。

この新政権はユーロ危機による財政難のなかで成立し、緊縮政策を掲げている。二〇一四年一〇月の成立以降、公的労働者の年金削減等が決定され、その反発から国鉄を中心に、刑務所職員、郵便局職員のストライキなど、労使対立が頻発している。それほど暴力的ではなく、その点で一九六〇年代の対立とは異なるものの、対立図式は近似しており、今後の状況如何で言語対立が再々燃する可能性も否めない。

さらに二〇一六年三月二二日には、ブリュッセル国際空港、EU本部近くの地下鉄マルベーク駅で自爆テロが生じ、二〇〇名を超える死傷者が犠牲となった。本章では、事の重大さを鑑みて、テロ後のベルギーにおける国王の意義についても考慮してみたい。以下では、このような歴史を辿ってきたベルギーの「合意型民主主義」について説明する。

合意型民主主義とは

オランダやスイス、ベルギー等の西欧小国は、他の大国から支配されてきた歴史ゆえに、宗教、階級、言語などの根深い社会的亀裂を抱えることになった。しかし、長い対立と和解の歴史を経て、それぞれの宗教や階級的イデオロギーにもとづく政党が発展し、「柱」のようにそれぞれの下位文化と社会を包摂して「政党支配体制」が確立され、さらに政党エリート間の「妥協」によって、政治的、社会的安定が維持されてきたと言われている。

このような、社会的亀裂を前提とした「政党支配体制」とエリート間の「妥協」を特徴とする民主主義は多極共存型民主主義ないし合意型民主主義と呼ばれる。これは、おおよそ一九七〇年代以降、即断即決を旨とする多数決型民主主義とは異なる、主に西欧大陸諸国に一般的かつ安定的な民主主義の類型として、制度的にも理念的にも一定の評価を得てきた。本章では、こうした小国の民主主義における君主の政治的意義を、歴史を辿りながら検討していきたい。

3　ベルギー政治と国王の紆余曲折

独立時（一八三〇年）のベルギーと国王

ベルギーがオランダから独立した当時のヨーロッパは、ナポレオン戦争後の国際秩序を回復しようとするウィーン体制下にあった。つまりフランス、イギリス、オーストリア、プロイセン、ロシアの五大国による勢力均衡原則に従って国際秩序が保たれていた。

フランスの隣国で、フランスの革命思想に影響されたベルギーの人々は共和制に憧れていた。元来この地の人々は自治と自由を愛した。旧態依然としたオランダ国王ウィレム一世（Willem I）の圧政下で暮らすことはもうできなかった。一八三〇年にベルギーの人々は独立を求めて立ち上がり、そして闘いに勝利した。

しかしその後のロンドン会議でベルギーの独立を国際的に承認するかどうかが協議された際、フランス革命思想の拡大を恐れたウィーン体制の五大国は、ベルギーが革命フランスのような共和制の国になることを恐れた。そして現在のドイツの一地方を領有していたザクセン・コーブルク・ゴータ家のレオポルドが、初代国王レオポルド一世（Léopold I 在位一八三一〜六五）として即位することで、ベルギーの独立は認められた。当時の大国にとって脅威である革命思想の防波堤として扱われたのである。この経

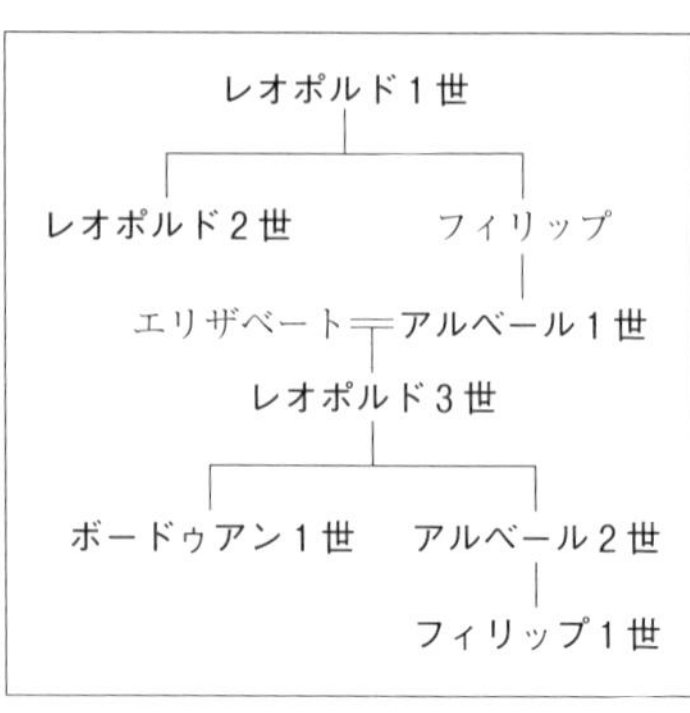

ベルギー王室系図

緯をもう少し詳しく見ておこう。

憲法起草委員の一人であり後の首相のピエール・ノトーン(Pierre Nothomb)は当初共和制を前提に憲法を構想していた。しかし先に記した諸大国の要請によって君主を受け入れることを決意した。

当時は君主国が周りを取り囲んでいた。それが当たり前であり、共和制の方が珍しい時代だった。ノトーンは「共和制を宣言することは世界中を敵に回すことになる」と考えた(2)。実は、ベルギーが独立を宣言したのは一八三〇年が初めてではない。フランス革命直後の一七八九年に当時の宗主国オーストリアに反抗し、ベルギーは共和国の独立を宣言した。しかしこのベルギー共和国における「国家」の機能は、外交以外、各自治体の利益調整に限定された。各都市の「自治」が重んじられた結果である。結局、国防軍の創設すらでこずり、内部でリエージュ司教領が独立を宣言する等混乱し、独立から約一年後にその混乱に乗じたオーストリアに再び制圧された。

ノトーンら創設期のリーダーたちは、この失敗の歴史も十分に学んでいた。ノトーンによれば、一八三〇年の独立戦争直後のベルギーもまた「アナーキー」だった。それでも今独立が許されているのは「大国の恩恵」でしかない。独立を維持するためには、むしろ他の君主国とのパイプを強くもつ国王が必要だ。特にレオポルドはドイツ出身で、即位以前はイギリスで過ごしていた。勢力均衡の時代におけるバランサーとしてのイギリスとの関係が強いレオポルドの外交手腕が期待された。

つまりオランダから独立することと、それを維持することが何よりも優先されたのである。政治体制はそのためなら何でもよい。そしてノトーンは「君主国ならば、あなたがたは権力を得るだろう。共和国ならあなたがたはただの案山子だ[3]」と警告し、議会を説得した。当時のベルギー議会は、レオポルドを王として迎えることを一九六対一五二で可決した。実際には反対派も多かったので、レオポルドがベルギーに入国するに際して、ベルギーの政治家たちは誰も迎えに行かず、歓迎もしなかったというエピソードすら伝えられている[4]。だから憲法で国王の権力を締めつけたのだ。

レオポルドの方はというと、当初送られてきた憲法草案を一読して「この王国は私を守ろうとしていない」と述べ不満をもらしていた。しかし彼は着任するに至って「ベルギーに関する限り、国家とは私のことだ。私はこの小さな王国を背負うアトラスになる[5]」と考えを改め、「小国を守る王」を自負したのである。

レオポルドは実際のところオランダ語に秀でていたわけではなかったが、のちの『スタンダールト』紙の創刊者であるレオ・ピカルト（Leo Picard）は、レオポルド一世が大変な努力をしてオランダ語を修得していたことを記している[6]。この不安定な小さな国家を維持するため、民衆の支持を獲得しようとしたことが計り知れる。

国王の介入：小さな「民主的な君主国家」の出発

このように微妙な位置づけにあったベルギーの国王だが、現在においてもしばしばベルギーは君主の政治に対する影響が強い国だと言われることがある。それはなぜだろうか。実はレオポルド一世が、今なおベルギーに残る、奇妙な、政治に介入する慣例を作り出していたからである。

ベルギーの憲法学者アンドレ・モリトール（André Molitor）によれば、その慣例とは、特に政府形成時の国王の役割を指す。[7] ベルギーのような深い社会的亀裂を抱えた国では、政党システムはどうしても小党に分裂し、多党制になる。過半数を獲得するような圧倒的な与党が誕生しないため、そこで選挙後、国王は「組閣担当者」を指名し、各政党との連合交渉や組閣の任にあたらせる。合意形成に成功すれば、彼もしくは彼女は議会の多数派の支持を得て首相となる。つまり事実上の首相指名の権限を有する。

ただし言語対立が激しく合意形成が困難な場合などは、この作業を何度も繰り返し、組閣担当者が交替していく。その場合、有力者が「誰が組閣担当者（首相候補）にふさわしいか」を国王にアドバイスする役割を担う。これを「情報提供者」と呼ぶ。事前の根回し役である。これらは法的に制度化されていない慣例であるが、交渉の節目で、国王は報告、相談され、そして次の交渉担当を任命する。「おそらく国王が最も自由に行動する領域」とさえ呼ばれる。

ベルギーの憲法は、独立時の経緯から国王の権力を排除した「最も自由主義的な憲法」であったはずだ。ではなぜ国王が慣例的に政治に介入しうるのだろうか。諸説あるが、一般的には、これは初代国王レオポルド一世が、独立当初、この不安定な、実質的に多言語の国家を任されることになり、国を守るために、他の大国と関わりのある自分が積極的に政治に関わっていく必要があると考えたからと言われている。また初期の閣僚たちも、国王からの信任を求めていた。すなわち国民と国王からの「二重の信任」を求めた。そしてレオポルドと共同で独立したての不安定な小国の政局運営を行おうとしたのだ。

それだけ不穏な時代だったのだ。つまり、民衆から支持された政治的エリートたちが、君主制とその介入を支持したのである。レオポルドが無理矢理政治に介入したわけでもない。

すなわちベルギーで生まれた君主制は、不安定な国際情勢のなかで独立したての小国ゆえに生まれた、特異な君主制であった。「共和制」や「君主制」といった政治体制をめぐるイデオロギーに固執せず、「国の独立」という現実的な問題解決のために採られた妥協的方策であった。こうして小さな「民主的な君主国家」が出発したのである。

レオポルド二世の孤独と対立

続くレオポルド二世（Léopold II 在位一八六五～一九〇九）のとき、すでに国際的に独立は承認されていたが、間もなくプロイセンとフランスがベルギーの割譲を求めてくるなど、やはりベルギーの国際的地位は不安定であった。しかし、レオポルド二世はこの機に乗じて、逆にルクセンブルクの割譲を求めるなど野心的だった。当時の政府は断念するよう説得したり、レオポルド二世の側も意に沿わない政府を解任したりするなど、小国の国王と政治の関係が右往左往した時期だった。

レオポルド二世は領土や植民地の獲得に強い執着心をもっていた。一八七六年にイギリスの探検家、ヴァーニー・キャメロン（Verney Lovett Cameron）がコンゴ河流域に金銀鉱山があることを報告し、イギリス政府に探検の資金援助を願い出たが、当のイギリス政府は半信半疑でこの話を一蹴した。ここに目をつけたレオポルド二世は、閣議で「地球上で手つかずの状態にある地域に文明をもたらそう」と植民地政策を訴えた。しかし当時のジュル・マルー（Jules Malou）政権は国内問題の対応で手一杯だった。

そこでレオポルド二世は、私費でアフリカの調査を支援し、資源獲得に邁進した。

一八八二年には「国際コンゴ協会」（現地の臨時政府に相当する）を設立し、先住民との貿易協定を結んだ。他の列強諸国はこの動きに警戒心を強めたが、ベルリン会議で認められ、一八八五年八月、レオポルド二世は、ベルギーの約八〇倍の面積の「コンゴ独立国」（イギリスでは「コンゴ自由国」と呼ばれることが多い）の元首となった。個人所有の独立国が誕生した。個人所有の土地としては史上最大であった。

レオポルド二世によるコンゴ支配は残虐なものだった。ベルギーの歴史に残る、悪名高き王である。ここから得られるゴムと象牙によって、彼は当時世界でも有数の大富豪となり、またベルギー経済も大いに潤った。一九二七年には、ベルギーはイギリス、アメリカ、ドイツ、フランス、オランダに次ぐ世界第六位の経済大国となり、フランス系金融機関ソシエテ・ジェナラル・ベルジークなどの植民地財閥が台頭した。

他方で、民主主義との関係では、レオポルド二世時代に男子普通選挙制が導入され、多くの社会保障法が成立した。この時代は帝国主義の時代でもあるが、国内では労働運動など民主化運動が激しかった。そのため、彼は政局の安定を強く望んだ。国際情勢が不穏な時代に小国が政治的に不安定と見られれば、いつ侵略されるかわからない。植民地の獲得どころではなくなってしまうからだ。

レオポルド二世は、普通選挙法や社会立法など、民主化を求める勢力が要求したことを、当時の首相オーグスト・ベルナールト（Augsute Bernaert）と書簡をやり取りしながら、自ら反対勢力を説得するなどして推進した。書簡を見る限り、レオポルド二世が民主主義の進展そのものを望んでいたわけではない。しかし国の安定のため、そして植民地の開拓資金をベルナールト首相から引き出すために、交換条件として認めたのである。その結果、彼はベルギーの民主主義を進展させた国王であったと言われることもある。

オランダ語は話せず、フランデレン（オランダ語）地方の人々や新聞に叩かれることも多く、「早く王を辞めたい」ともらしていたという。孤独だった。それが彼を一層残酷な植民地支配と財の獲得へと追いやったのかもしれない。人前に出るのを億劫がり、開拓資金援助の相談のために、当時の中央銀行頭取室へ直通の秘密通路を作った。ベルナールト政権が人道的および財政的理由から植民地開拓の資金援助を断るようになると、自然とベルナールト支持を辞めた。愛人を多く作ったがそれも不人気の原因で、結局正室との間に子は生まれず、死後、王位は甥であるアルベールに引き継がれた。

4　転換点　クビになったレオポルド三世

愛されたアルベール一世

レオポルド二世の死後、甥のアルベール一世（Albert I 在位一九〇九～三四）が後を継いだ。当時のヨーロッパでは、ドイツ帝国に対する警戒心が高まっていた。西欧最大の軍事力を誇るドイツの脅威の前にアルベール一世は、言語の相違を超えたベルギー人の一体感を高めなければこの小さな国を守れないと考えて、「オランダ語話者も同じベルギー人」と主張し、フランデレン運動が望むオランダ語の普及をかなえようとした。しかし、ベルギーを守ろうとしたこの考えは時に誤解を生み、ワロンの作家であり政治家のジュル・デストレ（Jules Destrée）が『王への手紙』と題された公開質問状で「あなたは二つの民族を治めている。もうベルギー人はいない」と、アルベール一世がフランス語を軽視し、ベルギーを二つに分けようとしていると見て批判した。

ドイツの侵攻が始まると、アルベール一世はエリザベート妃（Élisabeth de Bavière）と連名でドイツに「ベルギーを狙わないように」と書簡でお願いした。しかし一九一四年八月、その願いも虚しく、ドイツはベルギーに対して自軍の通過許可を求め、拒否すればベルギーを敵国と見なすと最後通牒を送ってきた。アルベール一世は「ベルギーは国だ。道ではない！」と閣議で述べて、自ら兵とともに国内に残り指揮を執って徹底抗戦を宣言した。このことで彼はベルギー史における英雄となった。

ベルギー軍はリエージュではドイツの予想を超えて抗戦し、ドイツ軍の侵攻を二日遅らせたと言われている。この二日でフランスやイギリスの軍備が整い、第一次世界大戦の戦局を大きく左右したと語る者もベルギーには多いが、真実は定かではない。しかし、ドイツ軍は強力で、徐々に占領が進み、五千人以上の市民が犠牲になったと言われている。アメリカの参戦を経て連合軍が盛り返すまで、ベルギーはドイツの支配下に置かれた。

ユイマンスによれば、この時期になると臨時政府が挙国一致でベルギーを守ろうとしていたのに対して、軍の指揮を執る国王はアントワープの陥落後、国土の荒廃をおそれ、また連合軍の勝利を信じることはできず、政府との合意形成が困難なこともあった[8]。政府も国王もベルギーを守ることでは一致していたが、ベルギーを連合軍側に位置づけるか、それとも中立かという点では議論が分かれた。戦局の流動化のなかで、小国の指導者たちは国民を守るためどうすべきなのか混乱した。

戦後、アルベール一世は復興を率先して指揮して社会保障やインフラの整備を進めたが、一九二九年に大恐慌が生じると、ベルギーの経済も影響を受けた。さらに一九三四年にアルベール一世は趣味の登山中に遭難死してしまう。これからベルギーは第二次世界大戦の暗い時代に突入する。

しかし国に残り徹底抗戦したアルベール一世は、王妃エリザベートと仲睦まじかったこともあり、今なおベルギーの人々に勇敢な国王として愛されている。ベルギー最大の王立図書館に「王立アルベール一世図書館」として彼の名が残されており、またベルギーで開催される世界三大クラッシック音楽コンクールの一つ「エリザベート王妃音楽コンクール」には王妃の名がつけられている。

戦時下のレオポルド三世

父の急逝に伴い戦間期に即位した第四代国王レオポルド三世（Léopold III　在位一九三四～五一）は、戦間期においてベルギーのデモクラシーを必死で守ろうとした。ヨーロッパでファシズムが台頭していたとき、一九三六年の選挙ではベルギーでもフランデレンの民族主義政党であるフランデレン人民同盟が台頭したり、逆にそれに対抗してワロンでファシズムを掲げるレックス党が台頭したりした。こうした反民主的勢力が議会の四分の一を占めると、それに迎合する既成政党も現れるなど連立形成に手間取り、ベルギー議会が機能しない事態に陥った。このときレオポルド三世は自ら組閣担当者のような役割を担い、パウル・ヴァン・ゼーラント（Paul van Zeeland）内閣を発足させ、すぐにレックス党の街頭演説を禁止する立法を進めさせた。

このような政治への介入自体、非民主的であるという評価もあろうが、同時代の歴史家エミール・カマルツ（Émile Cammaerts）は一九三九年の著作の最後に、「王は、ある時期まで旧い君主の生き残りと考えられていたが、今や最大の立憲主義の擁護者である」[9]と記している。ファシストや共産主義者が力をつけるなかで、国王は反民主的勢力と対峙し、ベルギーを守ろうとした。

戦後の「国王問題」

しかしレオポルド三世とベルギーのデモクラシーとの蜜月関係は長く続かなかった。第二次世界大戦においてナチスにベルギーが占領されると、内閣が最後まで抵抗しようとしたのに対して、レオポルド三世は早々に降伏し幽閉されたのである。徹底抗戦を掲げる政府はロンドンに亡命政府を形成し、「王は君臨不可能状態である」と宣言した。

レオポルド三世は、「これ以上ベルギー国民を戦禍にさらしてはいけない」と考え、降伏を決断した。そして自らはドイツ占領下のベルギーに残り、国民とともにいようと考えた。戦時下に国民とともにベルギーに残ろうと考えた点では父アルベール一世と変わらない。違うのは、父が「徹底抗戦」を宣言したのに対して、彼が「降伏」を選んだことだ。

しかし、その後ナチスが敗北しベルギーが解放されたとき、降伏した国王の復位をめぐって国論は二分された。レオポルド三世は、残った兵士と運命をともにした勇気ある王か、それとも連合軍を裏切り、ファシズムに加担した裏切り者か。解放直後ベルギーの人々は物資の欠乏と貧困にさらされ不満を抱えていた。ほかに共通の大きな話題はなく、逃げ出した王をいかに罰するかが不満のはけ口で、議会からマスコミ、道端での会話に至るまで話題にのぼっていた。また当時は社会主義勢力が台頭し、政治、宗教、言語の対立は根深く、国王が復位すれば革命も起こりかねない状況であった。

復位をめぐる国内の論争はすぐには解決せず、いくつもの政権が倒れ、最終的には国民投票が行われた。国民投票の結果、ベルギー全体で五七・六八％の投票者が復位を支持して王がベルギーに戻ることになった。しかし、彼が当時幽閉されていたスイスからベルギーに戻ったときには激しいデモが各地で生じ、警察、軍が出動した。

また、僅差で復位支持派が勝利したが、実はフランデレンでは七割強が賛成し、ワロンでは逆に六割の反対が上回った。フランス語を話し、フランス文化の影響が強いワロンの人々には、ドイツに媚を売った王など不要だった。この地域差がフランデレンとワロンの意識の差を露わにした。戦後の言語問題の発端だったと言われることもある。

他方で、当時の首相、社会党のアヒール・ファン・アケル（Achiel Van Acker）は「人にパンが必要なように、ベルギーには国王が必要だ」と考えていた[10]。つまり秩序維持のために君主制が不可欠と考えていたのだ。そして事態を収拾するためにレオポルド三世に退位を願い、まだ二〇歳と若い皇太子ボードゥアンが即位した。国を守るため国王は排除され、しかし君主制は存続した。戦後直後の分裂の危機に終止符をうつための妥協案だった。

しかし、国王が国民によって退位を宣告されたこの「国王問題」は、奇妙な「民主的な君主国家」だったベルギーの君主制のあり方を一変した。レオポルド三世に対する批判と「王を自らの手で退位させた」と興奮が冷めず、「共和国万歳！」という怒声が飛び交う議会で宣誓、即位させられた二〇歳のボードゥアン一世は、そもそも王になることを望んではいなかった[11]。即位後も政治に対して意見せず、側近たちの支持に従い、中立を守った。政治家たちもボードゥアンを見て「父のように反抗しないだろう」と考えた。奇妙な君主国家は普通の立憲君主国に向けて歩み出した。

ボードゥアン一世：デモクラシーの優越へ

こうして王は、政治に対して現実の影響力を有しなくなった。ベルギーは徐々に「普通の立憲君主国家」へと変貌していくのであるが、そのなかで、一九九〇年に冒頭に挙げた奇妙な事態が生じたのである。実はこの年、ベルギー議会は人工妊娠中絶の法案を可決した。すでに一九七四年から生命倫理に関わる議論がなされていたが、従来カトリック政党は中絶を認める法の成立には反対してきた。しかし支持率が低下し、自由党が台頭するなかで「個人の自由」の拡大を認めないわけにはいかなくなったのである。

しかし、ボードゥアン一世は、自らのカトリック信仰に照らして、また自身が子どもを授からなかったことを理由に、法案への署名を拒絶した。冒頭のエピソードで王が拒絶した法律とは中絶法であった。当時の首相、カトリック政治家のウィルフリート・マルテンス（Wilfried Martens）によれば、これは「前例のない憲政上の危機」であった。マルテンスは「望まない妊娠をした女性の権利を守るためのもの」と国王を説得したが、ボードゥアン一世は「この法案は私個人の重大な良心の問題」として、胎児が先天的な障がいを有していた場合の中絶を認めるような、優生思想を認める社会になってしまうのではないかと危惧して、最終的に署名を拒んだのであった。

ボードゥアンはマルテンスに「私の個人的な所感だが、私が民主的な制度の機能を妨害することは、受け入れられないだろう」と返事を送り、「政治的決断」をお願いした。マルテンスは閣僚を集め議論し、国王に退位してもらい、摂政を立てる案、もしくは議会を解散する案などの意見があるなかで、憲法学者で諮問委員のアンドレ・アレン（André Alen）よりある提案があった。それがベルギー憲法第九三条の「国王が君臨不能であるとき、内閣はこれを確認した後、両議院を直ちに召集する」の援用である(12)。

つまり内閣はボードゥアン一世を「君臨不可能状態」と宣言し、両議院を召集し、その議決のみで、すなわち君臨不可能な王の署名なしで中絶法案を成立させた。そして二日間の空位後、ボードゥアンは議会の可決をもって復位したのである。

もちろんこれで皆が納得したわけではない。議会のなかでは「憲法の恣意的利用」と内閣を批判したり、ボードゥアンに対して「民主主義への介入だ」と批判したりする声が上がり一時騒然となったが、国王の「一時的退位」により、マルテンスは「新しい国王問題」を解決することができたのである。この異様な事態は、一方では民主的政策決定の過程に国王が個人の権力を用いて介入したとも言えるし、他方では政治的リーダーの側が支持獲得のために憲法を恣意的に解釈して「悪法」を通したとも言える。

この「事件」は当時世界中で注目されたが、『ニューヨーク・タイムズ』紙はこれを「ベルギー流のやり方」と紹介している。すなわち深い社会的亀裂を抱えた国家として「ベルギーには共通の土壌がない」。決定的な争い、対立を避けるために、その都度ビジネスライクな対応と落としどころが求められる。つまり、この異様な「君臨不能状態」の援用は、「妥協の政治」の一環だというわけである(13)。

かつて国際情勢が不安定な時期において「民主的な君主国家」として独立を維持するために尽力した

国王は、その後国際情勢が安定するに至って、その役割の意義を減じた。状況次第で退位もやむなしとされ、しかし安定のため制度は存続した。換言すれば、君主は民主政治を妨害しない限りで存在を許されるが、完全に制度が廃止されるほどベルギーは安定した国でもないのだ。

以降、一九九三年に連邦制が導入されて分権化が進み、地域議会や地域政府（この組閣に直接的に王は介入できない）の権限が高まって以来、王の政治的意義は、制度上、一層減じられている。では、すでに連邦制導入から二〇年を過ぎ、現代の分裂危機やテロの時代において、国王は合意型民主主義に対してどのような役割を果たしているのだろうか。

5　分裂危機の時代の国王

新しい敵の登場

一九九〇年代になると、ベルギー政治は大きく変化していった。背景としては、第一にグローバル化の進展と新自由主義者の台頭がある。ベルギーにおいても一九九九年に新自由主義的政策を掲げる自由党が、約半世紀ぶりに与党となった。第二に、グローバル化の進展によって数多くの移民がヨーロッパに到来した。かつて植民地だったアフリカや、エネルギー供給地だった中東から、第二次世界大戦後の高度経済成長期には多くのムスリムが流入し定着した。その結果、一九九〇年代以降「ヨーロッパの首都」であるブリュッセルには一〇万人を超えるムスリム系移民が暮らすようになった。

経済が停滞しているときには移民は職から排除され、スラム街を形成した。その代表例がブリュッセルのモレンベーク地区であるが、移民は時に差別され、一九八〇年代の終わりには、しばしば現地の人々の間にトラブルが生じ、それを背景に移民排斥を謳うポピュリズム政党が台頭した。フランデレンのポピュリズム政党であるフラームス・ブロックは早くからフランデレンの独立を主張していたが、一九八〇年代終わりには移民排斥を強調して支持を獲得し、一九九一年の総選挙では、ほぼすべての政党が議席数を落とすなかで唯一議席数を伸ばし、全二一二議席中一二議席を獲得し、注目されるようになった（なお、一九九五年選挙からベルギーは下院の総議席数が一五〇に減少したが、そこでも一一議席を獲得している。執筆時点での最大獲得議席数は二〇〇三年選挙時の全一五〇議席分の一八議席である[14]）。

これらのポピュリズム政党は「既成政党はしばしば選挙キャンペーンの公約と一貫しない政策を売り、また受け入れる」と批判した。これはベルギーに伝統的な「妥協の政治」に対する批判である。つまり従来の政党は選挙の時公約を掲げてアピールはするが、選挙後実際に連立政権を形成しようとすると、言語が異なり、教育、福祉、経済政策なども異なるので、その時々に妥協しなければ多数派が形成できないことも多い。この妥協があるからこそこの多言語国家は維持されてきたわけだが、ポピュリズム政党は、「妥協は有権者に対して訴えた公約の裏切りだ」と主張した。そして有権者に「多数決ですべてを決定する真の民主主義を」と訴えた。こうした「真の民主主義」を求める声の行き着く先は、世襲の君主制に対する批判、そして「共和政」の導入だった。つまり、国王を敵視し、国の分割を主張する勢力が、議会のおよそ一割を占める奇妙な事態になってきたというわけだ。

一九九三年、国王アルベール二世が議会で即位の宣誓をしたときに、ポピュリズム政党の一つ、ロッセム（ROSSEM）の党首ジャン＝ピエール・ヴァン・ロッセム（Jean-Pierre Van Rossem）は「共和国万歳！ラオよ、永遠に！」と議会で叫んだ。ラオとはジュリアン・ラオ（Julien Lahaut）のことで、ボードゥアン一世の即位式において、議会で「共和国万歳！」と叫んだ人物の一人である。このように王室批判の声が徐々に高まっていった。

すなわちグローバル化の進む現代において、ベルギーの「妥協の政治」が批判され、政党間競合が高まり、従来の妥協を旨とした合意型民主主義による政治が困難になりつつあった。それと同時に王室の存在、あり方が問題視されるようになった。以下では、こうした時代における君主の政治的介入の意義を検討しよう。

分裂危機とアルベール二世

以上のような時代の変化のなかで、連立政権の形成に尽力したのがアルベール二世（Albert II 在位一九九三～二〇一三）である。先述したように、二〇一〇年の選挙では、フランデレンの地域主義政党で、経済的に裕福なフランデレンの経済的な自治の強化や「将来的なフランデレンの独立」を訴えたN‐VAが躍進して、とうとう単独で勝利した。しかし経済的に不利な立場にあり、国庫からの補助金に経済的に依存しているワロン諸政党との連立交渉がうまく進むわけはなかった。

アルベール二世は当初、情報提供者を分離主義を掲げる第一党のN‐VA党首、バルト・デ・ウェーヴェル（Bart de Wever）ではなく、第二党のワロン社会党のエリオ・ディ・ルポ（Elio Di Rupo）に委ねた。ワロン社会党はワロンとフランデレンの「連帯」を掲げ、ワロン選挙区では圧倒的に支持されていた。

しかし選挙から二カ月が経って最初の交渉が失敗に終わると、両者は感情的に互いを非難し、その後およそ十カ月の間、会うことも拒絶して時間だけが過ぎていった。こうしたなかでアルベール二世は「情報提供者」だけでなく「論点整理担当者」「準組閣担当者」など、ベルギーの政治史上前例のないポストを次々と立て、過去の首相経験者などの有力者を仲介者として指名し、粘り強く対立する双方の言い分を聞き、妥協案を作成させ、交渉を継続させた。

しかし、何度妥協案を作成しても最終的に両者が合意に達することはなく、政治空白（前政権が臨時政府として「事務処理」を行うよう国王から任命されていた）の史上最長記録を更新し、さらに大小を問わず市民のデモが生じると、アルベール二世は選挙から一年以上過ぎた独立記念日のテレビ・スピーチで、以下のように政治家を叱責した。一部を抜粋する。

この国民の日を、新しい連邦政府の成立の宣誓とともに喜ぼうと思いましたが、不幸にもまだ新政権はできておりおりません。誠に残念です。

この長い交渉の間、臨時政府が市民の福祉を維持するために必要な手段を採ってきました。しかしだからといって、責任ある政府を形成する必要と緊急性が減じられることはありません。……私の今日の話は、すべての市民と、第一に政治家に向けられるものです。

著名なイギリスの立憲主義者、ウォルター・バジョットは、立憲君主国における君主の特権を以下のように述べております。知らせる特権、奨励する特権、そして警告する特権です。

この数カ月、私は最初の二つの特権を用いてきました。私は今まさに公に、また透明性をもって、第三の特権を用いたいと思います。警告する特権です。その理由は……第一に、多くのベルギー人と同じように、私も長い交渉に失望しています。これが将来への不安を生み出しています。

第二に、危機の長期化はまた「国民」対「問題を解決できない政治家たち」という対立を生み出してもいます。これは、民主主義を危険に晒し、傷つけるある種のプジャード主義（戦後フランスで見られた排外主義的なポピュリズム運動と思想。国民戦線の思想と言われるときもある）を大きくします。

第三に、第二次世界大戦以来、ベルギーの財産にヨーロッパにおける役割があります。……私たちの国は文化的多様性を有し、ヨーロッパ連合のモデルとして見られています。すでにヨーロッパ統合は懐疑主義とポピュリストによって傷つけられています。わが国の最近の状況は、私たちのパートナーの間に懸念を生み出し、ヨーロッパにおける私たちのポジションを傷つけるでしょう[15]。

この記念の日にふさわしくない厳しいスピーチがようやく事態を動かした。結局これを機に、「フランデレンの財政的自治の拡大」というフランデレンが提示した条件を飲むことを交換にワロンへの補助金が認められ、またN－VAはこれを「妥協だ」と批判して連立交渉から離脱し、既成政党による大連合政権が形成された。すなわち伝統的な「妥協」的な結論に落ち着いたのである。この過程における国王の具体的な動向や言動は密室でなされており非公表だが、少なくとも公の言説や行動だけ見ても、アルベール二世は政党リーダーの交渉が頓挫するたびに粘り強く次の仲介者を指名し、また独立記念日のスピーチで民衆に訴えるかたちを取りながら政治家を叱責し、新政権の形成に寄与したと言えよう。現代においてもなお、ベルギーという国においては、国王の介入が政治の安定のために、また「妥協の政治」の実現のために不可欠であることを示した事件だった。

　つまり、こうした国王の介入が近代以降の民主主義の原則から乖離していようが、そうでなかろうが、この国の政治にとって重要なことは、何よりも国が存続すること、二つの言語が共存することであり、その課題を解決するためには、君主の介入という一見非民主的な手法もありだということだ。一見非民主的ではあるが、結果的にこれがベルギー流の合意型民主主義の鍵なのである。

アルベール二世の生前退位とベルギー政治

　以上のような、国家を維持するためなら「イデオロギーや原理原則よりも、現下の問題解決が優先される」という発想は、国王の生前退位という事態においても継承されている。

　先の分裂危機を乗り切ったアルベール二世は、愛人との間にできた隠し子騒動もあり（執筆時点ではDNA鑑定の結果、血縁関係はないとされている）、ひどく疲れて、高齢のため公務を全うするのに十分な健康状態ではないことを理由に、同年の独立記念日（二〇一三年七月二一日）に退位することを申し出た。公にされたのは、二〇一三年七月三日のことである。

　ベルギーでは憲法上生前退位に関する規定はない。しかし慣習により生前退位が認められており、国王自身の判断で退位することができるとされている。(16) 手続きとしては、その都度「退位証書」が司法大臣の名前で作られ、国王と首相、両院議長などの署名が記される。

　生前退位について、実は、アルベール二世は、すでに同年の四月に、当時のディ・ルポ首相に退位の

ACTE D'ABDICATION DE SA MAJESTÉ LE ROI ALBERT II	AKTE VAN TROONSAFSTAND VAN ZIJNE MAJESTEIT KONING ALBERT II	ABDANKUNGSURKUNDE SEINER MAJESTÄT KÖNIG, ALBERT II.
L'an deux mille treize, le vingt-et-un juillet, à 10 heures 30;	**Ten jare tweeduizend dertien, de eenentwintigste juli, om 10 uur 30;**	**Im Jahre Zweitausenddreizehn, am einundzwanzigsten Juli, um 10 Uhr 30;**
Nous, Annemie TURTELBOOM, Ministre de la Justice,	Wij, Annemie TURTELBOOM, Minister van Justitie,	Wir, Annemie TURTELBOOM, Ministerin der Justiz,
A l'invitation de Sa Majesté le Roi Albert II, nous sommes rendue au Palais Royal de Bruxelles pour dresser l'acte constatant la décision qui doit assurer l'accession au trône de Son Altesse Royale le Prince Philippe, Prince de Belgique;	Hebben op uitnodiging van Zijne Majesteit Koning Albert II, ons naar het Koninklijk Paleis te Brussel begeven om de akte tot vaststelling van de beslissing die de troonsbestijging van Zijne Koninklijke Hoogheid Prins Filip, Prins van België, moet verzekeren, op te maken;	Haben auf Einladung Seiner Majestät, König Albert II., uns zum Königlichen Palast zu Brüssel begeben, um die Urkunde, welche die Feststellung der Entscheidung der Thronbesteigung Seiner Königlichen Hoheit Prinz Philippe, Prinz von Belgien, gewährleistet, abzufassen;
Sa Majesté le Roi Albert II étant entré en compagnie de Son Altesse Royale le Prince Philippe, nous a priée, après s'être adressé à l'assemblée et après avoir entendu le Premier Ministre dans sa réponse, d'acter Sa déclaration solennelle par laquelle Il met fin à Son règne et renonce définitivement aux pouvoirs constitutionnels qu'Il détient en vertu de l'article 85 de la Constitution ;	Zijne Majesteit Koning Albert II, binnengetreden in gezelschap van Zijne Koninklijke Hoogheid Prins Filip, heeft, na de vergadering te hebben toegesproken en na de Eerste Minister in zijn antwoord te hebben gehoord, ons verzocht een akte op te maken van Zijne plechtige verklaring waarbij Hij een einde maakt aan Zijn regering en definitief afstand doet van de grondwettelijke macht die Hij krachtens artikel 85 van de Grondwet bezit ;	Seine Majestät, König Albert II., hereingetreten in Begleitung Seiner Königlichen Hoheit Prinz Philippe, hat, nach Seiner Ansprache an die Versammlung und nachdem der Antwort des Premierministers zugehört zu haben, uns gebeten die Urkunde Seiner feierlichen Erklärung, dass Er Seine Regierung auflöst und definitiv verzichtet auf die verfassungsmässige Gewalt, die Er laut Artikel 85 der Verfassung ausübt, abzufassen;
De tout ce qui précède, nous avons dressé le présent acte en deux originaux, dont nous avons donné lecture et qui resteront déposés dans les Archives de la Maison Royale de Belgique et dans les Archives du Service public fédéral Justice.	Van al hetgeen voorafgaat, hebben wij deze akte opgemaakt in twee originelen, waarvan wij voorlezing gedaan hebben en die in het Archief van het Koninklijk Huis van België en in het Archief van de Federale Overheidsdienst Justitie zullen blijven berusten.	Entsprechend dem Gesagten, haben wir diese Urkunde abgefasst in zwei Urschriften, die wir vorgelesen haben, und die aufbewahrt werden im Archiv des belgischen Königshauses und im Archiv des Föderalen Öffentlichen Dienstes Justiz.

Ont signé avec nous ce jour :	Hebben heden samen met ons getekend:	Haben heute mit uns unterzeichnet:
S. M. le Roi Albert II	Z. M. Koning Albert II	S. M. König Albert II.
Ainsi que les témoins :	Alsmede de getuigen :	Sowie die Zeugen :
Le Président de la Chambre des Représentants,	De Voorzitter van de Kamer van Volksvertegenwoordigers,	Der Präsident der Abgeordnetenkammer,
	André Flahaut	
La Présidente du Sénat,	De Voorzitster van de Senaat,	Die Präsidentin des Senats,
	Sabine de Bethune	
Le Premier Ministre,	De Eerste Minister,	Der Premierminister,
	Elio Di Rupo	
Le Vice-Premier Ministre et Ministre de la Défense,	De Vice-Eerste Minister en Minister van Landsverdediging,	Der Vizepremierminister und Minister der Landesverteidigung,
	Pieter De Crem	

Le Vice-Premier Ministre et Ministre des Affaires étrangères, du Commerce extérieur et des Affaires européennes,	De Vice-Eerste Minister en Minister van Buitenlandse Zaken, Buitenlandse Handel en Europese Zaken,	Der Vizepremierminister und Minister der Auswärtigen Angelegenheiten, des Außenhandels und der Europäischen Angelegenheiten,
	Didier Reynders	
Le Vice-Premier Ministre et Ministre de l'Economie, des Consommateurs et de la Mer du Nord,	De Vice-Eerste Minister en Minister van Economie, Consumenten en Noordzee,	Der Vizepremierminister und Minister der Wirtschaft, der Verbraucher und der Nordsee,
	Johan Vande Lanotte	
Le Vice-Premier Ministre et Ministre des Pensions,	De Vice-Eerste Minister en Minister van Pensioenen,	Der Vizepremierminister und Minister der Pensionen,
	Alexander De Croo	
La Vice-Première Ministre et Ministre de l'Intérieur et de l'Egalité des chances,	De Vice-Eerste Minister en Minister van Binnenlandse Zaken en Gelijke kansen,	Die Vizepremierministerin und Ministerin des Inneren und der Chancengleichheit,
	Joëlle Milquet	
La Vice-Première Ministre et Ministre des Affaires sociales et de la Santé publique, chargée de Beliris et des Institutions culturelles fédérales,	De Vice-Eerste Minister en Minister van Sociale Zaken en Volksgezondheid, belast met Beliris en de Federale Culturele Instellingen,	Die Vizepremierministerin und Ministerin der Sozialen Angelegenheiten, beauftragt mit Beliris und der Föderalen Kulturellen Einrichtungen,
	Laurette Onkelinx	
Le Président de la Cour Constitutionnelle,	De Voorzitter van het Grondwettelijk Hof,	Der Präsident des Verfassungsgerichtshofes,
	Marc Bossuyt	

Le Président de la Cour Constitutionnelle,	De Voorzitter van het Grondwettelijk Hof,	Der Präsident des Verfassungsgerichtshofes,
	Jean Spreutels	
Le Premier Président de la Cour de Cassation,	De Eerste Voorzitter van het Hof van Cassatie,	Der Erster Präsident des Kassationshofes,
	Etienne Goethals	
Le Procureur général près la Cour de Cassation,	De Procureur-generaal bij het Hof van Cassatie,	Der Generalprokurator beim Kassationshof,
	Jean-François Leclercq	
Le Premier Président du Conseil d'Etat,	De Eerste Voorzitter van de Raad van State,	Der Erster Präsident des Staatsrates,
	Robert Andersen	
Dont acte, La Ministre de la Justice,	Waarvan akte, De Minister van Justitie,	Zur Beurkundung, Die Ministerin der Justiz,
	Annemie TURTELBOOM	
Le Président du Comité de Direction du Service public fédéral Justice,	De Voorzitter van het Directiecomité van de Federale Overheidsdienst Justitie,	Der Vorsitzende des Direktionsausschusses des Föderalen Öffentlichen Dienstes Justiz,
	Jean-Paul JANSSENS	

アルベール２世のときの「退位証書」

出典：ベルギー上院ホームページ（http://www.dekamer.be/kvvcr/pdf_sections/pri/21juli2013/acte-abdication3langues.pdf）。

意向を打診していた。しかしディ・ルポは退位を認めながらも、当時君主制の廃止を主張していたN－VAの勢いを脅威に感じて、「退位の直前まで秘密にしておいてほしい」と国王に依頼し、王もそれを了承したと後日明かしている。先の慣習では国王個人の意思で退位可能とされていたが、国の存続と政治の安定を守るために、王の退位が政治に干渉され、調整されたとも言える[17]。あくまで「現下の問題解決」が優先される国である。では、現代の国王とデモクラシーの関係について一度総括しておこう。

小括：ベルギーの合意型民主主義と王室

ベルギーのような国家は、歴史的に言語、宗教など多様な社会の亀裂を抱えてきた。そのためイデオロギーや主張を違える数多くの政党が議会に登場する。単独の政党が全議席の過半数を獲得することはない。しかし政権が成立するために過半数を超える多数派の支持を得なければならないのは変わらない。だから交渉を通じた「妥協」と「合意」による多数派形成と連立形成が必要となる。それゆえ「合意型民主主義」と呼ばれるわけだ。

しかし、現代のグローバル化した社会においては、政党間競合が高まり、ポピュリズム政党が支持され、合意形成が困難な状況に陥っている。こうした状況において、国王は頓挫しかかった交渉を前進させる役割を担っていると言えるだろう。国王が介入することで手続き上交渉は長引くことになるが、決定的な分裂に至らず、議論が継続される。民主的決定が困難な時代において多数派形成を促し、民主的な決定を進める補完的機能を国王は果たしていると言うことができる。

たしかにこうした政治的介入は非民主的でもあろう。また自由に国王が辞めることができる慣習も、恣意的に用いられれば、独裁者を生み出しかねないだろう。しかしその都度現実的な落としどころを探るのが「ベルギー流のやり方」であった。そして、この「ベルギー流のやり方」が長く続いていることは、ベルギーの人々が民主主義者であり続けてきた、そしてこれからもあり続けることの自負と自信の証しに他ならない。侵略されてはきたが、侵略者にはなったことがない人々の自信である。「私たちは決して過ちを犯さない」。そうベルギーの人たちは言うことだろう。

われわれ日本人は、民主主義者であり続けること、侵略者に二度とならないことに自信と自負があるだろうか。

最後に二〇一六年三月二二日にブリュッセルで生じた、悲しい連続テロ事件における国王の役割を考察して本章を終えることとしたい。

6 最後に――テロの時代の国王

二〇一五年一一月にフランスのパリで同時多発テロが生じた。この首謀者がベルギー人で、首都ブリュッセルのモレンベーク地区を拠点とする北アフリカ系移民であったことから、ブリュッセル、モレンベーク地区は「テロの温床」と呼ばれるようになった。

世界中の非難を浴びて、ベルギー当局は徹底した捜査と組織壊滅に乗り出した。事件の首謀者が次々と逮捕され、シャルル・ミシェル（Charles Michel）首相の支持率が高まっていた矢先、翌二〇一六年三月二二日にブリュッセルで連続テロが起きた。ブリュッセル国際空港やＥＵ本部にも近い地下鉄マルベーク駅で自爆テロが生じ、二〇〇名を超える多くの死傷者が出て、イスラーム国（ＩＳ）による犯行声明が出された。

この事態においてアルベール二世を継いだフィリップ一世（Philippe I 在位二〇一三～）は直後に遺憾の意を表明し、さらに三カ月後の慰霊祭において、以下のように英語でコメントした。

私たちは、この試練に立ち向かわなくてはなりません。私たちの本当の力に気づき、弱さを克服し、それぞれが責任をもってともにより良い世界を作り出すよう献身していきましょう。

多様性と共存を堅持してきた国家ベルギーにおいて、イスラム過激派によるテロはその信念を根本から覆されかねない事件であった。しかし国王は「テロとの闘い」やイスラムの「排除」を強調しなかった。「私たちの本当の力」とは、「多様性と共存の伝統」である。それを見失うなと呼びかけた。党派性のみならず、民族や宗教等を飛び越えた「超越性」を必要とするこの事態において、その役割を唯一担える国王の言葉は重要になるだろう。

ベルギーは、革命によって自らの国王を打倒した経験はない。共和制を志向しつつ、旧態依然とした君主制をそのままに受け入れた。つまり共和制と君主制の両方の特質をもつハイブリッド政体である。通常は、ほとんど首相を中心に政治が進む。ある種の「共和制」である。今や国王が政治に口を出せば、排除すらされる。

しかし特に言語問題が関わる危機的状況が生まれたとき、国王は突然登場する。現代の政治状況であれば、選挙で言語問題は政治化し、それが介入のスイッチとなる。その意味で国王は現代の合意型民主主義における民主的決定を、多数派形成を通じて補完する役割を担っていると言える。

　支持されたはずのポピュリストを交渉から除外するなど「非民主的だ」としばしば批判もされるが、ベルギーが存続し、ベルギー人が存在しようとする限り――君主は交替できても――「君主制」は排除されないだろう。そしてテロの時代に、一層国王の言葉は意味をもつだろう。

註

（1）Sally Marks, *Paul Hymans, Belgium*, London: Haus Publishing, Ltd. 2010, p. 5.

（2）Nothomb, Pierre, *Les hommes de 1830. Jean-Baptiste Nothomb et ses frères*, Bruxelles et Paris: Librairie Nationale d'Art et d'Histoire, 1931, p. 121.

（3）Cammaerts, Emile, *The Keystone of Europe: History of the Belgian Dynasty, 1830–1939*, London: Peter Davis, 1939, p. 20.

（4）Dimitri Vanoverbeke（ルーヴェン大学人文学部教授）、Ellen Van Goethem（九州大学文学部准教授）、Bruno Christiaens（福岡女子大学講師）とのインタビューによる（いずれも二〇一六年八月一八日、ルーヴェン大学人文学部の Dimitri 研究室にて）。大変有益なご助言をいただいた。感謝する。

（5）Aronson, Theo, *The Coburg of Belgium*, London: Cassell, 1968, p. 19.

（6）Picard, Leo, *Geschiedenis van de Vlaamse en Groot-Nederlandse Beweging*, deel 1, Antwerpen: De Sikkel, 1937.

（7）Molitor, André, *La function royale en Belgique*, 2ème édition revue, Bruxelles: CRISP, 1994, pp. 26–45.

（8）Hymans, Paul, *Mémoires*, publiés par Frans van Kalken et John Bartier, tome1, Bruxelles: Institut de

Sociologie Solvay, 1958, pp. 914-915.

（9）Cammaerts, op.cit., p. xiv.

（10）Aronson, op.cit., p. 298.

（11）Fralon, José-Alain, *Boudouin, l'homme qui ne voulait pas être roi*, Bruxelles : ED. Fayard, 2001, p. 21.

（12）Martens, Wilfried, adapté en français par Guy Daloze, *Mémoires pour mon pays*, Bruxelles : Éditions Racine, 2006, p. 173-180.

（13）*New York Times* 5/4/1990.

（14）フラームス・ブロックについては、水島治郎『ポピュリズムとは何か』中公新書、二〇一六年、が簡潔に特徴を整理している。

（15）*7sur7* 20/7/2011.

（16）Francis Delpérée, *Le droit constitutionnel de la Belgique*, Bruxelles : Brruylant, 2000, pp. 880-881.

（17）Flandersnews. 17/12/2016.（http://deredactie.be/cm/vrtnieuws.english/News/1.2846684 二〇一七年五月二九日アクセス）。

読書案内

君塚直隆『パクス・ブリタニカのイギリス外交——パーマストンと会議外交の時代』有斐閣、二〇〇六年。

＊ベルギー独立時のヨーロッパ国際関係に詳しく、学術書としても、一般書としても価値の高い一冊。なぜベルギーに他国から王が来たのかがよくわかる。

武居一正「ベルギー王国」阿部照哉・畑博行編『世界の憲法集（第三版）』有信堂高文社、二〇〇五年。

＊憲法の解説文だが、ベルギー政治の歴史を憲法改正を中心に簡易に説明している。特に独立までの歩みを一瞬で把握できる。

松尾秀哉「キリスト教民主主義政党の『調停の政治』メカニズム――ベルギーにおける初期福祉国家改革期のカトリック党の党内政治過程」国際関係論研究委員会『国際関係論研究』二〇〇〇年、五九～八五頁。
＊一九世紀のベルギーの政党政治を、国王レオポルド二世の関係を考慮して論じたもの。
松尾秀哉『物語ベルギーの歴史』中公新書、二〇一四年。
＊国王を中心にベルギーの歴史をまとめた一般書。
松尾秀哉『連邦国家ベルギー――繰り返される分裂危機』吉田書店、二〇一五年。
＊現代（二〇〇七～一〇年）の分裂危機の要因を分析した。国王の働きについても記した邦書。
松尾秀哉「ベルギー政治における国王」津田由美子・松尾秀哉・正躰朝香・日野愛郎編著『現代ベルギー政治』ミネルヴァ書房、二〇一八年。
＊本章と同一の趣旨でベルギー政治に国王がどのような役割を果たしているかを解説している。特に二〇一四年の連立交渉における新国王フィリップ一世の役割について詳しく考察している。

〔付記〕本章は、科学研究費補助金 基盤研究C（一般）「「ベルギー合意型連邦制の脆弱性と強靭性」についての研究」（研究代表者：松尾秀哉）（課題番号 15K03281）の成果の一部である。採択に改めて感謝申し上げる。

コラム7　帝国の幻影

君塚直隆

　第一次世界大戦のさなかの一九一六年一一月、ハプスブルク帝国の当主フランツ・ヨーゼフ一世が亡くなった。葬儀の折、老皇帝の棺のすぐ後ろを行進したのが新たに即位した皇帝カール一世（先帝の甥の子）と妃ツィタ。二人にはさまれて当時まだ四歳だった皇太子オットーも厳かに行進に加わった。それが彼の記憶に残る最初の出来事だった。

　それからわずか二年後に帝国は敗戦とともに崩壊した。カールはハンガリー王位の復帰を試みたが失敗し、一九二二年にマデイラ島（ポルトガル領）で失意のうちに逝去した。あとに残された九歳のオットーをはじめ、五男三女の子どもたちは母ツィタとともに亡命先を転々とした。オットーはベルギーで博士号を取得し、七カ国語に通じるようになった。一九三八年にはオーストリアでの復位が画策されたが、ヒトラーによるアンシュルース（合併）であえなく挫折。その後、ヒトラーに利用されることを恐れたオットーはアメリカに亡命し、故国オーストリアの解放を願って、第二次大戦中には積極的に活動を展開した。

　戦後に再び共和制を採ったオーストリアで、オットーは復位を諦め、帝位請求権の放棄を宣言した。一九五一年にザクセン・マイニンゲン家のレジーナと結ばれ、七人の子宝に恵まれたオットーは、二〇年にわたり欧州議会議員を務め、かつての帝国を構成する中欧諸国のために尽力した。ヨーロッパで冷戦が終結した直後の一九九〇年、社会主義体制が崩壊したハンガリーから大統領位を提示されたオットーであったが、丁重に辞退した。

　二〇〇七年に家長の座を長男カールに譲り、その四年後の二〇一一年七月にオットーは九八歳で大往生を遂げた。ウィーンの聖シュテファン大聖堂で営まれた葬儀には、ハプスブルクの一族をはじめ、スウェーデン国王夫妻、ルクセンブルク大公夫妻、リヒテンシュタイン侯爵夫妻など錚々（そうそう）たる顔ぶれが勢揃いし、往時のハプスブルク帝国の栄光を彷彿（ほうふつ）とさせるかのごとくであった。

　オットーのすぐ下の弟ローベルトの長男ローレンツは、ベルギーのアストリッド王女（フィリップ現国王の妹）と結婚し、ベルギー王族の一員として今も活躍している。

コラム8　巨人の国の大きな王様

君塚直隆

南太平洋のど真ん中に浮かぶ火山島や珊瑚礁などおよそ一七〇の島々からなる国トンガ。トンガ語で「南」を意味するこの国には、一〇万人強の人々が生活している。紀元前一五〇〇年頃から農耕文化が始まり、一八世紀後半にイギリスのクック船長が来訪した。一九〇〇年からイギリスの保護領となり、一九七〇年に独立を果たした。

古来、ポリネシアには数々の王様たちがひしめきあい、カメハメハ大王で有名なハワイ王国もその一つであった。しかし二一世紀の現代では、トンガとそのすぐ北に位置するサモア独立国だけが君主制を採っている。

ポリネシア系の人々はみな巨漢である。トンガを治めた四代目の国王トゥポウ四世は、その典型であった。身長は一九六センチ、体重も最大時には二〇九キロを超えていたという。大きくてたくましく、優しい王様だった。親日家でありたびたび来日され、昭和天皇や今上天皇から親しく接遇された。大きな身体に似合わず、世界中を飛び回り、トンガの広告塔の役割も果たされた。二〇〇六年九月に八八歳で亡くなったときには、国中が悲しみに包まれた。葬儀の席には日本の徳仁皇太子の姿もあった。そして現在のトゥポウ六世国王（四世の三男）の戴冠式が二〇一五年七月に行われたときにも、日本の皇太子ご夫妻が最上席で祝福されていた。日本とトンガの王室同士のつながりは極めて深い。

トゥポウ四世の姿が、特に世界中の人々の目を惹きつけたのは、一九八一年七月にロンドンで行われたチャールズ皇太子とダイアナ妃の結婚式のときであったろう。巨漢の王様にはセント・ポール大聖堂備え付けの椅子では小さすぎ、立派な特大の椅子が用意された。

この王様以上に国民から敬愛を集めたのが、彼の母親で先代のサローテ女王（トゥポウ三世）。これまた身長一九〇センチに近い巨漢の女王は、初めて本格的に外交を展開したトンガ王でもあった。一九五三年六月にイギリスのエリザベス二世の戴冠式にも出席し、サローテ女王はブリティッシュ・エンパイア勲章の勲一等の鮮やかな赤いマント姿で馬車に乗り込んだ。すると突然雨が降り出した。御者が慌てて屋根を取り付けようとするや、それを遮ったのがこの女王であった。その後も彼女はずぶ濡れになりながら、笑顔でロンドン市民に手を振り続けた。市民の多くがこの女王の気概にうたれたという。

第5章　「国の父」を亡くしたタイ
——民衆の敬愛はいかに培われたか——

櫻田智恵

1　「ラーマ九世の時代に生まれた」誇り

喪に服するSNS：真っ黒なプロフィール画像

二〇一六年一〇月一三日、「ラーマ九世の時代に生まれた」という#（ハッシュタグ）が、タイのツイッターやフェイスブック上に溢れた。プーミポン・アドゥンヤデート国王の崩御を悼み、その偉業を讃え、その治世に生まれたことを誇るものだった。

「ラーマ九世（Rama IX）」とは、前タイ国王プーミポン・アドゥンヤデート（Bhumibol Adulyadej 在位一九四六～二〇一六）の別名である。プーミポン国王の在位期間は七〇年。現役の君主としては、世界最長を誇った。親子三世代がプーミポン国王の治世のもと過ごしてきたと言われている。一九四六年に即位し、一九五〇年に戴冠式を挙行して正式に王位に就いて以来、各地を巡って困窮する民衆の声を聞き、それをもとに「王室プロジェクト」と呼ばれる開発事業を展開して民衆からの絶大な敬愛を得た。また、政治混乱を収める「神の手」として、政治的にも大きな権威をもった。

国王の誕生日は「父の日」とも呼ばれ、その日の国王スピーチは国民の生活指針になってきた。その「お言葉」にそぐわない行動をとる政治家は、激しく糾弾された。また、日本では考えられないことだが、タイでは各書店に必ず国王コーナーがあり、国王の「お言葉」を取り扱った多数の本が発売されている。こうした書籍や学校教育で伝えられる「国の父」プーミポン国王の言葉に、国民は導かれてきたという。

そんな「国の父」の死は、国民に大きな衝撃を与えた。

正式報道より前に国王が崩御したという噂が飛び交うと、タイのSNSは噂の真偽を確かめる書き込みで大荒れになった。すべてのテレビチャンネルが白黒に切り替わり、崩御の正式発表が行われると、SNSのプロフィール画像は真っ黒に塗りつぶされたり、白黒加工されたりした。喪に服すことを示すものであった。

真っ黒なプロフィール画像たちが投稿したのは、プーミポン国王の在りし日の写真や動画と、それを見て亡き国王の思い出に浸り、その偉業と人となりを讃えるメッセージであった。

生々しく蘇る国王：「ラーマ九世の写真をシェアしよう！」

SNSで投稿する写真や動画を、人々は求めていた。少しでも多くプーミポン国王の在りし日の姿をシェアして、自分の弔意を示したいという空気が漂っていた。

これに呼応するように、タイの文化省は、国立公文書館に保管されている三万点に及ぶ国王の写真や動画を無料でＨＰ上に公開し、自由にダウンロードできるよう取り計らった。

公開の目的について文化大臣は、インターネットなどを通して国王の公務や活動を国内外に広めてもらうためだとし、写真や動画を見てこの悲しみをともに乗り越えようと呼びかけた。その後、国王の葬儀や参列する民衆の様子を撮影したものも順次追加され、それらはＳＮＳで広く拡散され続けている。まるで国王が今も公務を続けているかのような錯覚を覚えるほどである。

国王の写真や動画を流布させようという感覚は、天皇の写真を厳密に管理することで神聖性を表現してきた日本とは真逆のものだ。タイでは国王の御真影は巷に溢れている。それは別名、「すべての家にある写真」と呼ばれるほどである。銀行のカレンダーになったり、国王の顔が印刷されたＴシャツが販売されたり、複製された写真が販売されたりというのは普通のことである。みなが使ってシワシワになり、汚れる紙幣にも、すべて国王の顔が印刷されている（近々、新国王デザインの紙幣が発行される予定だが、これには歴代国王の顔も印刷される）。プーミポン国王の弔問に訪れる人々の手には、自分のお気に入りの国王の写真が握られている。国王の姿は、それほど人々の生活に溶け込んでいる。

しかし、それはプーミポン国王の長い治世の間に作られた慣習である。即位当初から、人々のなかに「国王」という存在が馴染んでいたわけではない。では、一体いつから人々は「ラーマ九世の治世に生まれた」ことを誇りとするほどに、プーミポン国王を敬愛するようになったのか。

タイの現代史を考える上で、この問いは避けて通れないように思う。なぜなら、タイ王制の特殊性である国王の強大な政治的権威は、民衆の敬愛に支えられていたからである。本章では、王制を取り巻く歴史的背景を整理しながら、特に国王と民衆との紐帯がどのように形成されてきたのかという点について、奉迎とメディアという観点から見ていきたい。そして最後に、プーミポン国王亡き後の情勢について、簡単に整理することとする。

2 「国王が政治の上にいる民主主義」？

タイ王制の独自性は、国王が政治に対して強い権限をもっていることにある。一九九二年五月に発生した政治混乱では、対立していた首相とバンコク都知事がそろって国王の前にひれ伏した映像が世界的に流布し、その権威の強大さを国内外に広く知らしめた。

しかし国王のこうした役割は、代々王室が担ってきた役割でもなければ、ラーマ九世の即位当初から付与されていたものでもない。ラーマ九世の治世の間に、形成された新しい役割である。では、こうした国王の政治的権威は、いつ、どのように確立したのか。

「奉仕する国王」は世界一のお金持ち

政治的権威の話をする前に、国王のもつ経済的影響力について、簡単に紹介したい。これもまた、国王の求心力を高める要因のひとつだからである。

二〇〇八年、フォーブス誌（アジア版）はプーミポン国王の資産を三五〇億ドルと推定し、世界トップであると報道した。これに対してタイ外務省は、これらの資産は国王の個人資産ではないとして否定したが、タイ王室が莫大な潜在的資産をもっていることは周知の事実である。

プーミポン国王が戴冠した一九五〇年代当初、その資産はほとんどなく、王室はむしろ経済的に困窮していた。国庫から分配される予算は限られており、宮中職員の給料も満足に支払えない有り様だった。そこでプーミポン国王は、いくつかの王宮施設を一般公開することを決意し、その収益を職員の給料に充てた。現在バンコクで最も有名な観光地であるエメラルド寺院や王宮、ウィマンメーク宮殿、アユッタヤー県にあるバーンパイン離宮などが、この時公開を決めた施設である。

現在、王室財産は王室財産管理局によって管理されている。その収入源は、持株会社からの配当金、土地と建物の賃貸料収入、利子収入の三つである。[1] かつては土地と建物の賃貸料収入が大部分を占めたが、最近は株式と債券への投資収益が大半である。[2] 王室が主要株主となっている企業として有名なのは、サイアム・コマーシャルバンク（SCB）とサイアム・セメント（SC）である。

王室財産管理局は、民間企業との積極的な合弁や、王室所有の土地の再開発などで徐々に収益を上げてきた。その収益をもとに、現在では国庫が負担しにくい、利益の見込めない大型公共事業などへの投資も積極的に行っている。

国王発案で導入される開発事業、通称「王室プロジェクト」も、利益の見込めない事業の一つである。多くは事業に関連する各省庁が費用を負担するが、自然災害発生時の救済など急を要するプロジェクトの実施では、王室財産管理局の財源から支出されることがある。この場合、国家予算に負担をかけず、またプロジェクト実施のために議会の承認等を得る必要がないため迅速に開始できるという利点がある。

王室プロジェクトの内容は多岐にわたり、灌漑局や森林局などの各省庁と連携しながら展開している。また、民間企業や個人などから、国王に対して物品や金銭を寄付されることがあるが、この大部分を王室財産管理局が管理し、プロジェクト実施の際に使用することがある。国王をプラットフォームとして、経済の一部が循環している。王室プロジェクトや民衆からの寄付行為なども、国王と国民を直接的に結びつける役割を担っている。

王権とクーデタ

とはいえ、やはり注目すべきは国王の強大な政治的権威である。国王は、政権交代の要なのである。タイは、クーデタが多い国としても有名で、政権交代のほとんどはクーデタによってなされてきた。選挙によって政権が交代することは稀である。

通常、民主主義国であれば、選挙を通して民意が反映され、国民が選出した政治家のなかからリーダーである首相が誕生する。そしてその民選政権が任期を全うする。しかしタイでは、そもそも民選政権が少ない上、歴史上任期を全うできたのは、二〇〇一年に成立した第一次タクシン（Thaksin Shinawatra）政権だけである。そのタクシンですら、二〇〇五年に成立した第二次政権はクーデタにより崩壊している。

タイにおいてクーデタは、政権交代の手段として恒常化している。一九三二年の絶対王政崩壊以降、クーデタは一三回に及ぶ。失敗したものや噂で終わったものを入れると、さらに多い。クーデタが頻繁に起こる理由の一つは、軍が政権を担ってきたことにある。選挙のない軍政を打倒できるのは、軍によるクーデタだけというわけである。

クーデタによって成立した軍事政権に正統性を与えるのが、国王である。国王による裁可が得られない場合、そのクーデタは反逆罪として断罪される。また、クーデタを法的に正当化してきたのは、一九五二年に最高裁判所が出した「クーデタは権力掌握に成功すれば、その事実を持って合憲となる」という判決である[3]。タイにおけるクーデタは、軍が事前に国王の許可を取って決起することで成功し、成功すれば法的根拠も得られるという仕組みになっている。

こうした、国王がクーデタの成否を分けるというシステムの萌芽は、一九四七年のクーデタ後に発布された憲法に見られる。「クーデタは現行憲法および法律に違反する行為であるが、クーデタが成功した場合、新たな憲法を国王（摂政）から賜ることを求めることができる。新憲法の制定により旧憲法は廃止され、旧憲法に基づく内閣は停止される」[4]。タイの憲法は、日本のそれとは異なり、クーデタのたびに新しくなるため多少文言の変化は見られるが、このスタンスは基本的には変わっていない。

クーデタ→国王の承認／介入→新政権の樹立という流れは、現在でも民衆に容認されている。直近では、二〇一四年クーデタ直前の情勢混乱の際、民衆のなかにもクーデタによる鎮静化を望む声が少なからずあった。クーデタとまではいかずとも、国王がその超法規的権威を行使して混乱の収束を促すことも期待された。

政治的な混乱を、選挙ではなくクーデタや君主の介入によって解決することを民衆が容認することは、その良し悪しにかかわらず、通常の民主主義国家ではあり得ないことである。こうした「文化的風土」はどのように醸成されたのだろうか。

絶対王政の崩壊とプーミポン国王の即位

タイにおける民主主義は「タイ式民主主義」と呼ばれ、国王の権威が損なわれない形で成立している。

これが、国王による政治介入を民衆が容認する文化的風土の根幹である。このタイ式民主主義の成立過程を見ていく前に、まず、タイ王制の歴史について大まかな流れを確認したい。

現王朝であるラッタナコーシン王朝は、一七八二年にバンコクを中心として成立した。初代国王ラーマ一世の名前にちなみ、チャクリー王朝とも呼ばれる。当時の国名は「サヤーム（シャム）」で、「タイ」に変更されるのは一九三九年である。

ラッタナコーシン朝には、二〇一八年現在、一〇名の歴代国王がいる。なかでも王朝を設立したラーマ一世（Rama I 在位一七八二〜一八〇九）、西欧列強の支配からタイの独立を保ち、タイ近代化の父と言われるラーマ五世（Rama V 在位一八六八〜一九一〇）、そして政治・社会的に絶大な権威を誇ったラーマ九世（プーミポン国王）の三名は、「大王」の称号を奉戴されている。(5) 現在、特に人気があるのは、ラーマ五世とラーマ九世（プーミポン国王）である。

ラッタナコーシン朝が現王朝であると言っても、国の版図が現在とほぼ同様になったのは、ちょうど日本の明治期にあたるラーマ五世の治世である。それ以前は、たとえば北部チェンマイにはラーンナーという別の王国が存在したが、サヤームはそれら周辺の小国と緩やかな紐帯でつながり、間接統治していたに過ぎなかった。しかし、西欧列強の東南アジア進出に伴い、ラーマ五世は領土保守のため、強力な中央集権化政策を展開、直接統治に乗り出した。テーサーピバーン制と呼ばれるこの制度は、一八九二年に整備され、それ以降地方に中央官僚を駐在させて直接統治することになった。その名残か、バンコクを除き、現在でも県知事は選挙で選出されるのではなく、内務省から役人が二〜三年の任期で派遣されてくる。

中央集権化政策の他、ラーマ五世が行った改革は、奴隷制の廃止や近代教育制度の発足、軍隊や警察の整備、鉄道や水道、電信などの生活インフラの整備など多岐にわたった。その過程で、近代教育を受けた王弟や王子たちを政府の要職に就けるなどしたことで、国王の権力基盤は盤石なものとなった。タイの絶対王政は、ここで一定の完成をみる。

続くラーマ六世（Rama VI 在位一九一〇～二五）は、著作活動などを通し、絶対王政を思想的に補強すると同時に、「タイ人」としての意識を国民に植えつけることに注力した。民族意識を鼓舞する著作を多く残したが、特筆すべきは「民族・仏教・国王」という、現在でもタイ人が尊敬すべきとされる三つの「タイ的原理」を、思想的に確立・定着させたことである。なお、歴代国王の呼び名である「ラーマ」という称号は、ラーマ六世の発案によって使用されるようになったもので、『ラーマーヤナ』の主人公ラーマ王にちなみ、主に英語の称号として用いられているものである。現王朝の国王たちを統一された呼び名で呼ぶことで、王朝の連続性を強調する意図があったと考えられ、ラーマ六世はこの手法を欧米諸国の王制から学んだと言われている。

ラーマ六世は、王制を思想的な面で強化した一方、芸術などへの過度な投資をするなど乱費が目立ち、王室を取り巻く経済環境を悪化させた。弟であるラーマ七世（Rama VII 在位一九二五～三五）が即位したときには、王室財政は危機的状況に陥っていた。立て直しを図るも、世界恐慌が財政難に追い打ちをかけ、公務員の給与カットや組織再編を行わざるを得なかった。これが、官僚層の特権的王族への不満を増幅させた。こうしたなか、一九三二年に立憲革命が起こる。

立憲革命を起こした人民党は、欧州に留学した陸軍メンバーを中心に結成された。彼らは有力王族を

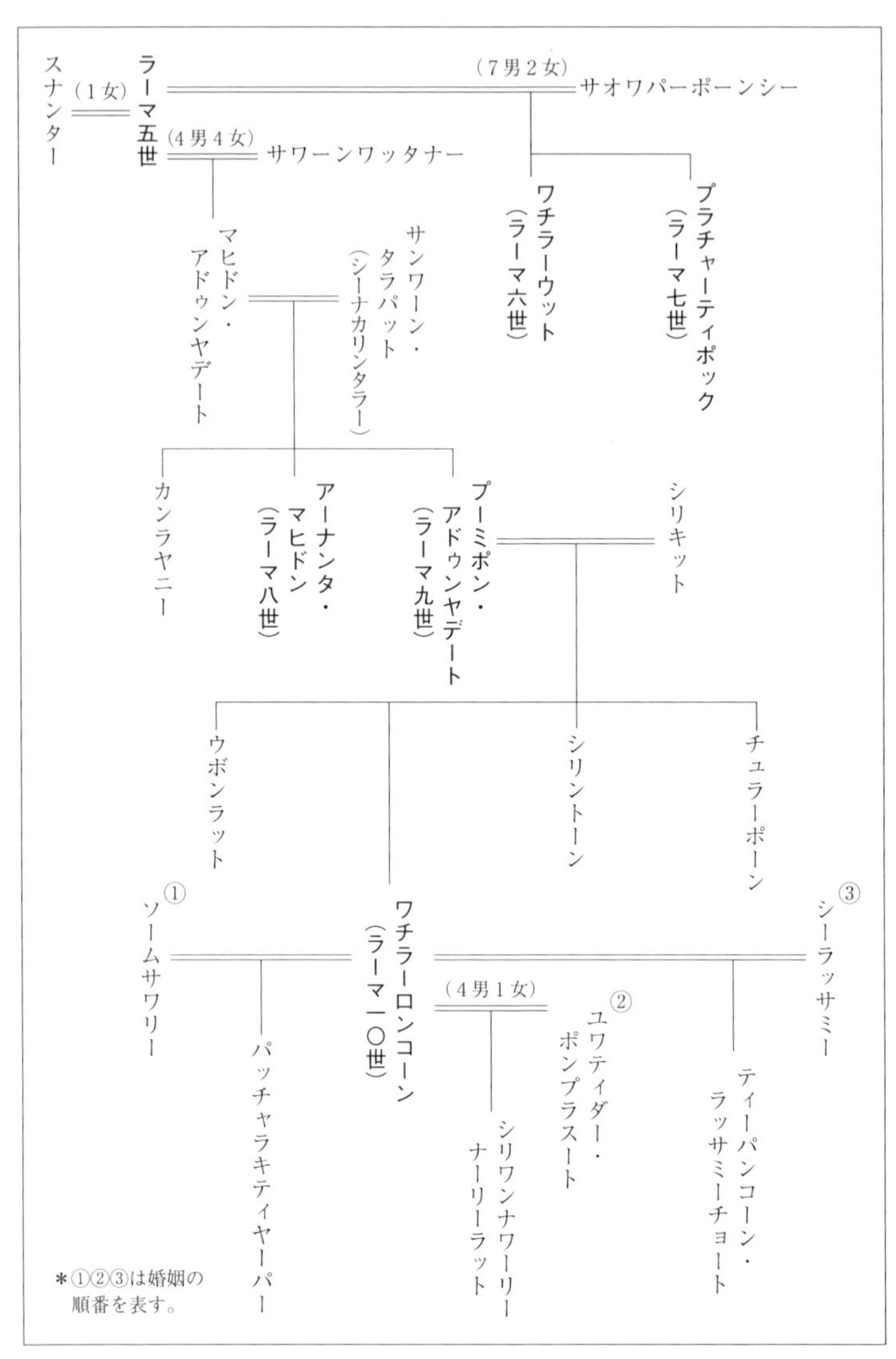
スナンター
（1女）
ラーマ五世
（7男2女）
サオワパーポーンシー
（4男4女）
サワーンワッタナー
ワチラーウット（ラーマ六世）
プラチャーティポック（ラーマ七世）
マヒドン・アドゥンヤデート
サンワーン・タラパット（シーナカリンタラー）
カンラヤニー
アーナンタ・マヒドン（ラーマ八世）
プーミポン・アドゥンヤデート（ラーマ九世）
シリキット
ウボンラット
シリントーン
チュラーポーン
①ソームサワリー
ワチラーロンコーン（ラーマ一〇世）
③シーラッサミー
（4男1女）
②ユワティダー・ポンプラスート
パッチャラキティヤーパー
シリワンナワーリーナーリーラット
ティーパンコーン・ラッサミーチョート
＊①②③は婚姻の順番を表す。

タイ王室系図

人質にとり、ラーマ七世に憲法を発布して立憲君主になるよう求めた。ラーマ七世はこれを受け入れ、国王と人民党との合意による恒久憲法が発布され、タイの絶対王政は幕を閉じた。その後、人民党の専制政治に不満を持ったラーマ七世は、一九三五年三月二日、イギリスで退位を宣言した。

ラーマ七世の退位に伴い、次期国王として白羽の矢が立ったのは、プーミポン国王の実兄アーナンタ・マヒドン（Ananda Mahidol, Rama VIII 在位一九三五～四六）であった。当時はまだ一〇歳で、かつ国外に居住していたため、摂政団が置かれた。

ラーマ八世はドイツのハイデルベルク生まれで、立憲革命以降はスイスのローザンヌに居住していた。身体が弱く、療養を兼ねた滞在であった。第二次世界大戦が終結すると同時にタイに帰国、成年国王として公務にあたったが、帰国から一年後の一九四六年、寝室で頭を撃ち抜き死亡しているところが発見された。この死については様々な憶測が飛び交ったが、現在でも真実は明らかになっていない。これを受け、当時一八歳であったプーミポンが、即日即位を宣言した。

王室の威信回復

立憲革命以降、特に戦前から戦後にかけて長期政権を担った人民党系のピブーン首相（Plaek Phibunsongkhram）のもと、王室の権威は抑圧される傾向にあった。

しかし、一九五七年のクーデタでピブーンが失脚、日本へ亡命すると状況が一変した。このクーデタによって実権を握り、一九五九年にクーデタで首相の座についたサリット・タナラット（Sarit Thanarat）が「タイ式民主主義」を掲げ、国王の威信回復と高揚に努めたからである。

サリットはラーマ六世が確立した「タイ的原理」を強調し、「国王とタイ民族は分離できない。建国以来、国王は民族の象徴であり、国民の尊敬の的である」として、国王は国民の象徴たるべき存在だと定義した。ナショナル・デーを立憲革命記念日である六月二四日から国王誕生日の一二月五日に変更したことは、代表的な出来事である。

当時、冷戦の影響によりアメリカがタイに多額の援助を行っていた。東南アジア地域の防共のため、アメリカはタイを拠点に活動していたが、アメリカは国王を象徴として担ぎ上げようという動きを活発化させていた。サリットのこうした動きは、アメリカと歩調を揃えたものであった。

サリットは国王の威信回復のため、次の二つのことを実施した。一つは、王室・仏教伝統行事の復活、もう一つは国王夫妻による外国訪問を推奨したことである。前者は、絶対王政期の儀式を復活させることによって、立憲革命以来名目上のものとなっていた「神聖で不可侵」な国王らしさを、実際に国民に見せつけるという新しい効果があったと考えられる。後者は、国王が外交の前面に出ることで、サリットが独裁的で「タイ的」すぎるという諸外国からの批判をかわし、さらには国民の注意を国王の行動へ向けるという目的があった(6)。この二つのことで、タイ王室が各国の王室と肩を並べる存在であり、同時に国民を代表する存在であるという印象を国民に与えた。

「国王を元首とする民主主義」体制

サリットが築き上げた「タイ式民主主義」を土台とし、現在タイは「国王を元首とする民主主義」体制を採っている。これは君主が国家元首という一般的な立憲君主制ではなく、君主が政治的ヘゲモニーを握るという特殊な意味合いが込められた表現である[7]。言い換えると、国王による調整権の行使により、軍部と市民勢力との政治的対立が速やかに解決されるような、「調整的君主制」ともいえる体制である[8]。それゆえ、国王の発言に政治が左右されることが多く、これを「国王が政治の上にいる民主主義」と呼ぶ研究者もいる[9]。

この特殊な民主主義体制は、一九七三年以降に発展した。初めてこの表現を用いたのは、一九七六年クーデタの後に成立したターニン（Thanin Kraivichien）政権であり、憲法に「国王が元首の民主主義」という表現が使用されたのは一九七八年であった。それが「国王を元首とする民主主義」に変化したのは一九九一年憲法においてである[10]。

国王に強大な政治的権威を与えるこの体制は、奇妙なことに、タイにおける民主化の動きと並行して確立した。タイの民主化は一九七三年からゆっくりと進み、一九九〇年代に急速に前進した。後述するように、戦後の一九四五～一九七三年までは、ほぼ軍部（陸軍）による独裁状態が続いていた。うち、一四年間は政党の設立が禁止されており、総選挙はたった六回しか実施されなかった[11]。

一九七三年に発生した学生らによる大規模デモ[12]を発端とする政治混乱（一〇月一四日の政変）を機に、プーミポン国王は初めて政治に介入した。権威主義からの脱却と民主化を求めて王宮前広場周辺に集合した学生らに対し、軍が発砲して七〇名以上の死者を出したこの事件において、国王は学生らを保護、首相に対して退陣を促した。首相は亡命を余儀なくされ、政治は民政移管された。

その後タイは、一九八〇年代の「半分の民主主義[13]」時代を経て、二一世紀初頭には東南アジアで最も民主化された国となった。その後、タイの民主化は大きく後退したと言われ、現在は二〇一四年クーデタによって成立した、軍による暫定政権が政権を担っている。こうした一九七三年以降のタイの民主化の経緯については、多方面から豊富な議論がなされているのでここでは詳しく述べることはしない。ただ、王制にとって重要だったのは、一〇月一四日の政変をきっかけに、プーミポン国王が軍に追従する存在から軍より上位に位置する存在へと変貌を遂げたことである。「軍隊は国王の意向を無視して政治に介入することがもはや困難にな」り、国王の発言は超法規的影響力をもつようになった(14)。

同時に、一〇月一四日の政変において民主主義を訴える学生らを保護したことなどで、プーミポン国王は、「民衆の味方で、民主主義の擁護者」というイメージを獲得した。このイメージが、「政治の上にいる」国王と民主主義が共存するという、通常の民主主義とは異なるタイ式民主主義を支える柱の一つとなっている。

3 実は演出家？ プーミポン国王のメディア戦略

一九七三年の政変の際、なぜ人々は国王の初めての政治介入を歓迎したのだろうか。そして、それ以降も国王の政治介入を積極的に容認するのはなぜか。単純に、タイ式民主主義の影響や「国王は民主主義の擁護者」だからという理由だけなのだろうか。

結論から言えば、国王は民主主義の擁護者であるだけでなく、「国の父」だからである。

プーミポン国王を取り巻くイメージのなかで最も印象的であり、かつ頻繁に目にするのが、行幸して民衆と親しく触れ合う姿である。まさに、「父」のように「子」である国民と触れ合ってきたと言われている。こうしたイメージの確立には、行幸を奉迎する場の演出と、その「画」を拡散する映画が重要な役割を果たした。最初期の国王のイメージ形成を理解する上で重要な、一九五〇年代から六〇年代前半までを見てみよう。

「管理」された熱狂的奉迎

プーミポン国王が行幸を積極的に行うようになったのは、一九六六年以降のことである。一九七〇年代にはそれまで離宮のなかった東北部と南部にも離宮が完成し、国王は年間平均二五〇日も行幸した。

タイ国王の行幸は日本のそれとは異なり、離宮滞在型である。そのため、行幸する場所は離宮周辺に限られる。左図は一九六六〜二〇〇二年までの行幸回数を地図にしたものである。県名が記載されているのが、離宮のある県である。訪問場所が離宮のある県に偏っているのがわかるだろう。全国各地をくまなく訪問する国王というイメージとは、多少ギャップがあると言わざるを得ない。

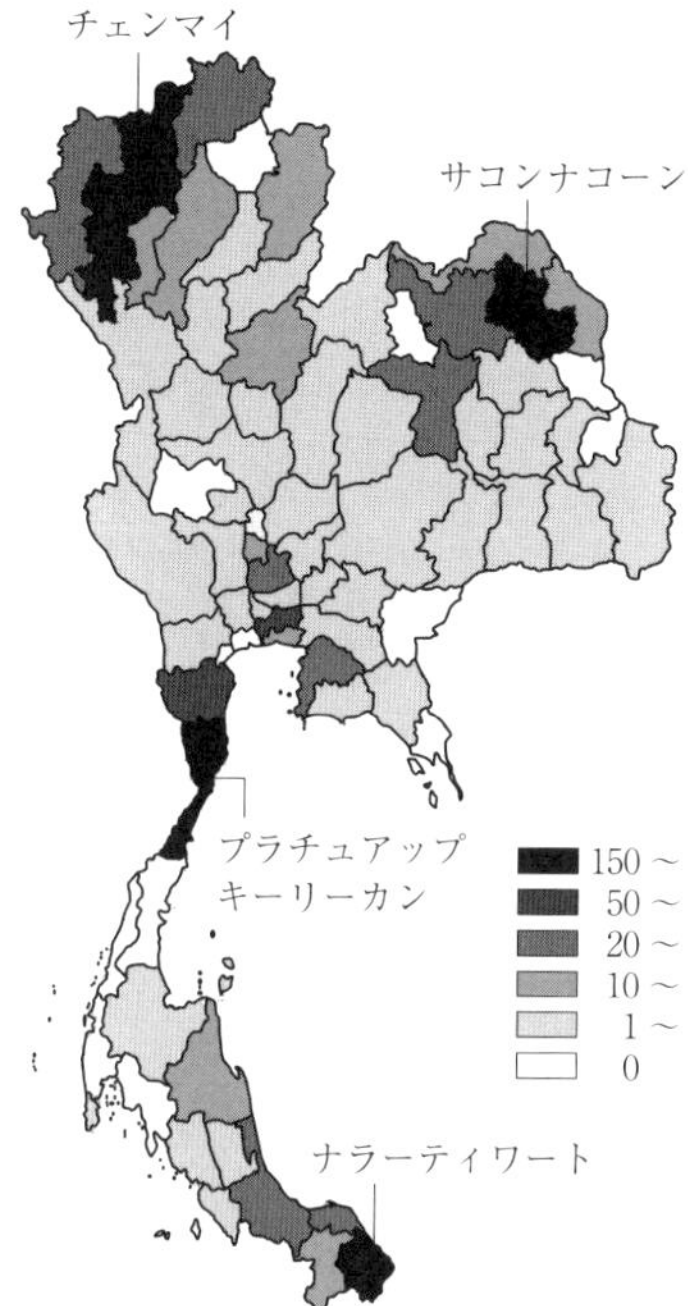

1966〜2002年の行幸回数分布
出典：櫻田 2017。

とはいえ、行幸を奉迎した場所では、その回数よりも奉迎体験の記憶が重要な意味をもった。たとえば、東北部のウボンラーチャターニー県では、二〇一五年の国王誕生日の際、国王夫妻による地方行幸の思い出を振り返るイベントが催された。この際使用された映像や写真は、一九五五年に東北地方全体で行われた大規模な行幸の際に撮影されたものであった。歴史上初めての「君主の奉迎」という経験は、六〇年以上たった今も色褪せていない。

プーミポン国王の行幸が本格化したのは、先述のように一九六六年だが、最も大規模で盛大な奉迎セレモニーが催されたのは、一九五〇年代に行われた行幸においてであった。この間には四回の行幸が行なわれている。一九五五年にはバンコクを中心とする「中部」と、ラオスに近い文化圏の「東北部」へ。一九五七年には山岳民族が多く居住する「北部」、そして一九五九年には、イスラム教徒が多い「南部」へ向かった。

このうち、特に熱狂的な民衆の歓迎があったのは、中部行幸である。中部行幸は三度に分けて行われ、合計五日間で七県を訪問した。これらの県は首都に近いことから国王への馴染みが深かった。寺や学校では国旗や奉祝の横断幕が掲げられ、近隣の学校の生徒らが旗を振って奉迎した。献上品への返礼として国王から直接下賜される九バーツコインは大変人気で、それ欲しさに自分の腰布を破いて献上品とする者も出た。ある県では、国王を見て感激した男性が、泣きながら国王に抱きついて離れなくなったり、国王の乗る車両に群衆が群がって立ち往生したりという問題が起こったほどである。

国王と民衆の関係という観点から最も重要だったのは、国王によるスピーチが行われる「奉迎セレモニー」の場であった。一九三二年に絶対王政が崩壊したとはいえ、それまで国王が国民に直接言葉を話すということはあり得なかった。[15] 国王がスピーチをするという行為を通し、プーミポン国王は民衆にとって新しい時代の国王という印象を与えたと言っても過言ではないだろう。こうしたスピーチの後には、自然発生的に「万歳（Chaiyo）」の声が上がり、熱気あふれる奉迎セレモニーとなった。

一方、東北部での奉迎には多くの苦労がつきまとった。この地方では「国王」という存在が一般的でなかったからである。「国王」が東北部を行幸するのは歴史上初めてであり、民衆の国王に対する認知度は相当低かった。一九五〇年代の東北部農村では、国王の写真は見られず、アメリカのアイゼンハウアー大統領の写真が飾られていたことや、「王制」という単語の意味を知らない人が多くいた。[16]

実際の奉迎では、人々は誰を奉迎しているのかわからず、役人は立看板を作るなどして、誰の行幸なのか説明する必要があった。それでも、村にはいないような「小綺麗な」恰好をしている高官や宮中職員などの随行員を、国王と間違えて平伏してしまう者も多くいた。行幸が実施されていることが十分に周知できず、沿道に放牧された牛によって車列が止まったり、車列に一般車両が紛れ込み、護衛の観点から車輌数を管理している役人の頭を悩ませた。

とはいえ、奉迎セレモニーの演出については綿密に管理されていた。主として県庁前広場で行われる奉迎セレモニーでは、国王夫妻の入場に伴って、軍や警察の音楽隊が国王讃歌を演奏した。演奏の終了と同時に「国王陛下、王妃陛下に栄光あれ！」とかけ声が上がると、それに続いて民衆は「万歳（Chaiyo）」三唱する。その後、県知事などの挨拶を挟み、国王がマイクの前に立つと、場は静寂に包まれる。国王のスピーチが終了すると同時に、再び「万歳」の声が沸き上がり、国王夫妻がその場を離れるまでその声は途切れることがなかった。ただし、こうした奉迎セレモニーに参加できたのは、軍人や警察官、国境警備隊、地方議員、ボーイスカウトのメンバーや児童・生徒、地元の名士などのインテリ層に限られていた。

では、一般民衆はまったく奉迎に動員されなかったのかというと、そうではない。特に行幸ルートの沿道の住民が、奉迎の準備に携わった。花や旗による飾り付けや清掃のほか、壊れかけた建物や橋、道路の撤去や修繕などの工事にも参加した。国王の車列に対して祝詞を唱える僧侶をもてなす用意もした。前述のように、奉迎への関心が薄い人々が大多数ではあったが、準備の段階から参加した民衆もいたことは重要である。しかし、こうした行幸の準備は中央省庁だけでなく、地方にとっても大きな負担であった。膨大な追加予算が必要となり、国庫をひどく圧迫したことから、これに続く北部と南部への行幸は一時見送られた。

北部行幸は、中部・東北部行幸から二年後、王制の権威回復と高揚を図ったサリット首相のもとで実現した。北部は歴代国王の奉迎を経験している地域ではあったが、山岳民族が各地に点在しており、その動員が課題となった。車と小遣いを出して、山岳民族を奉迎の場まで動員したと記憶する者もいる[17]。民衆の民族的、言語的な多様さに加え、国王に対する認知度にもバラつきがあったであろうが、奉迎セレモニーでは全県共通のプログラムが目指された。また、王室語が使えなくても国王と会話ができるよう、国王自らが王室語の不使用を推奨した。

これに加えて、北部行幸における奉迎では、新たな手法が取り入れられた。第一に、「奉迎経験を後世に語り継がせる」という観点である。たとえば、奉迎に使用する手旗は、それまで紙で制作されていたが、布で作ることが推奨された。これは、奉迎終了後も手旗を家に飾って、子々孫々に伝承させるためであった。

第二に、マス・メディアの積極的な活用である。国内はもちろん、冷戦で協力関係にあったアメリカの会社による密着取材も受け入れている。奉迎セレモニーでは、民衆は各自の民族衣装を着用することとされ、多様な山岳民族と国王夫妻とが触れ合う姿は、マス・メディアを通して広く拡散した。

こうして、一九五〇年代の行幸を通じて、奉迎セレモニーや準備の方法が確立してゆく。その内容は、一九六四年に正式にマニュアルとして文書化された。このマニュアルによって、一九六六年以降の行幸における奉迎形式が統一され、準備作業も容易となったのである。このことは、行幸回数の増加にも寄与したであろう。一九七〇年代中頃には、年間二五〇日以上の行幸が実施されるが、これは規格化された奉迎が、ほぼ毎日どこかで行われるようになったことを意味する。繰り返される奉迎を通じて、民衆の中に君主に対する振舞い方が定着していった。

同時に、国王の民衆への接し方も深化してゆく。具体的には、国王自ら民衆に親しく話しかけることが重視された。とりわけ、一九八〇年代に、国王の発案で実施される民衆救済プログラムである「王室プロジェクト」関連の行幸が増加すると、この傾向は顕著になった。公務記録には、国王が人々に対し、「暮らしぶりに不自由がないか聞いて回った」と記載されている。実際に声をかけられた人々によると、国王との会話では仕事や年齢を尋ねられたほか、仕事や生活の悩みに対するアドバイスを受けるなどしている。(18)

通常、国王との会話には王室語を使用する必要がある。しかし、プーミポン国王は王室語の使用を強要しなかった。民衆の一人は言う。

お父様（国王：筆者注）は言いました。国王といえど神ではない。王室語を使わず方言で話してよいのですよ、と。[19]

王室語を正確に使用できる者は、宮中の職員でもごくわずかであった。クメール語由来の単語が多く、普通のタイ語とは大きく異なっているからである。民衆にとって、自分たちと同じ言葉で砕けた様子で話す国王は、殿上人ではなく身近な存在として、そして慈悲深い存在として映った。

地方行幸の重要性は、単純に国王が民衆のもとに行くことだけでなく、それを迎える国民の側が、奉迎セレモニーやその準備に参加し、そして直接会話することによって、国王との直接的紐帯を意識したという点にある。実際、奉迎を繰り返すうちに、国王への忠誠心が醸成されたとする民衆は多い。

陛下の映画がやってくる

とはいえ、奉迎セレモニーの演出や直接の会話だけでは、その印象は一瞬のうちに過ぎ去ってしまう。その様子を広く拡散し、また後世に伝えていくには、写真や映像を駆使することが効果的である。実際に奉迎に参加できない民衆も国王の姿を目にすることができ、後世の人々も、当時の奉迎セレモニーを追体験できるというメリットがあるからである。

一九五〇年代から七〇年代にかけて、奉迎セレモニーをはじめとする国王のイメージを広く拡散したのは、「陛下の映画」であった。公務や儀礼を撮影した記録映像と、プーミポン国王自身が王子や王女たちの様子を撮影したプライベートなものの二種類があり、それらを組み合わせて構成される。

「陛下の映画」と呼ばれるゆえんは、国王を被写体とするからだけでなく、国王自身が制作を指揮したからである。一九五〇年に初めて上映されて以降、一九七一年までの間に一七本の「陛下の映画」が制作・上映されたが、撮影方法や挿入曲の選定を始め、完成後はすべて国王自身による検見が行われた。

この映画は主に二名の宮内庁職員によって撮影・制作されたが、特に重要な役割を果たしたのはケーオクワン・ワッチャロータイ（Keawkhuwan Wacharothai）という人物であった。彼は、国王の即位後ほぼすべての公務に同行し、また一九八七〜二〇一六年まで、宮内事務所事務局長を勤めた、側近中の側近である。宮中で働く両親のもとに生まれ、双子の弟とともにプーミポン国王の祖母の援助を受けて育った彼は、即位直後の国王とともにスイスに渡り、一緒に大学で学んだ学友でもあった。彼は終生、プーミポン国王の「宣伝部長」とも言える役割を全うした。

初めて上映された「陛下の映画」は、戴冠式が題材であった。その後は、特に地方行幸の様子を中心に構成され、各地で熱烈に歓迎される国王夫妻の姿を放映した。同時に、幼い王子や王女らを溺愛する「父」としての国王の様子や宮中での生活の様子など、威厳ある国王と家庭の父という、国王の二つの顔を伝える役割を果たした。

映画は一本三時間程度で、バンコクでは一日四回上映された。鑑賞料は、一般の映画と同じだったが、日や回によっては、上映前に人気バンドのライブ演奏というオマケが付いた。演奏曲目は、国王讃歌の他、国王自身が作曲した楽曲だったが、バンドの演奏聞きたさに何度も映画鑑賞に訪れる民衆もいた。

しかし、一九五〇年代当初、映画の事前宣伝には相当苦心したようである。ケーオクワンら映画部門で働く職員は五名程しかいなかったが、全員で上映予定の映画館を巡り、チケット売り場や町の電柱に広告を張り付けたりしなければならなかった。また、宣伝カーも必需品であった。一日中大音量で、映画の内容や上映日時、演奏予定のバンド紹介をして回った。

こうした努力にもかかわらず、地方上映では客足が伸びないこともあった。一九五三年には国王の要望によって初めての上映旅行が北部で行われたが、少しでも多くの観客を集めるために宣伝カーを複数走らせようと、陸軍関係者の協力を仰いだこともあった。

とはいえ、上映旅行の主たる目的は、児童・生徒や軍・警察関係者を対象とした無料の上映会の開催であった。鑑賞の際には正装制服の着用が推奨され、音楽隊による国王讃歌の演奏を聞いてから映画を鑑賞した。現在、タイの映画館では必ず上映前に国王讃歌が流れ、全員起立してそれを聞いてから本編が始まるが、すでに五〇年代にはこの方式の萌芽が見られたことになる。

徐々に客足を伸ばしつつあった「陛下の映画」は、地方行幸に先駆け、一九五三年前後から映画館以外での上映希望を募るようになる[20]。誘致の希望は学校や病院などの公共機関をはじめとして相当数あった。誘致費用は無料で、観客からの鑑賞料は国王や宮内事務所でなく、主催者側が受け取ってよいことになっていたからである。病院や学校などは、新校舎の建設や設備投資を目的に、次々と誘致希望を出した。

「陛下の映画」は、民衆が押し付けられて一方的に需要するのではなく、むしろ利益を得るために積極的に利用するものでもあった。これによって、「陛下の映画」は急速に拡散した。初めて大規模な地方行幸が行われるのは一九五五年であるが、それに先駆けて「国王を見る」という行為が映画を通して行われていたのである。これは、先述の「美しき奉迎セレモニー」の場を創り出すための素地を、「陛下の映画」が作っていたということを示していると言えるのではないだろうか。

しかし、「陛下の映画」が果たした重要な役割は、一九七〇年代に入ってテレビが普及し始めると急速に低下し始め、ケーオクワンはプーミポン国王からの指示で一度映画部門を去ることになった。しかし一九八九年、彼は再び国王の宣伝部長としての役割を担うことになった。国王からの指示で映画のフィルムを写真に再加工し、国王に関係する本を発行するための業務についたのである。彼は、生涯にわたって国王の宣伝部長であり続けたのである。現在ＳＮＳで拡散されている国王の写真や動画のほとんどは、彼が撮影し、再加工したものである。

彼が中心になって撮影した「陛下の映画」は、国王の存在を人々に知らしめ、王室に対する民衆の関心を喚起し、現在まで何度も何度も再生産され続けたことで、プーミポン国王が崩御した後も、プーミポン国王を「不死身」の存在にしている。

プーミポン国王の後継者：二人の王位継承候補

地方行幸と「陛下の映画」という、自身の宣伝のための二本柱によってプーミポン国王の初期のイメージ戦略は支えられていた。その一方、ラーマ一〇世であるワチラーロンコーン（Maha Vajiralongkorn Bodindradebayavarangkun）や、もう一人の王位継承権保有者であったシリントーン王女（Maha Chakri Sirindhorn）は、自身を中心としたメディア戦略はほとんど展開することができなかった。メディアの中心にはいつも国王がいたからである。

プーミポン国王の地方行幸が最も活発に行われた一九七〇年代は、タイのメディアの転換点であった。

テレビが一般に普及し始め、新聞発行の許可も広く出された[21]。

国王の姿をテレビで放映する許可が出された年代は明確ではないが、七〇年代に入るまでには許可されていたようである。現在タイでは、全チャンネルで午後八時からの三〇分～一時間、王室ニュースが放映される。七〇年代以降、まず初めに五チャンネルと九チャンネルが、その後七チャンネル、三チャンネルと続き、現在では一一チャンネルと民放のＩＴＶも参加して、すべての地上波放送が放映するようになった[22]。

当初、テレビでは映画用に撮影されたフィルムを再加工して放映した。放映前には、必ず「陛下の映画」部局の者たち数名で内容の検見をし、編集を加えた上で放送を許可した。テレビ局が自分たちで国王を撮影するようになってからは、撮影に関するセミナーが開催されるなど、放送に耐えうる映像を撮ることが求められた。

タイのメディアが花開くのと同時期、一九六六年から約一〇年間イギリスやオーストラリアで陸軍士官学校に通っていた皇太子ワチラーロンコーン（現ラーマ一〇世）が本帰国した。一九七二年にはプーミポン国王より王位継承権を授与されていた皇太子は、すぐに国王の名代としての公務を行うようになる。一九七七年にソームサワリー（Soamsawali Kitiyakara）と成婚すると、結婚報告を兼ねた地方行啓が行われ、これを機にプーミポン国王とともに公務を行うことはほとんどなくなった。

七〇年代後半、プーミポン国王の中心的公務は「王室プロジェクト」の下見や視察のための地方行幸であったが、一方の皇太子はバンコクにとどまり、王室・仏教儀礼や要人らとの謁見などの公務を、国王の名代として担った。たとえば、一九七七年まではエメラルド寺院での仏像の衣替えの儀礼は、年三回プーミポン国王が執り行ってきたが、皇太子の帰国以降は皇太子が代行している。

バンコクでの公務を皇太子が代行することで、プーミポン国王は離宮により長く滞在し、地方行幸に集中できるようになった。さらに、プーミポン国王の行幸では「王室プロジェクト」導入のため、市井の人々と触れ合う時間が長かったのに対し、皇太子の地方行啓はベトナム戦争からの帰還兵や国境警備警察などの慰問が主たる目的であり、軍関係者やその家族との交流に限られた。

国王の行幸が大々的に報道されるなか、皇太子についての扱いはそれほど大きくなかった。共闘関係にあった米軍があくまでベトナム戦争に敗戦した側であり、それを想起させる帰還兵の慰問の報道にメディアは消極的で、バンコクでの王室行事や要人の謁見などの公務は、そもそも非公開であることが多かったからである。

一方、もう一人の王位継承権保有者であるシリントーン王女は、国王に帯同して地方を訪問することが多かった。シリントーン王女はタイの王族で初めて国内の大学を修了したことで有名で、皇太子とは異なりタイを長く離れることがなかった。そのため、国王の地方行幸が本格化する一九六六年当初からずっと、ともに地方を訪問してきた。実際、一九七〇年代末のシリントーン王女の公務の九割は、単独公務ではなく国王との地方訪問である。

メディアで映し出されるプーミポン国王の隣には、いつもシリントーン王女がいた。王妃も帯同しているものの、国王は「王室プロジェクト」のための地形視察、王妃は学校や女性組合の訪問など、同じ場所だが別々の活動をしていることが多い。シリントーン王女は、ラフな格好でプーミポン国王とともに汗を流して地形視察をしていることが多く、そうした姿はメディアにも頻繁に登場した。

プーミポン国王による地方行幸の回数増加を支えたのは、バンコクで公務を代行した皇太子だった。しかし、民衆が皇太子とシリントーン王女という二人の王位継承権保有者を比較して見たとき、プーミポン国王との紐帯がより強く映ったのは、シリントーン王女だったと考えられる。

4 王位継承と政治的駆け引き

タイにおいて女子への王位継承は可能か

ここで、タイにおける王位継承のシステムについて疑問をもつ人もいるかもしれない。そもそもタイにおいて女子は王位を継承できるのだろうか、という疑問である。

タイにも王室典範が存在する。王室典範によれば、次の国王は現国王が王族男子のなかから指名することになっている。現国王が指名しないままに崩御した場合、枢密院が次期国王を指名し、国会の承認を得ることになっている。枢密院顧問官の人事権は国王にのみあり、彼らは国王の意思を代弁するものと捉え得るからである。

タイの王室典範は、一九二四年に制定された。王室典範の変更に対する権限を有するのは国王のみであるが、制定から現在に至るまで、一度も改正されたことはない。ただし、王室典範といえども憲法の下に属するため、憲法内の王位継承に関する条文が変更された場合、そちらが優先される。実際、一九七四年に王女の王位継承に関する規定が憲法に書き加えられたことで、現在では女子が王位を継承することも可能であると一般には理解されている。

ここで、プーミポン国王の家族について簡単に整理したい。プーミポン国王には子どもが四人いる。生まれ順に、長女ウボンラット（Ubolratana）、長男ワチラーロンコーン（ラーマ一〇世）、次女シリントーン、三女チュラーポーン（Chulabhorn）である。ウボンラット王女は外国人男性と結婚したことで王族籍を離脱、その後離婚したため現在では王族に準ずる扱いを受けている。

王女の王位継承は、男子がいない場合にのみ可能であり、かつプーミポン国王が、直接的に王女への王位継承に言及したことはない。しかしながら、一九七二年に王位継承者としての欽賜名を授与された皇太子に続き、一九七七年にシリントーン王女もそれと同等の欽賜名を授与されており、これが皇太子の即位前に様々な憶測が飛び交ったゆえんである。

皇太子はラーマ一〇世として即位して以降（執筆時点では、戴冠式はまだ挙行されていない）、いとこであり最初の妃でもあるソームサワリーとの間に生まれた一人娘のパッチャラキティヤーパー（Bajrakitiyabha）とともに公務を行うことが多い。新国王の動静に注目が集まるなか、彼女のメディア露出も同時に増加する傾向にある。ラーマ一〇世は、これまで三名の妃を得ているが、二〇一四年に三人目の妃であったシーラッサミー（Srirasmi Suwadee）と離婚してから、公務で帯同する「王妃」がいないためであろう。また、最初の妃であるソームサワリーは気さくな人柄で人気があり、現在も精力的に公務を遂行していることも、娘であるパッチャラキティヤーパーの好感度を上げる要因になっている。

ラーマ一〇世にはシーラッサミーとの間に生まれた息子ティーパンコーン・ラッサミーチョート（Dipangkorn Rasmijoti）がいるが、現在はドイツで教育を受けており、まだ一三歳である。ラーマ四世と五世が多くの子どもをもうけたことからタイには膨大な数の王族がいるが、基本的に王位継承は直系男子が最優先であり、現在では彼が、ラーマ一〇世に認知されている唯一の皇太子ということになる。とはいえ、母親であるシーラッサミーは、家族の不祥事により二〇一四年に王族籍を剥奪されたことから、彼の地位もあやふやになったと考える国民も多い。

こうしたことから、次期国王選出の際には、パッチャラキティヤーパーが枢密院に推挙される可能性が残されている。知名度と公務経験、身分も十分である。いずれにせよ、国王に推挙されずとも、「王妃」のいないラーマ一〇世にとって、今後さらに重要な役割を果たしていくであろうことは明白である。いずれまた、女子への王位継承や、女性王族の扱いについて議論しなければならないときが来るのかもしれない。

飛び交うゴシップと政治的権限の強化

「一つは国民の忠誠心、一つは国王の威徳、一つは政府の性格[23]」。これは、タイ国王の権威を支える三本柱である。タイの君主制を語るとき、国王の人となりが必ず取り上げられるのは、その人柄が君主制の維持に必須だからである。

新国王ワチラーロンコーン（ラーマ一〇世）は、皇太子時代から女性スキャンダルが多いことで有名であった。正式に婚姻関係にあった后は三名だが、それ以外にも親しい女性が多くいたと言われている。最近では、タイ航空の客室乗務員であった女性に陸軍中将の階級を付与し、ともにいることが多い[24]。また、一人息子のいるドイツに度々渡航するが、そこでタトゥーシールを貼ってタンクトップを着た姿が大衆紙にリークされ、タイでも大きな話題となった。こうしたスキャンダル報道は、タイ王室の権威維持のためにはプラスにはならないだろう。

そして、スキャンダルより注目すべきは、ラーマ一〇世が即位後、その権限強化に乗り出したとも捉えられる行動が多いことである。タイの憲法では、これまでも国王に様々な権限を認めてきた。「国王は神聖にして不可侵」であり、国軍の総帥として軍を統括する。国王は宗教全体の擁護者として、タイ国内のすべての宗教・宗派に影響力をもつ。そして、議会が提出した憲法案の差し戻し権も有している。

新国王の即位以降、まずは不敬罪の取り締まりが強化された。不敬罪は刑法一一二条に定められており、デリバリーピザの注文用電話番号一一二に似ていることから、「ピザ」と呼ばれたりする。二〇一四年クーデタ以降、不敬罪の多くが軍事裁判所で裁かれるようになったが、取り締まりの対象のほとんどはSNSであった。二〇一六年には、国内外から猛反発を招きながらもインターネットの取り締まりを強化する新法を可決。君主制や新国王に批判的な者の取り締まりを強化している。

次に、二〇一六年一二月、タイ仏教界を管理するサンガ統治法の改正案が国会に提出された。サンガ（宗派）の頂点に立つ大僧正は、首相がサンガ長老会の同意を得て推挙するとされていたが、この改正案によって、国王の一存で大僧正を任命できるようになった[25]。この改正案は、国王が実質的に仏教界を統括することを認めたものであり、国王の宗教的権威を強化する目的があったと捉えられる。

これらに加え、二〇一七年一月、異例とも言える事態が発生した。ラーマ一〇世が、国民投票で可決された憲法草案の修正を求め、差し戻したのである。

タイでは、二〇一四年クーデタ以降、軍による暫定政権が政権を担っており、憲法が停止し、伴って総選挙の実施も見送られていた。これに対して批判が高まったため、二〇一六年八月に、新憲法草案に対する国民投票が行われた。この草案は、軍による政治介入を容認する内容であったため、非民主的であるという意見もあったが、国民投票の結果は賛成多数であった。あとは新憲法の発布のため、新国王の署名を待つのみであった。主権者である国民の意思を無視した格好となったこの差し戻しに、タイ社会は衝撃を受けた。

国王が修正を求めたのは、二点ある。一点は国王の海外渡航の際、摂政を置かないことを認める点。そしてもう一点は、非常事態の際、「憲法裁判所長官が首相や上院・下院の議長らとの合議を開いて対応する」という条文を削除し、「国王を元首とする民主主義の統治慣習に従う」とした点である。これは、実質的に国王の権限を強めたと考えてよいだろう。

タイ王室はどこへいくか

憲法案の差し戻しは以前より認められており、国王はそれを行使する権利がある。しかし重要なのは、差し戻したのが国民投票を経た憲法案だったという点である。確かに「タイ式民主主義」では、国王は主権者である国民を代行し、政治に対して様々な権限を行使し得る。こうした形態を民衆が容認してきたのは、君主を「国の父」として敬愛するからである。プーミポン国王は、七〇年もの長い治世の間に国民の敬愛を獲得した。最初の政治介入も、即位から二七年を待って行われた。即位間もないラーマ一〇世も、もう少し時間をかけて国民の敬愛を獲得していく必要があるだろう。

タイの君主制を支える三本柱である、国民の忠誠心、国王の威徳、政府の性格。これらについて考えるとき、軍政とワチラーロンコーン国王は、今のところ支え合って成り立っているように見える。しかしながら、国民の忠誠心は、いまだプーミポン国王に向いている。「国の父」は、「ラーマ九世の治世に生まれた」人々にとっては、プーミポン国王一人なのかもしれない。人々は今もプーミポン国王の功績を讃え、SNS等で拡散される写真や映像で彼を懐かしむ。街のいたるところでプーミポン国王にまつわる展示が開かれている。二〇一七年一〇月二六日の火葬式に、そうした活動は最も活発化し、その後も継続している。

ワチラーロンコーン国王は、「プーミポン国王を父とする」という点で、ある意味国民と並列なのかもしれない。その意味で、プーミポン国王以上の「国の父」になるには、大きな困難がつきまとうだろう。プーミポン国王存命中は、日陰となり地方行幸などの公務を支えてきたワチラーロンコーン国王。彼は、プーミポン国王から脱却した新しいメディア戦略を展開し、権威の基盤となる自身への国民の敬愛を獲得することができるだろうか。

「君主制」という制度ではなく、個人の資質に大きく依拠して成り立っているタイの君主制の今後は、新国王ワチラーロンコーンがプーミポン国王という「国の父」の幻影を乗り越えられるかどうかにかかっている。

註

(1) 田坂敏雄「タイ王室財産管理局と土地開発」『季刊経済研究』第二一巻第一号、一九九八年、七五頁。
(2) 同上書、七六頁。
(3) 外山文子「タイでクーデタが繰り返される理由——タイ民主化の未来は暗いのか?」『SYNODOS』

(https://synodos.jp/international/10947 二〇一七年九月二一日アクセス)。

(4) 加藤和英『タイ現代政治史——国王を元首とする民主主義』弘文堂、一九九五年、一三四～一三五頁。

(5) タイの歴史上には七名の「大王」がおり、うち二名が現王朝の国王である。ただし、プーミポン国王は、存命中に一度「大王」の名を奉戴されたが辞退している。そのため、厳密にはまだ「大王」ではない。崩御後、現政権(暫定政権)が再度大王の称号を奉戴することを検討しているが、その後この話題について進展はない。なお、「ソムデット・プラパタラ・マハータート(最上の陛下)」という名の奉戴が検討されている。

(6) タック・チャルームティアロン(玉田芳史訳)『タイ——独裁的温情主義の政治』井村文化事業社、一九八九年、三五五～三五八頁。

(7) 玉田芳史「民主化と抵抗——新局面に入ったタイの政治」『国際問題』第六二五巻、二〇一三年、二一頁。

(8) 下條芳明「タイ憲法政治の特色と国王概念——比較文明論的な視点を交えて」『商経論叢』第五一巻第一号、二〇一三年、五頁。

(9) Thongchai Winichakul, *Prachathippatai thi mi kasat yu nuea kanmueang*, Fadiaokan, 2013.

(10) 玉田、前掲書、二一頁。

(11) 重富真一「タイの政治混乱——その歴史的位置」二〇一三年(http://www.ide.go.jp/library/Japanese/Research/Region/Asia/Radar/pdf/20100524.pdf 二〇一七年九月二一日アクセス)。

(12) 一九七三年一〇月一三日に発生した大規模デモ。経済成長とともに増加しつつあった学生らは、一九七二年頃から政治的主張をするようになっていた。それに対抗し、政府は学生らを逮捕したため、学生らの怒りに火がついた。学生らは政府による不正や不当逮捕に抗議して王宮前広場周辺に集ったが、それに対して軍が発砲したために多くの死者が出た。この事件は、一〇月一四日の政変と呼ばれる。学生らが王宮に逃げ込んだため、国王は彼らを保護した。首相が亡命し、政治は民政に移管された。しかし、軍の勢力は衰えず、一九七六年一〇月六日に再び学生と軍との衝突が発生したことで、タイは強権的政治に逆戻りした。

(13) 非民選首相と民選議会との併存状態を指す。政党活動が認められ選挙は行われていたが、連立与党が選んだ首相は、政党人ではなく選挙にも出ていない、軍出身のプレーム・ティンスーラーノン（Prem Tinsulanonda）という人物であった。一九七三年以降一九九〇年代まで、首相の人選には国王の意向が反映されていた。

(14) 玉田、前掲書、一九頁。

(15) Prakan Klingfong, "His Majesty King Bhumibol Adulyadej's Visits to Provincial Areas, 1950-1987," *M.A. Thsis*, Chulalongkong University, 2007, p. 109.

(16) Kindshill, Konrad, "Ku Daeng—Thirty Years Later: A Village Study in Northen Thailand, 1954-1984," *Special Report* No. 26, 1991, pp. 244-246.

(17) 撤光漢『異域故事集』自費出版，二〇一一年、八九〜九〇頁。

(18) Khaosod ed., *Tam ha khon nai rup: Ohap mongkhonl nailuang kab prachachon*, Matichon, 2003, pp. 51-120.

(19) Ibid., p. 73.

(20) ただし、内務省を通じて各地に「陛下の映画」誘致希望の通達が出されるのは、一九六〇年代に入ってからである。五〇年代は主に、バンコクとその近郊を中心に誘致希望を募った。

(21) Baker, Chris and Pasuk, Phongpaichit, *A History of Thailand*, Cambridge University Press, 2005, p. 221.

(22) Sanwarot Chaichawalit, *Khrongkan suksa phuea anurak phaphayon suwang phraong*, National government publication, 2013, p. 56.

(23) Thongthong Canthrangsu, *Phraratcha amnat phramahakasat nai thang kotmai ratthathammanun*, S.C. Print and Pack, 2005, p. 128.

(24) 玉田芳史「プーミポン国王崩御後のタイ情勢——軍事政権と王位継承」『年鑑海外事情』二〇一七年、一一六頁。

(25) 同上書、一二〇頁。

読書案内

加藤和英『タイ現代政治史——国王を元首とする民主主義』弘文堂、一九九五年。

＊タイのクーデタおよび政権交代の流れについて書かれている。「国王を元首とする民主主義」という概念がどのような政治動向のなかで成立してきたのかがわかる。

川口洋史『文書史料が語る近世末期タイ——ラタナコーシン朝前期の行政文書と政治』風響社、二〇一三年。

＊ラーマ四世期について書かれた数少ない書籍。タイの国王は、前近代よりいかにして政治に関わってきたのか。ラーマ五世以降に焦点が当たることが多いタイ王制だが、本書はそれ以前の王制について歴史資料から緻密に分析している。

櫻田智恵『タイ国王を支えた人々——プーミポン国王の行幸と映画を巡る奮闘記』風響社、二〇一七年。

＊プーミポン国王を支えた役人や側近は、どのような人々だったのか。これまでまったく光が当たってこなかった、「国王のために働く人々」が奮闘する様子を描き出した一冊。

玉田芳史『民主化の虚像と実像——タイ現代政治変動のメカニズム』京都大学学術出版会、二〇〇三年。

＊タイ民主化に焦点を当て、クーデタや政権交代の裏側には、軍幹部の人的ネットワークがあったことを実証的に明らかにしたもの。タイの政治構造がよくわかる。

日本タイ学会編『タイ事典』めこん、二〇〇九年。

＊タイを知りたい人なら、必携の一冊。単なる用語の辞書ではなく、歴史・文化・政治・経済など、幅広い分野について、細かい解説がなされている。

パースック・ポンパイチット、クリス・ベーカー（北原淳・野崎明監訳）『タイ国——近現代の経済と政治』刀水書房、二〇〇六年。

＊前近代から現代まで、タイの歴史・文化・経済について網羅的に書かれた力作。タイの歴史を知るには必読の一冊。

コラム9　タイの神器

櫻田智恵

日本の歴代天皇が三種の神器を保持してきたように、タイの国王は五種の神器を保有する。戦勝皇冠、吉祥宝剣、御司令杖、団扇払子、御靴である。仏教では、真理を認識する能力五つのことを五眼（ごげん）と言い、これになぞらえたものだと言われている。これらは主に、戴冠式で使用される。純金製の皇冠、宝剣、靴を身に着けた新国王は、団扇払子によって民衆の不快を取り除き、御司令杖を持って正義と平等のもとに国を導くことを宣言するのである。

タイにおける「神器」の出現は、スコータイ時代（一二三八～一四三八年）に遡るとされる。その根拠は、王の戴冠式の様子を描写した、パー・マムアン（マンゴー森）寺のクメール語碑文である。ここには、王冠、宝剣、傘蓋の三種が言及されており、これが神器の元祖だという。五種の神器に関する記録はアユッタヤー王朝期に現れるが、現代の神器に直接結びつくのかどうかは定かではない。

「五種の神器」という定義は、実は確立されて日が浅い。それ以前は、国王によって神器の種類が変化することもあった。たとえば、ラーマ二世（在位一八〇九～一二四）の時代には、傘蓋と刀を加えた合計七種とされていた。ラーマ四世期（在位一八五一～六八）頃から固定化に向かい、現在の神器は同王の治世から継承されているものが多い。

そして、ラーマ六世期（在位一九一〇～二五）に至って定義がなされた。その責任者は、宮中祭祀の管理官、モムルワン・テーワーティラート・ポー・マーラークンである。彼は、神器の種類を絞り込む仕事を任され、司令杖と傘蓋のどちらを外すか悩んだが、儀礼の前半と後半で指令杖と傘蓋を使い分ければよいとして、除外を保留した。しかし、その後、傘蓋は神器から除外されることになった。傘蓋は家臣が「持つ」ものであり、国王自身の携行品ではないからであった。

タイにおける神器とは、国王が戴冠式とその後のパレードの際に身に着けるものなのだ。第一義的に、国王の権威や神聖性を民衆に対して可視化するものであり、王権の過去からの連続性や伝統の根拠となるものではない。日本の三種の神器は、古代以来、人目に触れてはならないとされてきた。ところがタイでは、積極的に民衆に見せることが志向され、一般の文化財とともに博物館で展示されることすらあったのである。神器のあり方の違いは、王権の性格の相違を物語っている。

コラム10　五年ごとの国王陛下？

君塚直隆

本書に登場する「陛下たち」の大半は、「世襲君主制」に基づいて親から子、孫へと位が代々継承されてきた。しかし、君主制にはもう一つ「選挙君主制」というものがある。世襲にはよらずに、有力者の会議などで君主が選出される体制である。中世から近代にかけヨーロッパ中央部に君臨した神聖ローマ帝国の皇帝も、大小三五〇ほどの領邦のなかで最有力の諸侯（選帝侯という）による選挙で代々即位していた。

二一世紀の現在、この選挙君主制を採っているのが、東南アジア有数の経済国となっているマレーシアである。ここは一九世紀前半に、イギリスとオランダが勢力圏を確定し、イギリスの植民地とされた。それまで別々のスルタン（王）たちによって治められていた地域が、大英帝国の支配下で一つにまとめられた。一九五七年に独立を果たし、連邦制を採ったマレーシアは、マレー半島部の一一のヌグリ（州）とボルネオ島のサバ、サワラクなど一四の地域から構成されている。マレー半島部のヌグリのうち九つで君主制が採られ、どこか一つのヌグリのスルタンが世襲で国王になるのではなく、スルタンが一堂に会する統治者会議での互選で、五年に一度ずつ輪番制で国王を決めていくことになった。

その九つとは、ヌグリ・スンビラン、スランゴール、プルリス、トレンガヌ、ケダ、クランタン、パハン、ジョホール、ペラである。

栄えある初代国王には、ヌグリ・スンビランのトゥアンク・アブドゥル・ラーマン（一九六〇年に任期途中で崩御）が選ばれた。二〇一八年現在は、クランタンのムハンマド五世（在位二〇一六〜）が一五代目の国王として君臨している。国王は立憲君主であり、内閣の助言に基づき大権を行使している。

五年に一度の輪番制であるため、長寿のスルタンは二度目の王位が回ってくることさえある。ケダのスルタンで第五代国王アブドゥル・ハリム（在位一九七〇〜七五、第一四代二〇一一〜一六年）は脂の乗った四〇代で一度即位した後、八四歳で再び王位に即いた。その翌年の二〇一二年五月にウィンザー城で撮られたエリザベス二世の在位六〇周年記念の写真にも、世界の王侯とともに笑顔で登場している（序章の冒頭二頁を参照）。

五年ごとの選挙王制は、マレー半島における勢力の均衡を重んじたスルタンたちの叡智が生み出した制度として、今もこの地の安定に欠かせないものなのかもしれない。

デモクラシーと「国体」は両立するか？
――戦後日本のデモクラシーと天皇制――

原　武史

1　敗戦と昭和天皇

デモクラシーと天皇制

おそらく、明治から敗戦にかけての日本で、「国体」という二字熟語ほど猛威を振るった用語はあるまい。ひとたび「国体」の変革を企てていると判断されれば、国家権力によって命を失う可能性もあったからである。戦後、この用語は治安維持法の廃止や教育勅語の失効などとともに姿を消したが、天皇制そのものは残った。それは昭和天皇（一九〇一～八九）が一九四五年八月一五日のラジオで放送された「大東亜戦争終結ニ関スル詔書」で自ら述べたように、「国体」が護持されたことを意味するのだろうか。もしそうだとすれば、デモクラシーと「国体」は両立し得るのだろうか。

本章は、昭和天皇を中心に、天皇の母に当たる皇太后節子（さだこ）（貞明（ていめい）皇后。一八八四～一九五一）や天皇の弟に当たる三人の親王、すなわち秩父宮雍仁（一九〇二～五三）、高松宮宣仁（一九〇五～八七）、三笠宮崇仁（一九一五～二〇一六）の動きにも触れながら、占領期のデモクラシーと天皇制の関係について考察することを主な目的としている。そしてこの考察をもとに、二〇一六年八月八日に発表された「象徴としてのお務めについての天皇陛下のおことば」を手がかりとしながら、現代におけるデモクラシーと天皇制の関係についても最後に触れることとしたい。

皇太后節子の和歌

国立国会図書館所蔵の『貞明皇后御集』全三巻には、公刊されている『貞明皇后御歌集』や宮内庁宮内公文書館所蔵の「貞明皇后実録」には収められていない和歌が、皇太后時代を含めて数多く収録されている。次に掲げる和歌もその一つで、一九四四（昭和一九）年に詠まれている。

ソヴィエトの共産主義か亜米利加の民主々義ともなるやみ民も（『貞明皇后御集』下）

一九四四年の七月にサイパンが陥落すると、一一月からは東京でも空襲が日常化する。戦勝を信じて疑わなかった皇太后節子の脳裏にも、「もし日本が負けたら」という一抹の不安がよぎるようになっていた。だが皇太后にとって、「亜米利加の民主々義」は「ソヴィエトの共産主義」同様、「国体」と絶対に相いれない思想であった。この和歌に続いて、皇太后は次の和歌を詠んでいる。

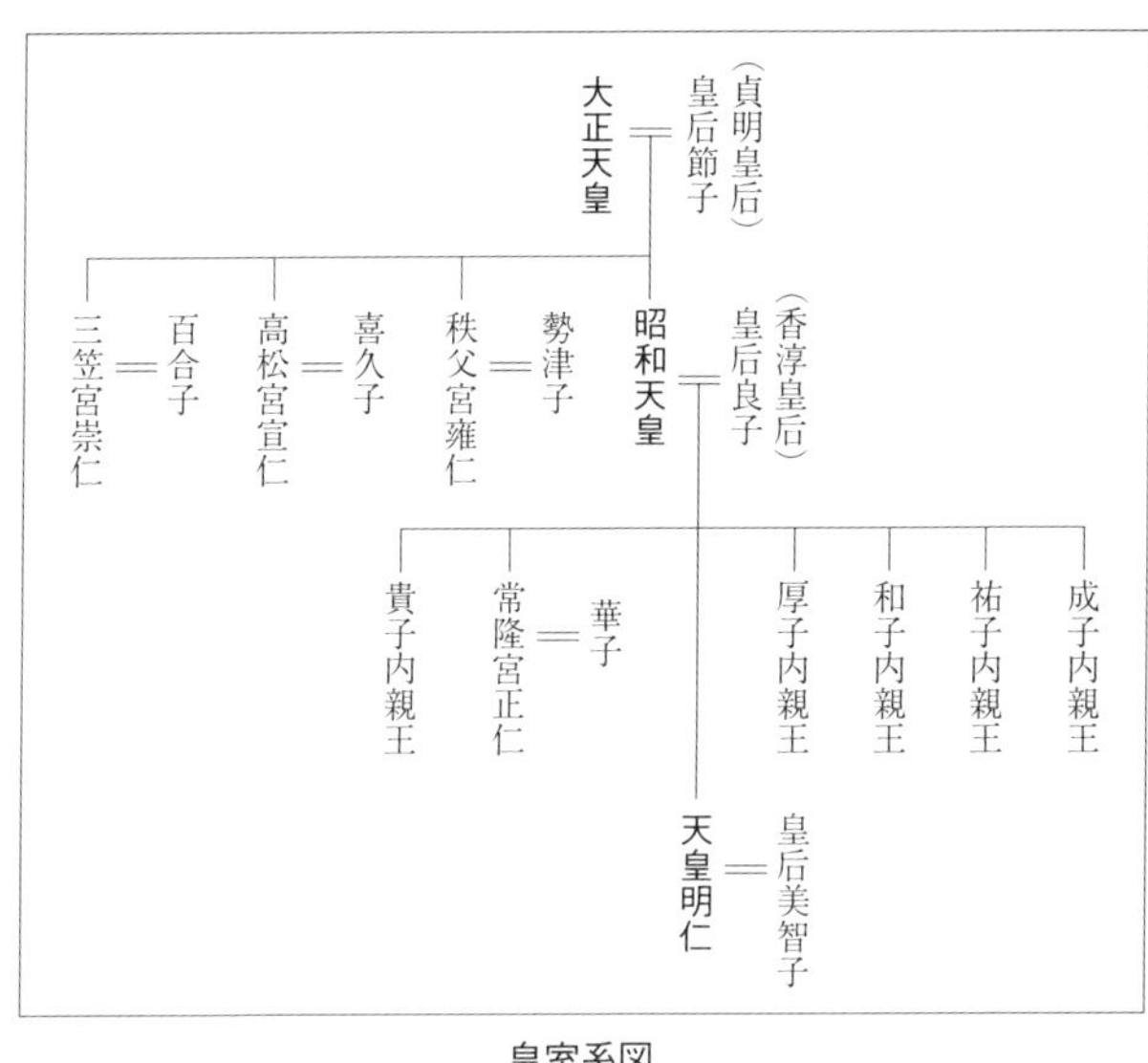

皇室系図

すめろきをたふとむ心うしなはゞ阿修羅けも
のにひとしかりけり（同）

もし臣民が民主主義を受け入れ、「すめろき」、すなわちアマテラスや天皇を崇拝する心を失ってしまえば、「阿修羅けもの」のようになってしまう――こう考えていた皇太后節子にとって、敗戦という事態だけは何としても避けなければならなかった。その証拠に、一九四五年の歌会始には次の和歌を詠んでいる。

かちいくさいのるとまゐるみやしろのはやし
の梅は早さきにけり（前掲『貞明皇后御歌集』）

戦争の勝利を祈るために「みやしろ」（御社ないし宮城）に参殿したら梅が早くも咲いていたという歌である。これは瑞兆を表しており、皇太后の願いがかなったことを暗示しているように読み取れる。なおこの和歌は公表されず、新聞で公表されたのは「しつまれる神のこゝろもなこむらむあけゆくとしの梅のはつ花」という別の和歌であった（原武史『昭和天皇』）。

「朕ハ茲ニ国体ヲ護持シ得テ」

しかし実際には、一九四五年八月一〇日未明に御文庫附属室の会議室で開かれた最高戦争指導会議で、昭和天皇はポツダム宣言を受諾するという「聖断」を下した。八月一四日に完成し、一五日正午からラジオで流された「大東亜戦争終結ニ関スル詔書」（以下、「詔書」と略す）の冒頭で、天皇は「朕深ク世界ノ大勢ト帝国ノ現状トニ鑑ミ」「帝国政府ヲシテ米英支蘇四国ニ対シ其ノ共同宣言ヲ受諾スル旨通告セシメタリ」と述べたように、臣民にはっきりと敗戦を伝えた。結果としてこの詔書は巨大な政治的影響力をもたらし、皇太后のように戦争の勝利を信じて疑わなかった多くの兵士や一般国民も、速やかにこれを受け入れることとなった。

だが昭和天皇は、「詔書」で単に敗戦を伝えたわけではなかった。「朕ハ茲（ここ）ニ国体ヲ護持シ得テ忠良ナル爾（なんじ）臣民ノ赤誠ニ信倚（しんい）シ常ニ爾臣民ト共ニ在リ」とあるように、敗戦によってもなお、天皇が「常ニ爾臣民ト共ニ在」ること、すなわち「君民一体」を中核とする「国体」は護持されることを、臣民に向かって直接語りかけたからである。

言うまでもなく敗戦は、日本人にとって未曾有の体験であった。天皇自身も「惟（おも）フニ今後帝国ノ受クヘキ苦難ハ固（もと）ヨリ尋常ニアラス」と述べたように、これからどれほどの苦難が押し寄せるかは誰にも予想できなかった。近衛文麿のように、革命を本気で恐れた政治家もいたぐらいである。にもかかわらず、なぜ天皇は「国体」が護持されるという強い確信をもつことができたのであろうか。

その背景には、昭和天皇が皇太子時代から続けてきた全国行啓ないし全国行幸があった。東京の宮城（現・皇居）前広場をはじめ、全国各地に設けられた奉迎場や親閲場に万単位の臣民が集まり、そこに臨御する昭和天皇に向かって君が代や奉迎歌の斉唱や万歳三唱、分列行進などを行うことで、「君民一体」の光景が繰り返し現れてきた。こうして視覚化された「国体」は、敗戦によっても崩れることは決してないという確信が、天皇のなかで生まれていたのである。

なおこうした認識は、香淳皇后（一九〇三～二〇〇〇）も共有していたように思われる。戦中期の香淳皇后は、一九三八年の武漢陥落、一九四〇年の紀元二千六百年奉祝会、一九四二年のシンガポール陥落の三回にわたり、昭和天皇や皇太子明仁（一九三三～）、正仁親王（一九三五～）、成子（一九二五～六一）、和子（一九二九～八九）、厚子（一九三一～）の各内親王らとともに二重橋に立ち、宮城前広場に集まった臣民の熱狂を目のあたりにしている。その広場に敗戦後も毎日、「大勢の人が　おお礼やら　おわびやら涙をながしては　大きな声で申し上げて」（橋本明『皇太子に宛てた『天皇の手紙』』）いる光景に接して、戦前と戦後の連続性を確信したのではなかろうか。

一九四五年八月三〇日、皇后は栃木県の日光に疎開していた皇太子にあてた手紙のなかで、「ここが辛抱のしどころで　大詔に仰せになつたことをよくよく頭に入れて　まちがひのないやうに　しのぶべからざることを　よくよくしのんで　なほ一層　一生懸命に勉強をし　体を丈夫にして　わざわひを福にかへて　りつぱなりつぱな国家をつくりあげなければなりません」と述べている（同）。「しのぶべからざることを　よくよくしのんで」が「大詔」、すなわち「詔書」の一節である「堪ヘ難キヲ堪ヘ忍ヒ難キヲ忍ヒ」を念頭に置いているのは明らかだろう。

2 昭和天皇と高松宮の憲法認識

昭和天皇の憲法認識

敗戦による連合国軍の占領と一連の民主化は、皇太后節子の言う「亜米利加の民主々義」が現実化してゆく過程にほかならなかった。だが昭和天皇は、民主主義がアメリカから与えられたとは考えなかった。一九四六年一月一日、天皇は「五箇条の御誓文」を引用し、「叡旨公明正大、又何ヲカ加ヘン。朕ハ茲ニ誓ヲ新ニシテ国運ヲ開カント欲ス。須ラク此ノ御趣旨ニ則リ、旧来ノ陋習ヲ去リ、民意ヲ暢達シ、官民挙ゲテ平和主義ニ徹シ、教養豊カニ文化ヲ築キ、以テ民生ノ向上ヲ図リ、新日本ヲ建設スベシ」という「新日本建設ニ関スル詔書」を発表している（『昭和天皇実録』同日条）。一九七七年八月、天皇はこの詔書に触れながら、民主主義は輸入のものではなく明治天皇が採用し、五箇条の御誓文に記したと述べている（同および『昭和天皇実録』一九七七年八月二三日条）。

昭和天皇のこうした認識は、GHQが民主化の眼目とした憲法改正に対する考え方とも決して無縁ではなかった。一九四六年二月九日、天皇は国務大臣の松本烝治が主体となって作成した大日本帝国憲法の改正私案（憲法改正要綱）、いわゆる松本試案に関して、次のように述べている。

第一条「大日本帝国ハ万世一系ノ天皇之ヲ統治ス」は語感も強く、第四条「天皇ハ国ノ元首ニシテ統治権ヲ総攬シ此ノ憲法ノ条規ニ依リ之ヲ行フ」との重複もあるため、両条を合併して「大日本帝国ハ万世一系ノ天皇コノ憲法ノ条章ニヨリ統治ス」とし、従来の統治権の「権」を除くこと（中略）の可否につき御下問になる。（『昭和天皇実録』一九四六年二月七日条）

松本試案の第一条と第四条は、大日本帝国憲法の条文と全く同じであった。仮に第一条と第四条が合併されても、統治権の「権」が除かれるだけで、実質的な中身は何も変わらない。昭和天皇は、明治天皇によって発布された憲法を根本的に変える必要性を認めていなかったことがわかろう。

当時の天皇の憲法認識は、美濃部達吉に近かった。侍従の徳川義寛は、一九四五年一〇月二〇日の日記で「憲法改正問題についての美濃部博士の見解をしるす。――現事態では不急、運用で民主主義化が可能である。憲法の意義については形式的（法律的）と実質的（政治的）とがあり、憲法と民主主義は、形式上は両立せぬ概念なり、しかし政治上では、つまり君主が民の心を以て心となし、統治の大権が総て民意に順って行われるとすれば、法律上は君主制であっても、而も政治上には民主主義によるものに外ならぬ」と記している（『徳川義寛終戦日記』）。この当時、昭和天皇と美濃部が直接会った記録はないものの、天皇は美濃部の学説を通して、大日本帝国憲法と民主主義は両立可能という確信を抱いたのではなかろうか。

「新日本建設ニ関スル詔書」のなかで、昭和天皇は「天皇ヲ以テ現御神」とする天皇＝現人神観を「架空ナル観念」としたが、その三日前には侍従次長の木下道雄に対して「神の裔にあらずと云う事には御反対である」との意見を述べていた（木下道雄『側近日誌』）。代々の天皇が等しくアマテラスの子孫であるという「万世一系」の根本は、天皇にとって不動のものであった。

昭和天皇は、同年二月一二日に木下に会い、再び松本試案につき「第一条と第四条は合体する考え方もある」と述べている（『昭和天皇実録』一九四六年二月一二日条）。つまり天皇は、たとえ憲法が改正されようが、「万世一系」自体には揺るぎない信念をもっていたのである。この日の『実録』の記述をもとに「昭和天皇は、明治憲法の骨格とほとんど変わらない松本案を、事実上否定する考えを木下に伝えていた訳であって、要するに松本案はGHQばかりでなく、昭和天皇からも拒絶されていたのである」とする豊下楢彦『昭和天皇の戦後日本』の解釈は、『昭和天皇実録』の肝心の箇所が引用されておらず、問題があると言わざるを得ない。

松本試案はGHQによって却下され、代わって民間の憲法研究会などの案を参考にしながら、マッカーサー草案（GHQ草案）が作成される。これをもとに、憲法改正草案要綱が作成され、同年三月五日に首相の幣原喜重郎と松本烝治から昭和天皇に伝えられた。このとき天皇は、「今となつては致方あるまい」と述べたという（『芦田均日記』第一巻）。その後、新憲法草案の成文化が進められ、四月一五日に幣原から天皇に伝えられた（『昭和天皇実録』同日条）。

高松宮の憲法認識

新憲法草案に対して強い拒否反応を示したのが高松宮宣仁であった。同年四月二三日、高松宮は京都から東京に向かう急行列車の車内で、元高松宮御用掛の細川護貞と乗り合わせた。このとき、高松宮は新憲法草案につき、細川にこう述べている。

あれは幣原は得意なんだが、僕は君主制の否定だと思ふ。又二院制と云つてもあれでは二院の意味がない。せめて上院に一度の否決権が無くては。又貴族も今のまゝの制度は、変へる必要があると思ふが、全然無くなる必要はないと思ふ。大体、松本国務相の案を蹶(くつがえ)されたので、あれは第二案と云つてゐるが、全然米国製のものだ。（『細川日記』）

高松宮は、新憲法草案は「全然米国製のもの」であり、「君主制の否定」、すなわち「国体」を破壊する共和制に通じるとしているのである。

続いて同年五月三〇日、東京の宮城内で昭和天皇と香淳皇后、秩父宮妃勢津子（一九〇九～九五）、高松宮宣仁、高松宮妃喜久子（一九一一～二〇〇四）、三笠宮崇仁、三笠宮妃百合子（一九二三～）が会った際、高松宮は「新憲法草案は主権在民がはっきりしすぎており賛成しかねるため、来る六月八日開催の帝国憲法改正についての枢密院会議には出席しないつもりでいる」という趣旨の発言をした（『昭和天皇実録』同日条）。ここで言う「枢密院会議」とは、新憲法草案を採択した同年六月八日の枢密院本会議を指している。

五月三〇日の会合で天皇は何も言わなかったが、翌日に高松宮が宮内大臣の松平慶民に会うと、松平から「陛下ガトテモ御心配ニナツテヰルノニソンナコトヲ申シ上ゲテハヨクナイ」と忠告された。高松宮は、「御心配御心配ト云ツテ申シ上ゲナイデ今マデヤツテキタノヲ改メルベキデハナイカ。ソレニ出席シテ賛成セヌノデハ現情勢カラヨクモナシ」と反発している（『高松宮日記』第八巻）。

新憲法草案に対する昭和天皇の「謝意」

高松宮が述べたように、昭和天皇は新憲法草案に対して、少なくとも表向きには異を唱えなかった。それどころか、高松宮が松平慶民に会ったのと同じ五月三一日、マッカーサーとの第二回会談のなかで、天皇は「新憲法作成への助力に対する謝意」を表明している（『昭和天皇実録』同日条）。

松本試案とは似ても似つかぬ新憲法草案に対して、昭和天皇はなぜ「謝意」を表したのか。侍従の徳川義寛は、新憲法草案には「天皇は日本国民統合に不可欠の存在であるという思想が根底にある」からだとしている（前掲『徳川義寛終戦日記』）。天皇自身は、一九七七年八月に「憲法第一条は国体の精神に合っていたので、象徴でよいと思った」と回想している（『昭和天皇実録』一九七七年八月二三日条）。つまり、新憲法草案は「君主制の否定」を意味し、「主権在民がはっきりしすぎて」いるとした高松宮とは対照的に、「国体」と矛盾しないと考えていたのである。

両者の態度を比べてみると、明らかに高松宮の方に首尾一貫性があり、昭和天皇の方が苦しい弁明をしているように見える。だが、一九四六年一一月三日に日本国憲法が公布されると、その二日後に掌典長の甘露寺受長（おさなが）が伊勢神宮に勅使として派遣され、アマテラスをまつる内宮（皇大神宮）で次の御祭文を奉読している。

曩（さき）に世界の大勢と国状の推移とに鑑み畏（かしこ）かれども憲法に大きなる改正（あらた）めを加へ以て国家を再建すべき礎を固めなむと図りけるに今回永く兵革の禍を絶ち在りと在る国民の総意を基調とし愈（いよいよ）邦家の内外を平安（やすら）からしむべく日本国憲法凡て十一章百三条を制定（さだ）め茲に之を公布（しらし）むる事となりぬ是を以て此

由を告奉るとして宇豆の御幣帛奉出給ふ事を宇豆那ひ聞食して永遠の太平と国民の福祉とに威き神祐を弥高に弥広に蒙り奉らしめ給へと白給ふ天皇の大命を聞食せと恐み恐みも白す（『昭和天皇実録』一九四六年一一月五日条。原文は宣命書き）

昭和天皇は、日本国憲法の公布を奉告するとともに、「永遠の太平と国民の福祉とに威き神祐を弥高に弥広に蒙り奉らしめ給へ」とアマテラスに祈っている。憲法改正は「国家を再建すべき礎を固め」るためになされたのであって、「国体」そのものは揺らいでいないという天皇の考え方が、ここにはよく表れている。

3　昭和天皇の退位問題

高松宮に対する警戒感

このような天皇の考え方は、憲法改正をはじめとする民主化を円滑に進めようとしていたGHQにとって都合のよいものであった。これはおそらく、敗戦直後から持ち上がっていた天皇の退位問題にも関係している。

一九四六年三月、宮内省内に皇室典範改正準備委員会が設置され、憲法改正に並行して皇室典範の改正についても準備が進められた。同年九月二〇日、「皇室典範改正ノ其ノ後ノ経過」について聞いた高松宮は、「御退位ノ条項ハヤハリ入ラヌ」ことを知り、「陛下ガ終戦ノトキアレダケノ御決意アリシニ対シソノ道ヲツケルハ必要ダト思フ」と反発している（前掲『高松宮日記』第八巻）。天皇自身、退位の決意をもっていたのに、それができないのはおかしいだろうと言っているわけだ。

もし天皇が退位すれば、皇位は皇長子である皇太子に継承される。だが当時、皇太子明仁（現天皇）は未成年であった。旧皇室典範第一九条に「天皇未タ成年ニ達セサルトキハ摂政ヲ置ク」とあるように、この場合は摂政を置くことになる。

同第二一条には、「皇太子皇太孫在ラサルカ又ハ未タ成年ニ達セサルトキハ左ノ順序ニ依リ摂政ニ任ス　第一　親王及王」とあった。天皇の弟に当たる秩父宮、高松宮、三笠宮以外の十一宮家の皇籍離脱が決まりつつあったことを踏まえれば、この三人の親王こそ、摂政の候補となることが予想された。年齢的に第一候補となるのは秩父宮であり、高松宮は一九四五年九月三〇日の日記にこう書いている。

戦争中御静養ニナリ世間ニフレズニオラレテ、戦争終了ト共ニ御出マシニナレルコトヲ予テカラ祈ツテキタラ、ソノ通リニナリ、今回ノ御上京モ人ニモオ会ヒニナレルルシ、モウイザト云フトキハ摂政ニモオナリにナレルルト考ヘラレ、コレ以上ノコトナシ。（前掲『高松宮日記』第八巻）

戦中期の秩父宮は、結核のため静岡県の御殿場でずっと療養生活を送っていた。敗戦とともに秩父宮が上京してきたのを見て、高松宮は秩父宮の健康が回復したと見なし、摂政にもなれると考えたわけである。だが実際には健康が回復したわけではなかったので、第二候補の高松宮宣仁が摂政として浮上してくる。高松宮は、このことを十分承知の上で、退位問題について言及していたように思われる。なお一九四七年一月には新しい皇室典範が制定されたが、旧皇室典範の第一九条と第二一条はそれぞれ第一六条と第一七条に受け継がれている。

退位問題は一九四八年に再燃するものの、GHQは右翼活動家との接触をもっていると見ていた高松宮に対する不信感をもっていた（冨永望『象徴天皇制の形成と定着』）。同年七月九日には天皇自身が元宮内大臣の松平恒雄に対して「天皇として留まり責任を取られる旨の御意向」を示した（『昭和天皇実録』同日条）。天皇の留位は、マッカーサー自身も強く望んでいた。

もし高松宮が摂政になれば、GHQにとってはデモクラシーを否定する人物が事実上の天皇になることを意味した。高松宮に対する警戒感は、GHQだけでなく日本の政府首脳の間にも共有されていた。同年八月二九日、天皇の退位問題について首相の芦田均と宮内府長官の田島道治が会談した際、田島は芦田に「高松宮については今後も心配だ、何しろ頭がよくて＊＊＊＊＊＊」と述べている（『芦田均日記』第二巻）。この＊は伏字を意味し、遺族の求めにより一六字分が削除されている。

三笠宮の皇室典範批判

第三候補の三笠宮崇仁は、高松宮とは異なり、一九四六年六月八日に開催された枢密院本会議に出席した。この席上、三笠宮は高松宮と同じく新憲法草案につき「マッカーサー元帥の憲法か、一歩譲ってもごく少数の日本人の決めた憲法という印象を受ける」として採決を棄権し、退席する一方、「日本は真に平和を愛し絶対に侵略を行わないという表裏一致した誠心のこもった言動をしてもって世界の信頼を回復せねばならない」として、戦争放棄を積極的に支持し、日本の非武装中立を主張した（『朝日新聞』一九九四年七月三〇日および『昭和天皇実録』一九四六年六月八日条）。その背景には、秩父宮や高松宮とは異なり、支那派遣軍参謀として南京に着任し、中国戦線を視察した戦中期の体験があったと推察される。

日本国憲法が公布された一九四六年一一月三日、三笠宮は「新憲法と皇室典範改正法案要綱（案）」を枢密院に提出した。このなかで三笠宮は、「天皇に……『死』以外に譲位の道を開かないことは新憲法十八条の『何人も、いかなる奴隷的拘束も受けない』といふ精神に反してはいないか」として皇室典範政府案を批判し、「天皇に譲位といふ最後の道だけは明けておく必要がある」とした（森暢平「三笠宮がのこした『生前退位論』」）。つまり昭和天皇の退位に言及したわけではないが、高松宮同様、天皇の退位自体は認められるべきだとしたのである。

憲法が施行された一九四七年五月三日、宮城（現・皇居）前広場に昭和天皇が現れ、政府主催の「日本国憲法施行記念式典」が開かれたが、このとき無言の天皇を前にして、会場を埋めた約一万人の人々は「天皇陛下万歳」を叫んだ。ラジオ中継を聴いていた三笠宮は、こう述べている。

天長節か即位の祝典であつたら、むろん対象は天皇御一人にあるのだから、天皇陛下のばんざいが理の当然である。しかし今日は、国民に主権を譲られ、みずから人間宣言をされた天皇が、国民の一員として、七千万同胞と喜びをともにされるために、この式場においでになつたはずなのだから、計画者も思いきり頭をきりかえて、陛下に「天皇は最高の Public servant である」という気持になつて頂いて、「全日本国民」のばんざいの、音頭とりをお願いして見る気持にはなれなかつたろうか。

（『帝国大学新聞』一九四七年五月八日）

三笠宮は、新憲法が施行されたにもかかわらず、旧憲法下の式典と同様の万歳が行われたことを鋭く批判したのである。この批判を受ける形で、同年六月に文部省は、天皇陛下万歳、宮城遥拝などを取りやめる通達を出している。

4　秩父宮と皇太后節子

秩父宮の占領政策批判

しかし、デモクラシーに好意的な考え方を表明したのは、昭和天皇の弟たちのなかでは三笠宮だけであった。一九四九年七月になると、療養生活を続けていた秩父宮雍仁もまたアメリカ主導の占領政策を公然と批判するようになり、GHQが問題視した（加藤恭子『昭和天皇と美智子妃その危機に――「田島道治日記」を読む』）。その具体的内容は明らかでないが、一九九五年に死去した秩父宮妃勢津子の遺品のなかから、秩父宮がまさにこの当時記した文章が発見された。

……米国の最初に行つた政策には行き過ぎもあれば見当違ひもあつて、今日の混乱を招く原因となつたものが少くなかつた。

今迄相敵視してゐたものが敵国を占領したのだから仮令平和進駐でも多少前後の分別なく振舞ふの

も自然の勢だつたらう。
日本を独逸の様な全体主義国家と思つてポツダム宣言に従ひ革命的民主化に一挙に乗り出したのも至当かも知れない。（中略）
思想問題を取り上げてみる。連合国だから仕方ないと云ふ外なかつたらうが、言論、信仰、思想等の自由の原則の上に立つ民主主義の一種として之等の自由を絶対に認めない共産主義を寛容したことは忽ち我解放された共産主義者に絶好の機会を与へて終つた。（中略）
日本の実情の即しない米国制度の直輸入も大いに批判されなければならない。六、三制の教育制度にしても、自治体の警察制度にしてもあせり過ぎてゐる様に感ぜられる。勿論日本の当局者の弱腰と云ふか、無責任と云ふか日本の実相を理解せしめる努力の足らないところもあるだろうが占領軍当局者のやり方は中央部の机上計画を矢鱈に強行する傾向があるのではないかと思はれないでもない。
（「陸軍の崩壊　占領政策の批判」）

この文章がまるごとＧＨＱに漏れたわけではないにせよ、ＧＨＱは内容的にこれと重なる秩父宮へのインタビューを英訳した文章を入手したようだ。自らと同じ六月二五日に生まれた秩父宮に深い愛情を注ぎ、占領期も沼津御用邸西附属邸や伊豆長岡の旅館「三養荘」に滞在しながら御殿場の秩父宮別邸を何度も訪れた皇太后節子に言わせれば、これは「ソヴィエトの共産主義」や「亜米利加の民主々義」に対する明確な批判と見なせるものであった。結核のため御殿場で長期療養しており、天皇の退位問題が持ち上がったときも摂政候補として名前が挙がらなかった秩父宮がこうした意見を公然と表明したことに、GHQは衝撃を受けたように思われる。

宮内庁（同年六月一日に宮内府から改組）長官の田島道治の日記によると、田島は七月一三日にマッカーサーの副官ローレンス・バンカーに呼び出され、「秩父様ノ Interview ヲ陛下ニモツテユケ」と命じられた（前掲『昭和天皇と美智子妃その危機に』）。おそらく田島は、このとき初めて英文のインタビューを見せられたのだろう。翌一四日、田島は登庁して「秩父様事件」（同）について話してから御殿場に向かい、秩父宮に会っている。「殿下ノ意思ハ日本人ノ自覚反省警告ニテ、進駐軍ノ批評ニアラズトノコト。少シ争フ」（同）。田島は秩父宮に、占領政策を批判しているではないかと反論したわけだ。この日のうちに帰京した田島は、バンカーと首相の吉田茂に報告している。そして翌一五日には、葉山御用邸に滞在していた昭和天皇に会い、「委曲昨日ノコト言上」（同）したところ、「三殿下ニ、此際、為念（ねんのため）ノ注意ヲ申上ゲル様御命令」（同）があり、「大宮様ニモ言上セヨ」（同）と命じられた。「三殿下」は秩父宮、高松宮、三笠宮を、「大宮様」は皇太后をそれぞれ指す。天皇の言葉を受けて、田島は翌一六日、再び御殿場に行って秩父宮に会ってから帰京し、大宮御所で皇太后に、高松宮邸で高松宮に会った。

つまり七月一六日には、秩父宮ばかりか高松宮や皇太后節子も、GHQの政策を公然と批判しないようにとの天皇の忠告を、田島から直接受けたことになる。これに対して秩父宮は「時又厄介ヲカケルカモ知レヌ」（同）と答え、高松宮も「陛下ノ御話ハ承リ置クモ、新聞社ニアハヌコトハ出来ヌ」（同）と答えたばかりか、田島の忠告を「不遜」（同）とまで述べている。秩父宮も高松宮も、忠告に従うとは言っていないのだ。皇太后が何と言ったかについては田島の日記に記されていない。

皇太后摂政就任の可能性

拙著『皇后考』に記したように、昭和天皇（裕仁）と皇太后節子の間には、裕仁が摂政になった大正後期以来、長年にわたる確執が続いていた。このことは枢密院議長時代の「倉富勇三郎日記」や宮内大臣、内大臣時代の『牧野伸顕日記』、前掲『高松宮日記』第八巻などの一次史料からも確認できるが、二〇〇五年に赤坂御用地内の三笠宮邸で筆者自身が三笠宮崇仁に「昭和天皇と貞明皇后の間に確執はあったのでしょうか」と尋ねたのに対して、三笠宮は「はい、あったと聞いています」と答えたことを付言しておく（原武史「三笠宮との対話」）。

昭和天皇が一九四五年になってもなかなか戦争終結を決断できなかった一因もまた、神に戦勝を祈り続け、「かちいくさ」を信じて疑わなかった皇太后節子の態度にあったように思われる。同年五月の空襲で皇太后が住んでいた大宮御所が全焼すると、天皇は皇太后を軽井沢に疎開させることを考えるようになる。だがこれに対しては皇太后が拒絶したために戦争中は実現することがなく、実際に皇太后が軽井沢に移ったのは敗戦直後の一九四五年八月二〇日であった。

皇太后は、四五年一二月まで軽井沢に滞在し、いったん帰京してから、四六年一二月までの一年間を沼津御用邸西附属邸で過ごした。沼津と御殿場は距離的にも近く、秩父宮に会うことは容易であった。また同年三月一九日には、侍従次長の木下道雄に「御退位のことにつきては、しかるべき時期を見て決行さるることを可とせらるるにあらずやと思わるる御言葉」を発している（前掲『側近日誌』）。この御言葉は、帰京した木下によって天皇にも伝えられた（『昭和天皇実録』同日条）。

高松宮ばかりか、皇太后までが天皇は退位すべきだと発言したことに、天皇は衝撃を受けたと思われる。前述のように、旧皇室典範では第二一条に摂政についての規定があり、「第一　親王及王　第二　皇后　第三　皇太后」の順番となっていた。この条文に従えば、皇太后が摂政になる可能性は極めて低かった。しかし、松本試案に対する考え方が記されたのと同じ日の『昭和天皇実録』一九四六年二月七日条に「摂政設置期間においては、皇室典範の改正又は皇位継承の順位変更を禁じるか否かにつき検討するよう御下命になる」とあるように、天皇は松本烝治に対して、典範改正の際に前述の第二一条に規定された順番の変更を禁じるのか、それとも変更を認めるのかにつき検討するよう命じている。

この言葉からは、昭和天皇が退位して摂政が置かれた場合、三人の親王や香淳皇后の代わりに、皇太后節子が摂政になる可能性も視野に入れていたことがうかがえる。秩父宮、高松宮、三笠宮はいずれも旧陸軍や旧海軍の軍人であり、旧体制の復活を夢見る陸海軍の関係者とつながっている可能性があること、皇后は陸海軍とは直接のつながりはないものの天皇との関係が近すぎることなどが背景にあったのかもしれない。

折口信夫の「女帝考」

ここで注目すべきは、安藤礼二『折口信夫』も指摘するように、大正時代から節子（貞明皇后）に注目してきたと思われる折口信夫が当時記した「女帝考」である。「御在位中の天皇に対して、最近い御間がらとして、神と天皇との間に立つておいでになる御方が、常にあつたことが考へられる。其は、血縁近い皇族の女性であり、他氏の女性でも、特に宮廷に入り立ちの自由であつた貴婦人、さう言ふ方々の存在が思はれる」。折口はこうした女性を「ナカツスメラミコト」（中皇命、中天皇）と呼び、その代表例として神功皇后を挙げる。そして、たたみかけるようにこう述べている。

すめらみことの資格の方が世に臨まれずとも、神人中間のすめらみことが存在せらるる限りにおいて、宮廷の政は、執られて行くのである。だから、従来の歴史観に於けるやうな空位が出来る訣でもなく、又異常形式が偶発したのでもないのであつた。（同）

折口によれば、『日本書紀』に記された神功皇后が応神天皇の摂政となったように、皇太后節子が皇太子明仁（現天皇）の摂政になったとしても、決して「異常形式が偶発した」わけではない。「中天皇が神意を承け、其告げによつて、人間なるすめらみことが、其を実現する」という「宮廷政治の原則」があらわになるだけのことである。

誰よりも皇太后節子自身が、一九〇〇（明治三四）年に皇太子嘉仁（後の大正天皇）と結婚し、その二年後の自らと同じ誕生日、すなわち六月二五日に第二皇子の雍仁親王（後の秩父宮）を出産した頃から、朝鮮半島に出兵して新羅を平定し、高句麗と百済に朝貢を誓わせる「三韓征伐」を行い、帰国後に応神天皇を生んだとされる神功皇后を強く意識していた（前掲『皇后考』）。『昭和天皇実録』と「貞明皇后実録」を照合してみると、満洲事変勃発の翌年に当たる一九三二年四月から敗戦直前の四五年七月まで、戦地や満洲、朝鮮から帰還した軍人の多くが、昭和天皇が会ったのと同じ日ないし翌日以降に皇太后節子にも会っている。たとえば前支那派遣軍総司令官の畑俊六は、四四年一二月四日に上海から空路経由で立川に着き、六日の午前に天皇、午後に皇太后に会っているが、天皇には約十五分にわたって戦況を報告したあと「誠に優渥にて勿体なき勅語」を拝しただけだったのに対して、皇太后からは「特に御椅子を賜はり長時間種々御下問に奉答、主として支那の状況、一号作戦等に関し御下問」を受け、「中々御承知なるには恐懼の外なし」と感想を漏らしている（『続・現代史資料4　陸軍　畑俊六日誌』）。

つまり皇太后節子もまた、戦中期には事実上「ナカツスメラミコト」になっていたのである。四五年七月から八月にかけて、勅使が応神天皇を主祭神とする大分県の宇佐神宮と神功皇后を主祭神とする福岡県の香椎宮に参向し、「国内尽一心に奮起ち有らむ限りを傾竭して敵国を撃破り事向けしめむとなも思ぼし食す」（『昭和天皇実録』一九四五年七月三〇日条。原文は宣命書き）という御祭文に明らかなように、従来にない激しい口調で敵国撃破を祈ったのも、皇太后節子の意向が反映していたように思われる。

折口信夫は、一九四六年二月から、ほぼ一カ月に一回の割合で皇室とのつながりが深い東京都北多摩郡久留米村（現・東久留米市）の自由学園に通っていた。したがって自由学園を通して皇室の情報を入手していたことは十分に考えられる（原武史「能登・久留米・出雲」）。折口に言わせれば、皇太子明仁が天皇になり、皇室典範第二一条が改正されて皇太后節子が摂政になることは、皇太后が名実ともに「ナカツスメラミコト」になり、『日本書紀』に記された神功皇后が、長い年月を経て戦後の日本によみがえるということでもある。だがそれは、高松宮が摂政になる以上に、昭和天皇が恐れていた事態だったに違いない。

しかし、一九四七年五月三日に日本国憲法と日を同じくして施行された皇室典範でも、摂政就任の順序が記された第一七条で「一　皇太子又は皇太孫　二　親王及び王　三　皇后　四　皇太后」とされたように、旧皇室典範と基本的には変わらず、皇太后が摂政になることはあり得なかった。当時の皇太后は政治的発言を控えつつ、内面ではアメリカへの対抗心を燃やし続け、日本が蚕糸業の復興によりアメリカを経済的に圧倒することを夢想していたように思われる。同年九月二日、皇太后は財団法人大日本蚕糸会総裁となり、四八年からは蚕糸業の奨励を目的として積極的に地方を視察するようになるが、その途上、一九五一年五月一七日に大宮御所で急死している（前掲『皇后考』）。

5　デモクラシーと「国体」の両立

昭和天皇の戦後巡幸

このように、戦後のデモクラシーに対する姿勢に関して、皇室は決して一枚岩ではなかった。皇太后、秩父宮、高松宮はデモクラシーに批判的であり、アメリカに対抗しようとしたのに対して、三笠宮は「マッカーサー元帥の憲法」であることに違和感を示しつつも、そこに現れたデモクラシーの思想自体には理解を示し、すんなりと受け入れようとした。一方、昭和天皇は、大日本帝国憲法とほぼ変わらない松本試案に基本的に同意しながら、日本国憲法もまた評価する姿勢を見せた。それがＧＨＱにとっては高松宮などの皇族よりも都合のよい態度として映ったことは、既述のとおりである。

一九四六年二月から始まった昭和天皇の戦後巡幸では、一九四七年六月から主要都市に奉迎場が復活し、戦前さながらの光景が見られるようになる。たとえば、四七年六月一三日に訪れた兵庫県姫路における奉迎場の光景を、同行した侍従の入江相政は「旧城南練兵場に臨御。こゝに集まつた人十三万、但馬よりはもとより遠く中国筋からも集まつたとの事。君が代奉唱、万歳三唱、群衆も大して崩れることもなく無事であつた」と記している（『入江相政日記』第三巻）。

これは決して姫路の旧城南練兵場だけで見られた光景ではなかった。たとえ全国各地が空襲で大きな被害を受けようが、練兵場や飛行場、グラウンド、神社の境内など戦前までに天皇が訪れたことのある「空き地」はそのまま残り、再び天皇が現れるや同じような光景が再現される。それは東京の宮城前広場でも同様であった。

芦田均が見た光景

一九四六年一一月三日に宮城前広場で開かれた「日本国憲法公布記念祝賀都民大会」では約一〇万人が集まり、天皇と皇后を君が代の斉唱や万歳三唱で迎えた。この大会に出席した芦田均は、次のように述べている。

二時十分頃両陛下は馬車で二重橋を出られた。群集は早くも帽子やハンケチを揮つて波立つ。陛下は背広、中折の姿でゆるゆると歩を運ばされる。楽隊が君が世を奏すると会者一同が唱和する。何故か涙がこぼれて声が出ない。私許りではない。周囲の人々は皆そうらしい。

首相の発声で万歳を三唱すると民衆は涌き立つた。陛下は右手で帽子をとつて上げて居られる。皇后陛下はにこやかであらせられる。

陛下が演壇から下りられると群集は波うつて二重橋の方向へ崩れる。ワーッといふ声が流れる。熱狂だ。涙をふきふき見送つてゐる。群集は御馬車の後を二重橋の門近くへ押よせてゐる。何といふ感

激であるだらう。私は生れて初めてこんな様相を見た。（前掲『芦田均日記』第一巻）

芦田は、敗戦にもかかわらず、君が代の斉唱や万歳三唱を通して約一〇万人の国民と天皇が一体となる光景を目のあたりにして、感激の涙を流したのである。これはまさに昭和天皇自身が一九四五年八月一四日の「詔書」で述べたような、「（朕＝天皇が）常ニ爾臣民ト共ニ在」る「国体」が視覚化された光景であった。こうした「君民一体」の光景は、戦後巡幸が一巡する一九五四年八月の北海道行幸まで、全国各地で繰り返されることになる。

たとえ憲法が改正されようが、「国体」は変わらない。デモクラシーと「国体」は両立し得る――この点では、昭和天皇の認識は間違っていなかった。先に引用した「憲法第一条は国体の精神に合っていたので、象徴でよいと思った」という天皇の言葉が、見事に証明されたとも言える。昭和天皇は決してGHQに都合よく利用されたのではなく、高度に政治的な戦略をもっていたのである。

6 「詔書」と「おことば」

天皇明仁の「おことば」

二〇一六年八月八日、天皇明仁は「象徴としてのお務めについての天皇陛下のおことば」を公表し、退位の意向を強くにじませた。このなかには「日々新たになる日本と世界の中にあって、（中略）考えつつ、今日に至っています」という一節がある。これは先に引用した「詔書」冒頭の「朕深ク世界ノ大勢ト帝国ノ現状トニ鑑ミ」に似ている。「詔書」に言うところの「世界ノ大勢」が、一九四三年から四五年にかけてのイタリア、ドイツの降伏と連合国軍の攻勢を指しているのは言うまでもない。一方、「おことば」の「日々新たになる世界」は、二〇一三年から一四年にかけて、オランダ、ベルギー、ヴァチカン、カタール、スペインで国王や法王が相次いで退位していることを指しているように見える。どちらも「大勢」や「なる」という言葉を使って、自らの意向を正当化しているのである。

また「おことば」には、次のような一節もある。

天皇が象徴であると共に、国民統合の象徴としての役割を果たすためには、天皇が国民に、天皇という象徴の立場への理解を求めると共に、天皇もまた、自らのありように深く心し、国民に対する理解を深め、常に国民と共にある自覚を自らの内に育てる必要を感じて来ました。こうした意味において、日本の各地、とりわけ遠隔の地や島々への旅も、私は天皇の象徴的行為として、大切なものと感じて来ました。皇太子の時代も含め、これまで私が皇后と共に行って来たほぼ全国に及ぶ旅は、国内のどこにおいても、その地域を愛し、その共同体を地道に支える市井の人々のあることを私に認識させ、私がこの認識をもって、天皇として大切な、国民を思い、国民のために祈るという務めを、人々への深い信頼と敬愛をもってなし得たことは、幸せなことでした。（宮内庁ホームページ）

ここにも、先に引用した「詔書」との共通性がある。「常に国民と共にある自覚」は、「常ニ爾臣民ト共ニ在リ」と似ているし、「人々への深い信頼と敬愛」は「忠良ナル爾臣民ノ赤誠ニ信倚シ」と似ている。「天皇の象徴的行為」として強調される「日本の各地、とりわけ遠隔の地や島々への旅」、すなわち巡幸や行幸も、昭和天皇を継承していると見ることができる。なお天皇明仁自身、二〇〇〇年五月には「戦後は、新しい憲法の下で、皇室の在り方も象徴ということで違ってはきていましたが、国民に対する気持ちとしては変わらないものであったと思います」と述べているように、昭和天皇との共通性を認識している（宮内庁編『道　天皇陛下御即位二十年記念記録集　平成十一年〜平成二十年』）。

さらに「おことば」の報道の仕方や、それに対する国民の反応の仕方にも、「詔書」の報道の仕方や、それに対する臣民の反応の仕方との共通性がある。

天皇明仁の退位の意向が報道されたのは、二〇一六年七月一三日であった。それまでは、たとえそう思ったとしても、国民の間に天皇の退位を公然と唱えることのできる空気はなかった。ところが八月八日午後三時から「おことば」がテレビで放映されることがあらかじめ告知されると、人々はテレビの前に集まり、三時からの放送を見た。結果として圧倒的多数の国民がこれを受け入れたのである。

「詔書」の場合も、一九四五年八月一五日にラジオで放送されるまでは、たとえ戦争に負けると思った臣民がいたとしても、それを公然と口に出すことはできなかった。ところが八月一五日正午からの玉音放送があらかじめ告知されると、正午までに人々がラジオの前に集まり、「詔書」で敗戦が伝わるや、圧倒的多数の臣民がこれを受けいれた。どちらも天皇の意思が「民意」となったのである。

内面化される「国体」

もちろん、大きな違いもある。「詔書」で述べられた臣民というのは、一人ひとりの顔が見えない抽象的な存在であった。戦後巡幸で各地に設けられた奉迎場でも、昭和天皇はせいぜい台座に上がり、万単位の人々に向かって帽子を振るだけで、決して一人ひとりを見ていたわけではなかった。これに対して天皇明仁は、一九九一年に訪れた雲仙普賢岳噴火の被災地で皇后美智子とともにひざまずき、同じ目の高さで一人ひとりの被災者に声をかけて以来、こうした平成流の行幸（皇后も含める意味では行幸啓）をずっと続けてきた。天皇明仁の言う国民というのは、決して顔の見えない抽象的な存在ではなく、具体的な顔の見える「市井の人々」へと変わっている。

天皇明仁と皇后美智子は、皇太子（妃）時代に二人ですでに全国の都道府県を一巡していたが、平成になると在位一五年にして再び全国の都道府県を一巡し、二〇一七年十一月の鹿児島県訪問で二巡を果たすなど、今なお離島を含む全市町村への行幸啓を続けている。インターネットなどの通信手段が発達した時代に、実に面倒な方法を続けているわけである。しかし、それが年々積み重なることで、天皇明仁や皇后美智子に直接相対した「市井の人々」はおびただしい数にのぼっている。

彼ら彼女らが天皇や皇后と一体になっていると感じることで、「国体」は内面化される。天皇明仁は、一九八九年の即位以来、日本国憲法を守る立場を繰り返し表明しながら、昭和天皇以上に皇后美智子とともに全国各地をくまなく回り、政府や議会や側近などを媒介とすることなく「市井の人々」と相対する行為を一貫して続けることを通して、デモクラシーと「国体」の両立を徹底化させたのである。

7　天皇は「人間」になり得るか――結びに代えて

坂口安吾の「天皇陛下にささぐる言葉」

坂口安吾は、一九四八年に発表した「天皇陛下にささぐる言葉」でこう述べている。

天皇が現在の如き在り方で旅行されるということは、つまり、又、戦争へ近づきつつあるということ、日本がバカになりつつあるということ、狐憑きの気違いになりつつあるということで、かくては、日本は救われぬ。

陛下は当分、宮城にとじこもって、お好きな生物学にでも熱中されるがよろしい。

そして、そのうち、国民から忘れられ、そして、忘れられたころに、東京もどうやら復興しているであろう、そして復興した銀座へ、研究室からフラリと散歩にでてこられるがよろしい。陛下と気のついた通行人の幾人かは、別にオジギもしないであろうが、道をゆずってあげるであろう。

そのとき東京も復興したが、人間も復興したのだ。否、今まで狐憑きだった日本に、始めて、人間が生れ、人間の礼節や、人間の人情や、人間の学問が行われるようになった証拠なのである。(『坂口安吾全集』一五)。

これはもちろん、戦前の行幸さながらの昭和天皇の戦後巡幸を強く批判した文章にほかならない。けれども坂口安吾の言う「人間の復興」は、現在もまだ成し遂げられていない。つまり、「人間天皇」はいまだに誕生していないことになる。

たとえ代替わりしようとも

もし将来、「陛下と気のついた通行人の幾人かは、別にオジギもしないであろうが、道をゆずってあげる」光景が本当に見られるようになれば、そのときこそ「国体」は完全に崩壊するであろう。そして平成の天皇制は、戦後に「人間宣言」を行った象徴天皇制の完成形であるどころか、天皇が「神」から「人間」へと至る過渡的な段階であったと位置づけられるに違いない。

明治から平成までの各天皇のうち、最も「人間」に近かったのは皇太子時代の大正天皇であろう。大正天皇は、皇太子時代に地方を訪問した際、誰にも気づかれずに朝の公園を散歩したり、軍事演習の合間に旧友の家を突然訪れたり、蕎麦屋に入ったりしたからだ（原武史『大正天皇』）。しかしこうした振舞いは、天皇になるともはやできなくなった。戦後の昭和天皇も天皇明仁も、皇太子時代の大正天皇ほど「人間」として振る舞うことはなかったのである。

宗教学者の阿満利麿は、「天皇は、『現御神』ではなくなっても、日常世界の延長線上に非日常的な存在を保持しておきたいという、現世主義的願望に支えられて、いわば『生き神』（宮田登）であり続けているのである」（『日本精神史――自然宗教の逆襲』）と述べている。この指摘が正しければ、たとえ代替わりしようとも、天皇が「人間」になる日は来ないと言わざるを得ない。そこから導き出されるのは、デモクラシーと「国体」は永遠に両立可能という結論である。

参考文献

（実録）

『昭和天皇実録』第七・第八・第九・第十、東京書籍、二〇一六～一七年。

「貞明皇后実録」宮内庁宮内公文書館所蔵、未公刊。

（天皇、皇族関係一次史料）

『貞明皇后御集』全三巻、宮内庁書陵部、二〇〇一年。

『貞明皇后御歌集』宮内庁書陵部、一九六〇年。

秩父宮雍仁「陸軍の崩壊　占領政策の批判」『中央公論』一九九六年一一月号所収。

『高松宮日記』第八巻、中央公論社、一九九七年。

橋本明「皇太子に宛てた『天皇の手紙』」『新潮45』一九八六年五月号所収。

森暢平「三笠宮がのこした『生前退位論』」（『文藝春秋SPECIAL』二〇一七年冬号所収。

宮内庁編『道　天皇陛下御即位二十年記念集　平成十一年～平成二十年』NHK出版、二〇〇九年。

「象徴天皇のお務めについての天皇陛下のおことば」宮内庁ホームページ（http://www.kunaicho.go.jp/page/okotoba/detail/12#41）。

『朝日新聞』一九九四年七月三〇日。

『帝国大学新聞』一九四七年五月八日。

（その他一次史料）

『芦田均日記』第一巻・第二巻、岩波書店、一九八六年。

「倉富勇三郎日記」国立国会図書館憲政資料室所蔵。

『牧野伸顕日記』中央公論社、一九九〇年。

『入江相政日記』第三巻、朝日文庫、一九九四年。

折口信夫「女帝考」『折口信夫全集』第二〇巻神道宗教篇、中公文庫、一九七六年所収。

木下道雄『側近日誌』文藝春秋、一九九〇年。

坂口安吾「天皇陛下にささぐる言葉」『坂口安吾全集』一五、ちくま文庫、一九九一年所収。

『徳川義寛終戦日記』朝日新聞社、一九九九年。

『続・現代史資料4　陸軍　畑俊六日誌』みすず書房、一九八三年。

『細川日記』中央公論社、一九七八年。

（研究書）

阿満利麿『日本精神史——自然宗教の逆襲』筑摩書房、二〇一七年。

安藤礼二『折口信夫』講談社、二〇一四年。

加藤恭子『昭和天皇と美智子妃その危機に——「田島道治日記」を読む』文春新書、二〇一〇年。

冨永望『象徴天皇制の形成と定着』思文閣出版、二〇一〇年。

豊下楢彦『昭和天皇の戦後日本』岩波書店、二〇一五年。

原武史『昭和天皇』岩波新書、二〇〇八年。

原武史『皇后考』講談社学術文庫、二〇一七年。

原武史『大正天皇』朝日文庫、二〇一五年。

（その他）

原武史「三笠宮との対話」『図書』二〇一七年七月号所収。

原武史「能登・久留米・出雲」『影の磁力』幻戯書房、二〇一二年所収。

コラム11　両陛下が「意思」を示すとき——戦没者慰霊と被災地見舞い

北野隆一

皇室の「公務」について、秋篠宮文仁さまは二〇〇四年一一月の誕生日に際しての記者会見で「かなり受け身的なものではないか」[1]と語った。憲法で天皇が「国政に関する権能」を有せず「内閣の助言と承認」が必要と規定されている以上、憲法が定める国事行為だけでなく、それ以外の「公務」もまた「受け身」が基本と考えられるのも、当然の流れではある。

実際、筆者が宮内記者会に詰めて皇室を取材した際にも、公務は「受け身」が基本であると感じられた。各地の訪問は、先方から招待や願い出があって決められ、先方が訪れてほしい場所に行き、お膳立てした相手と面会することがほとんどだ。全国植樹祭、国民体育大会、全国豊かな海づくり大会の三つの行事は「三大行幸啓」と呼ばれ、毎年持ち回りで開催地の都道府県が一年以上前から準備を進め、分刻みの日程を練り上げて実施している[2]。

ただし今の天皇、皇后両陛下については、例外が二つある。戦没者慰霊と災害被災地訪問だ。いずれも両陛下の「お気持ち」にもとづき、宮内庁から打診することで、訪問が実現に向け動き出す。他の公務とは対照的に、両陛下の意向や主体性が強く発揮されてきた。

戦後六〇年の二〇〇五年に訪れたサイパンや、戦後七〇年の二〇一五年訪問のパラオなど、戦没者慰霊のための戦跡訪問は、時間をかけて準備された。特に太平洋戦争で日米両国が激戦を展開したパラオ・ペリリュー島の場合、天皇陛下が戦後六〇年の際にも希望していたが実現しなかった当地の訪問について、「戦後七〇年という節目の年に当たる来年には、是非、慰霊のためにパラオに赴きたいという陛下の強いお気持ちを承り、これは何としても実現せねばということで」、十余年越しでかなえたという意味があった[3]。両陛下が慰霊の旅を続け、平和への思いを強く示してきたことについて川島裕・前侍従長は、陛下が「先の大戦と戦後の歩みを、当事者として強く記憶に刻んでいるからではないか」と述べている[4]。

一方、突然発生する大きな自然災害については、二週間から一カ月後頃をめどに最初の被災地訪問が行われてきた。二〇一一年三月一一日発生の東日本大震災の場合、両陛下は東京都内の避難所を手始めに、七週連続で埼玉、千葉、茨城、宮城、岩手、福島の各県を訪れた。被災地訪問の軌跡に沿って各地で取材すると、両陛下が語った言葉から、その姿勢の一端を辿ることができる。

震災発生一九日後の三月三〇日、福島などから被災者が避難していた東京都足立区の東京武道館で両陛下を迎えた当時の石原慎太郎都知事は、天皇陛下に「被災地は若い男宮の皇太子、秋篠宮両殿下を名代に差し向けてはいかがでしょう」と進言した。陛下は黙って聞いていたが、被災者見舞いを終えて避難所を出るとき、石原氏に歩み寄り、こう告げたという。「石原さん。東北は、私が自分で行きます」[5]。

四月二〇日、東大地震研究所の地震火山情報センター長として皇居・御所に呼ばれた佐竹健治東京大学教授は、地震について両陛下に説明した際、当時の川島裕侍従長からこんな話を聞いた。「天皇陛下が、原発を見たいとおっしゃっているのです」と。侍従長は「それは無理です」と答えたが、陛下はさらに「自衛隊の飛行機で上空から見るならいいだろう、それでもだめなのか」とも語った、とのことだった[6]。

両陛下は被災地訪問前後には、当時の菅直人首相をはじめ、閣僚や警察、自衛隊、消防の責任者、地震や放射能、医療の専門家を次々と御所に呼び、予定時間を超えて熱心に話を聞いている。被災地の訪問先や面会する相手も、受け入れる自治体側の提案だけでなく、両陛下のたっての意向で付け加えられる日程もあった。

東日本大震災の被災地訪問に宮内庁長官として随行した羽毛田信吾氏は「象徴天皇として一つ一つ、心を込めて積み重ねたことの集大成」と語る[7]。

「集大成」が東日本大震災ならば、その出発点はどこか。一九五九年の伊勢湾台風だろう。

天皇陛下は当時二五歳の皇太子。九月二六日に暴風と高潮が東海地方を襲ったわずか八日後、一〇月四、五日に被災地の愛知、岐阜、三重の三県を訪れている。昭和天皇の名代として差し遣わされたかたちだった。

しかし地元は当初、「皇太子の視察、お見舞いなどとうてい受け入れられる態勢ではなかった」と地元紙『中部日本新聞』社会部長だった宮岸栄次氏が記している[8]。訪問直前には『読売新聞』に「皇太子視察は考えもの」と題して「皇太子は行かれない方がいいのではないか」とする投書も載った[9]。地元自治体が辞退した避難所訪問についても、皇太子さまの現地入り後に宮内庁が重ねて要望した結果、当日昼に話がつき、実現するという経過を辿っている[10]。

「いま見舞っていただいても、なんのプラスもない」と冷ややかな視線もあったなかで始まった被災地訪問だった。しかし、明仁皇太子が懸命に見舞いに取り組み、被災者に声をかける姿勢が心に響いたのか、訪問の詳細を伝える宮岸氏の筆にも、次第に温かみが込もっていく。避難所訪問についてはこう書いた。「印象としては非常にいいものを残したようだった」「中には感涙する老婆もいた。『元気です』とこたえた女子中学生もいた」[11]。

伊勢湾台風以降、明仁皇太子による災害被災地訪問はしばらく途絶える。ただ、その三〇年後に天皇に即位して以降、精力的に被災地訪問を重ねることになる姿を思うとき、宮岸氏が伊勢湾台風被災地訪問を振り返って以下のように書いたことは、非常に示唆に富んでいるように思えてくる。

「恵まれた環境にある皇太子がヒューマニズムのなかに、ご自身の将来を見いだされるなら、そうした意味では、こんどの視察は大きなプラスであったといえよう」[12]。

註

(1)「『人格否定』発言に秋篠宮さま『残念』39歳の誕生日会見」『朝日新聞』二〇〇四年一一月三〇日、宮内庁ホームページ「文仁親王殿下お誕生日に際し(平成一六年)文仁親王同妃両殿下の記者会見」(http://www.kunaicho.go.jp/okotoba/03/kaiken/kaiken-h16.html)。

(2) 北野隆一「被災地の両陛下をたどって:1 異例の訪問 込めた意思は」『朝日新聞』二〇一五年七月三日夕刊。

(3) 川島裕『随行記 天皇皇后両陛下にお供して』文藝春秋、二〇一六年、三七~四〇頁。

(4) 中田絢子・北野隆一「退位『次第に考え始めておられた』天皇陛下おことばから1年 川島裕・前待従長に聞く」『朝日新聞』二〇一七年八月八日。

(5) 北野隆一「天皇陛下『東北は、私が行きます』被災地訪問に込めた思い」『朝日新聞』二〇一七年五月二二日、北野隆一「プロメテウスの罠 震災と皇室:5 東北へ『私が行く』」『朝日新聞』二〇一四年四月二一日。

(6) 北野隆一「被災地の両陛下をたどって:2 上空からでも原発を見たい」『朝日新聞』二〇一五年七月六日夕刊、北野隆一「プロメテウスの罠 震災と皇室:15『原発を見たい』」『朝日新聞』二〇一四年五月一日。

(7)「天皇陛下『東北は、私が行きます』被災地訪問に込めた思い」。

(8) 宮岸栄次「皇太子水害地を行く」『日本』一九五九年一二月号五四頁、北野隆一「てんでんこ 皇室と震災Ⅱ:1 血の叫び」『朝日新聞』二〇一七年七月五日。

(9)「気流 皇太子視察は考えもの」『読売新聞』一九五九年一〇月三日、北野隆一「てんでんこ 皇室と震災Ⅱ:4 背広に長靴」『朝日新聞』二〇一七年七月八日。

(10)「皇太子水害地を行く」五七頁。

(11)「皇太子水害地を行く」五七~五八頁。

(12)「皇太子水害地を行く」五九頁。

第7章 デモクラシーと君主制

宇野重規

1　生き残った君主制

君主制を打倒した国フランス

本書では現代世界における「陛下たち」について見てきた。「デモクラシーの世紀」である二〇世紀を経た二一世紀の今日においてなお、君主制はけっして過去のものになっていない。それどころかデモクラシーと共存しつつ、「陛下たち」は独特な存在感を発揮している。一見すると、およそデモクラシーと相いれないように思われる君主制は、なぜ現代世界において命脈を保っているのだろうか。そもそも、君主制とデモクラシーは両立し得るのだろうか。

この問題を考えるとき、一つの死角がある。現代においてなお存続している王室のみを念頭に置いてしまうことだ。なるほど、そのような「陛下」たちは、思いがけず重要な役割を果たしている。それを考えれば、現代において王室が存続しているのももっともだという話になるだろう。しかしながら、問題の全体像に迫るためには、存続することに失敗してしまった国々についても目を配る必要があるのではないか。王室が存続することに成功した国と、失敗した国の双方を俯瞰して初めて、いかなる条件において君主制は存続し得るのかについて、バランスのとれた理解が可能になるはずだ。

その際に、まず想起するのはフランスであろう。一七八九年に勃発したフランス革命の結果、一七九二年に王政が廃止され、ルイ一六世（Louis XVI 在位一七七四～九二）と王妃マリー・アントワネット（Marie Antoinette）が断頭台の露と消えた。その後、ナポレオン（Napoléon Bonaparte, Napoléon I 在位一八〇四～一四、一八一五）が没落した一八一四年には一旦ブルボン朝による王政が復古するが、その復古王政もまた一八三〇年の七月革命で崩壊する。ところが、七月革命後に出現したのは共和制ではなく、今度はオルレアン朝の王政であった。結局、このブルジョワ王政もまた、一八四八年の二月革命で終わりを迎えたが、その後もフランス政治において、ブルボン王朝を支持し続ける正統王朝派、立憲王政を志向するオルレアン派が長く一定の政治勢力であり続けた。

その意味では、二度の帝政を含め、「革命の国」フランスは、あるいはそうであるがゆえにむしろ、政体をめぐる振幅の大きさを示し続けたと言える。あたかも君主制を打倒した後になって、はたしてそれで良かったのかを迷い続けたのが、一九世紀以降のフランスであった。しかしながら、もしそうだとすれば、その「迷い」のうちに、現代世界における君主制の意味を考えるヒントが隠されているのではなかろうか。以下、このヒントの意味を探っていきたい。

トクヴィルの揺らぎ

そんなとき、ふと思い起こされるのが、一九世紀の政治家・政治思想家であり、『アメリカのデモクラシー』などの著作で知られる、フランス人貴族アレクシ・ド・トクヴィル（Alexis de Tocqueville）である。トクヴィルと言えば、いち早く新大陸アメリカのデモクラシーの現状を観察し、平等化の到来の必然性や、地方自治・結社活動など、デモクラシー社会を支える基盤を検討した思想家として知られる。貴族の出身であるにもかかわらず、トクヴィルはデモクラシーの発展を神の「摂理」と呼び、ブルボン朝への忠誠を誓う自らの家族を説得しようと試みた（この経緯については、宇野重規『トクヴィル　平等と不平等の理論家』を参照）。

しかしながら、その早い晩年とも言える一八四八年以降の時期に、トクヴィルはかなり微妙な政治的「揺れ」を見せている。二月革命後に開かれた憲法制定議会に参加したトクヴィルは、社会主義者を含む革命派とも、それに警戒を隠さない保守的な勢力とも一定の距離を置き、政治的には無力であったが、独特な観察眼を発揮することになる。そのあらましは彼の『回想録』によく示されているが、彼が特に頭を悩ましたのは大統領職のあり方についてであった。

なまじ君主制の歴史のある国において有力な大統領の職を設ければ、それはやがて新たな「王様」になってしまう危険性がある。かといって任期を厳格に定め、再選を制限するなどして権力を制限しようとすれば、力をもった大統領は、そのような制度そのものを破壊してしまうだろう。議会が不安定な状況において、大統領の独裁化をいかに防ぐことができるか。トクヴィルはこの問題に強い関心を示したのである。

このようなトクヴィルの予感は、ルイ・ナポレオン（Charles Louis-Napoléon Bonaparte, Napoléon III 在位一八五二〜七〇）のクーデタにより現実のものとなった。ナポレオン・ボナパルトの甥にあたるこの人物の危険性に早くから気づいていたトクヴィルであるが、結局、オディロン・バロ内閣の外相の任にあった一八五一年、クーデタによって身柄を拘束され、政界引退を余儀なくされた。この時期のトクヴィルはこのように書いている。

共和制は平衡のとれない政府で、つねに多くを約束するが、立憲君主制よりも自由を与えることが少ないものだと、私はいつも考えていた(1)。

もちろん、トクヴィルはあくまで共和制の維持しか選択肢はありえないと考えていた。フランスにおいて君主制はあまりにも人々の憎悪を集めてしまっていたからである。しかしながら、その一方でトクヴィルの脳裏からは次の思いが消えなかった。

人はうまくできてはいるが少々複雑なシステムに、平衡力を保たせておきたかったのではなかったか。そして共和制の頂点に、抑制がきき、穏健な、それゆえ慎重で思慮深い権力を配置しておきたかったのだろうか(2)。

トクヴィルは、共和制をあくまで支持しつつ、その頂点に「抑制がきき、穏健な、それゆえ慎重で思慮深い権力」を置きたいと願っていた。しかしながら、現実はその逆であり、今や大統領ルイ・ナポレオンは皇帝ナポレオン三世になりつつある。その現実に絶望したトクヴィルにとって、「立憲君主制」というのは一つのありうべき政治形態として映ったのかもしれない。

これを貴族出身のトクヴィルが、その晩年、革命による不安定に疲れ切って君主制主義者に「先祖返り」したと見ることは容易だろう。しかしながら、権力分立の政治システムに乏しく、まして革命によって中央集権化への傾斜が加速したフランスにおいて、その頂点に「抑制がきき、穏健な、それゆえ慎重で思慮深い権力」を設けることは、トクヴィルの悲願でもあったはずだ。そのようなトクヴィルにとって、「立憲君主制」が一つの希望として現れたとしても、けっして不思議ではない。ここにあるいは、デモクラシーにおける君主制を考える一つのポイントがあるだろう。

2　君主制とデモクラシーは矛盾するか――制度論的考察

君主制と民主制

ここで君主制と民主制（本章では、狭義の、あくまで政治体制の一分類としての「民主制」と、平等などの社会原理までを含むより広い意味での「デモクラシー」を区別して用いる）との関係をめぐる概念の整理をしておきたい。

しばしば、君主制は民主制と対比されるが、正確に言うならば、両者が必然的に矛盾するとは限らない。なるほど、アリストテレス以来、政治体制の分類にあたって統治者の数に応じて、一人支配の君主制、少数者支配の貴族制、多数者支配の民主制が区別されてきた（さらに言えば、それぞれの堕落形態として、僭主制、寡頭制、衆愚制が分類された）。

しかしながら、今日、焦点をもっぱら君主制のある、なしに置いた場合、君主制と対比されるのはむしろ、共和制（republic）であろう。実際、世界の国名を見ても、イギリスのように United Kingdom of Great Britain and Northern Ireland か、フランスのように La République française のように、君主国と共和国が対置されるのが一般的である。共和制の定義として、「世襲の君主が存在しない政治体制」とすることも多い。このような言葉遣いが一般的になるにあたっては、モンテスキュー（Charles-Louis de Secondat, baron de la Brède et de Montesquieu）が『法の精神』で示した、共和制／君主制／専制制という政体の三分類が重要であろう。モンテスキューは一人の君主が支配する君主制に対し、人民の一部もしくは全体が主権を有する政体を共和制と呼んだ。アメリカ合衆国の成立にあたり、君主制ではなく共和制が採用されたことから、君主制と共和制を対置する用法が一般化することになった。

これに対し、今日、民主制と対比されることが多いのはむしろ、独裁制（dictatorship）ではなかろうか。その場合、問われているのは政治的意思決定のあり方である。政治的意思決定にあたって、もっぱら特定の個人や集団が絶対的な権力を握るか、あるいは民主的な参加や手続きが保障されるかが、両者を区別するポイントとなる。その意味では、形式的には世襲の君主が存在するとしても、実際の政治的意思決定が、国民の代表者によってなされる場合、けっして非民主的であるとは言われない。その意味では、現代の政治用語において、君主制と民主制は必ずしも矛盾しないのである。

原理的な緊張

とはいえ、だからといって、君主制とデモクラシーの間に、一切の緊張が存在しないとまで断言できるかは微妙である。何より、世襲の君主制は生まれに基づく人間の区別（差別）を前提としている。これに対し、デモクラシーとはトクヴィルを持ち出すまでもなく、人間の平等性に最も重要な基盤をもつ。民主化の歴史とは、それでもなお存在する人間の差別に対する否定の運動であったと言えるだろう。その意味では、君主制とデモクラシーの間には、原理的なレベルにおいて大きな緊張が秘められている。

この点に関して、政治思想史家の福田歓一（一九二三〜二〇〇七）は、「二十世紀における君主制の運命」において次のように述べている。[3]

福田の整理によれば、西洋政治思想史において、長く否定的な意味合いで使われることが多かったデモクラシーは、第一次世界大戦へのアメリカの参戦を機に、肯定的な意味に転じた。結果として、この言葉はむしろ文句のないプラスのシンボルへと発展し、ついにはナチズムや社会主義すらも、デモクラシーというシンボルに訴えかけるに至った。このような状況において、「ついに君主制までが、神意、血統など、自己自身の中の根拠に頼り切れなくなって、民意に基礎をおこうとし、少なくともデモクラシーと矛盾しないと言わなければならなくなった」ことを福田は、「奇妙な、むしろ驚くべき現象[4]」と言う。

さらに福田は指摘する。「生まれによる差別を原理とする君主制が、それを否定するデモクラシーに根拠を求めよう、という姿勢を示してきたとすれば、このことは歴史の進行の中で、二十世紀、それも後半になって、その大勢に順応するために君主制がどんなに苦心しているか[5]」を示している。そうだとすれば、現代においてなお残る君主制は、二〇世紀の現実に対し、独特な形でデモクラシーに適応しようとした君主制の自己変容の産物として捉えるべきであろう。君主制とデモクラシーの両立を無批判、無前提なまま当然視することは、厳しく批判されるべきである。

3 王・貴族・民衆の複雑な関係

『旧体制と革命』が示唆するもの

このような視点から、福田はイギリスの君主制をあくまで例外的な事例と考える。なぜならば、福田に言わせれば、イギリスは自由民主主義的な政治制度を高度に発展させた特別な国であり、そのように政治的成熟度が高いからこそ、デモクラシーと君主制の共存も可能になっていると言えるからである。イギリスの君主制を考える上でのポイントとして、福田は三つの点を指摘する。[6]

第一は革命の試練である。その最たるものは、いわゆるピューリタン革命であろう。その際に王は、君主としての地位のみならず、自らの首までを失っている。このような国民の抵抗をつねに想定しているという点で、イギリスの君主制は革命から間違いなく教訓を得ている。第二は貴族制度の存在である。有効に機能する貴族制度があってはじめて君主制も機能する。そして第三は、いわば大衆社会を早くから自覚して、ウォルター・バジョットのいう「尊厳的部分」としての役割を効果的に果たしてきたことがある。この第三の点については、のちほどあらためて論じるとして、ここでは第二の貴族制度について検討してみたい。

ここで一つの参考になるのが、すでに言及したトクヴィルである。トクヴィルは『アメリカのデモクラシー』と並ぶもう一つの主著である『旧体制と革命』において、イギリス・フランス・ドイツの三国について比較検討を行っている。その際の彼の問題意識は、なぜフランス革命がほかならぬフランスで発生したのか、そしてフランスにおいてなぜ、かくも突然、しかも完全に君主制が崩壊したのかという点にあった(7)。

その上でトクヴィルは、イギリス・フランス・ドイツの法・政治制度が、中世において極めて類似していたことに注目する。ある意味で、三国の出発点は極めて近いところにあった(8)。そして、いずれの国においても、その速度は違いながらも、封建的諸制度はやがて衰退していくことになる。

ところが、トクヴィルはここにある種の逆説を見出す。後に革命が起きることになるフランスであるが、トクヴィルの見解によれば、農民の封建的束縛からの解放は最も先行していたというのである。しばしば言われるように、封建制が残存し、近代的所有権の確立が遅れたから革命が起きたのではない。事態はむしろ逆であり、フランスの農民の多くは旧体制の下、すでに土地所有者になっていた。にもかかわらず、革命はフランスで起きた。ここにトクヴィルは問題を解き明かすべき謎を見出したのである。

英仏の貴族制の違い

トクヴィルの見るところ、ポイントは貴族制であった。フランスにおいては絶対王政の下で中央集権化が進むにつれ、貴族たちはその領地に対する政治的影響力を弱めていった。あるいは首都に集められ、あるいは領地に残ったとしても、地域の政治的実務とは切り離された存在となっていったのである。彼らは依然としてその特権を保持していたが、彼らがその先祖から継承した権利は周りの人々にとって、文字通りの「特権」として映った。

いち早く封建的束縛を脱し、土地所有者となっていった農民たちにとって、貴族はもはやその支配者ではなかったが、さりとて平等な存在でもなかった。自分たちと変わらない存在でありながら特権を保持する不当な存在——それが旧体制下におけるフランスの貴族であった。農民たちはなお残存する封建的束縛に敏感になる一方、不当な存在である貴族に対する憎悪を深めていった。「中世の制度の束縛は、実際それが最も軽かったところで、最も耐えがたいものと現れたのである[9]」。

これと対照的な変化を遂げたのがイギリスの貴族制である。トクヴィルの見るところ、イギリスで表面的には古い諸制度が残っているように見えて、その実質は大きく変化していた。イギリスでは早くから貴族とブルジョワの間で通婚が行われ、古い貴族制には新たな活力がもたらされていた。何より、貴族たちは議会に拠って、王権に対抗しつつ、諸身分の権利を守る存在として自らを人民にアピールすることに成功したことが大きかった。

結果として、貴族は平民の敵、不当な特権階級ではなく、平民の代表者として振る舞うことになる。「封建制が確立されたヨーロッパの全地域において、それは結局カーストにいたりついてしまったのだが、イギリスだけはただ一つの例外で、アリストクラシーを興隆させることができたのである[10]」。言葉の文字通りの意味、すなわち「優れた人々による支配」としてのアリストクラシーに最も近づいたのがイギリスであった。このような、カーストではなく、アリストクラシーとしての貴族が存続し、重要な政治的機能を果たしたことが、結果として自由な立憲君主制を発展させることにも寄与したと、トクヴィルは考えたのである。

イギリス議会制の発展

よく知られているように、イギリスの議会制は諸身分議会にその起源をもつ。その限りで言えば、イギリス議会は最初から民主的な機関として出発したわけではなく、歴史の展開のなかで、結果として民主的な役割を果たすに至ったと言えるだろう。

その際に鍵となったのが貴族である。フランスにおいて、貴族は早くからその政治的影響力を失い、文字通りの寄生的身分となってしまった。ついには、平民の憎悪をかりたてる存在に堕落してしまったのである。

これに対しイギリスではむしろ、貴族は地域社会において治安判事等の職務を果たし、政治的影響力を保持した。のみならず、イギリス貴族は議会に拠って国王の暴政に対する抵抗の拠点となり、人民の代表者として振る舞ったのである。この違いが、両国の政治的近代に対し、大きな影響を与えたというのが、トクヴィルの分析である。

フランスにおいて中央集権化と、王の代理である官僚支配が地域にも浸透したのに対し、イギリスでは地域の自治と議会制が王権を抑制する仕組みとして働き、王権の絶対化を阻むことになった。結果として、イギリスの政治体制は一見したところ、封建的な諸制度を保持しているように見えて、実質的には言論や出版の自由、法の支配といった近代的諸原理がそのなかに入り込み、漸進的な形で政治体制を近代化していったのである。

これに対しフランスでは、そのような仕組みを備えることなく中央集権化が進行し、パリの政治的・文化的影響力が他を圧倒した。結果として、首都における急進的な政治思想が全国を揺さぶり、政治体制の急激かつ全面的な転換をもたらしたというのである。

鍵となったのはあくまで貴族たちであった。フランスにおいても売官制などを通じ、貴族階級のなかに新たな人々が参入する仕組みがなかったわけではない。にもかかわらず、その仕組みは限定的であり、何より貴族階級とブルジョワ階級の間の通婚が拡大せず、両者の一体化が進まなかった。貴族が人民の諸利害に敏感に反応して行動し、議会を拠点に新たな政治的アリストクラシーとして機能したかどうかが、フランスとイギリスの政治的近代化をまったく異なるものにしたのというのがトクヴィルの結論である。君主制と民主制の関係を考える上で、トクヴィルの考察は多くを示唆するものであると言えるだろう。

4 フランス革命の衝撃

ヴァレンヌ逃亡事件と国王の処刑

さて、再度、フランス革命について着目してみたい。なぜ、デモクラシーと王権は正面から衝突することになったのだろうか。

あらためて確認するまでもないが、フランス革命の勃発が直ちに国王夫妻の処刑、まして君主制の廃止に直結したわけではない。エルンスト・カントーロヴィチ（Ernst Hartwig Kantorowicz）の『王の二つの身体』が指摘するように、一人の人間としての王の身体に終わりがあるとしても、王を通じて体現される王国という「もう一つの王の身体」は時を超えて持続する。中世を通じてこのような観念を発展させてきたフランス王国の人々にとって、まさに王国の一体性を象徴する存在としての王を否定することは、けっして容易ではなかったのである。

一つの転機となったのでは国王夫妻のヴァレンヌ逃亡事件である。一七八九年一〇月、パリの広場に集結した主婦たちはヴェルサイユに向けて行進して国王を拘束、パリのテュイルリー宮殿において、その一家を事実上の監視下に置いた。これによって事態は一旦沈静化したかに見えたが、不満をためた国王一家が逃亡をはかり、それが未遂に終わったのが一七九一年六月のヴァレンヌ逃亡事件であった。この事件は厳密には国外逃亡を目指したものではなかったが、国王の裏切りとして受け止められ、王権に対する信頼は大きく損なわれることになった。それまで国民議会では、自由主義的な貴族を中心に、立憲君主制への試みが続けられていたが、事件を機に事態は一変したのである。

歴史家のモナ・オズーフ（Mona Ozouf）の言葉を借りれば、事件は議会の多数派にとって「青天の霹靂」であり、まさに「革命を確定し」、憲法を穏健な方向に修正するための努力がなされている最中に起こったものである[11]。いわば、「憲法の精神」と「主権の代表者」という二つの権力の間にあった、半ば宗教的な「ヴェール」は、この事件によって切り裂かれてしまった。結果として、議員たちは否応なく、立憲君主とは何か、憲法の性格と革命の意味とは何か自問することになったのである。

国王と国民の情緒的な絆は断たれつつあった。それでもなお議会は「共和制」という言葉に尻込みしたが、やがて共和制を求める声が議会の外から聞こえることになる。様々な政治的結社において、あらためて君主制の意味を問い直す発言が登場する。数学者として知られ、穏健派の政治家としても活躍したコンドルセ（Marie Jean Antoine Nicolas de Caritat, marquis de Condorcet）が、「われわれはもはや国王の権威を保証する手段として、一人の人間を一種の神に仕立て上げるような神を汚す迷信に頼る時代を生きていない[12]」と発言するに至ったのは象徴的であったと言えるだろう。

やがて国王は裁判にかけられる。サン＝ジュスト（Louis Antoine Léon de Saint-Just）やロベスピエール（Maximilien François Marie Isidore de Robespierre）らジャコバンの急進派はついに、「人民が主権者である革命は君主政と妥協することはできない」と考えるに至った。革命を神聖視するためには、もはや君主政の神聖さと正面から対決する必要を理解したのだと、モナ・オズーフは言う。「祖国が生きるためにはルイは死ななければならない」という言葉はまさにそのような理解を現すものであった[13]。そのような急進派の意見がやがて議論を制し、ジロンド派などの穏健派を圧倒するに至る。議会は結局人民への上訴という提案をも否決し、一票差の過半数で死刑を決定した。ルイ一六世は一七九三年一月に処刑された。

もちろん、これまでもピューリタン革命におけるチャールズ一世（Charles I 一六〇〇～四九）の処刑など、ヨーロッパにおいて国王の処刑の前例がなかったわけではない。が、そのような処刑は最終的には君主制の復活をもたらした。これに対し、フランスにおける国王の裁判は、国王の神秘を奪い、君主制そのものの否定に行き着いたのである。チャールズ一世の処刑のときのように、王殺しは何らの天変地異ももたらすことはなかった。そのことはある種の安堵感をもたらしたとさえ、地方に残されている文書は記している[14]。世襲の王という権威は否定され、「人間の権利」という抽象的な原理を正統性の基盤とする政治体制が誕生したのである。

「第三権力」の模索

今や君主制という歴史的な正統性は否定された。新たな正統性の源泉は、人権と人民主権という原理に見出されることになる。歴史における連続性を否定したとき、憲法制定を課題とする国民議会が拠って立つことができたのは、歴史を超えた抽象的な原理しかなかったのである。しかしながら、周知のように一七九三年の原理はやがてジャコバン派の独裁政治へと行き着き、そしてロベスピエールの恐怖政治は、九四年のテルミドールのクーデタによって終わりを迎えた。テルミドール派は九三年憲法の革命色を薄める新たな政治体制の構築に着手せざるを得なかった。

そこで一つのポイントとなったのは、憲法を立法権力による革新からいかに守るかということであった。人民主権はそれ自体が絶対化されるとき、国家の構造それ自体を破壊してしまう。政治体制を安定させるためにはむしろ、何らかの権力均衡を図るべきではないか。このような問題意識の下、モンテスキュー以来の権力分立論が復活するとともに、アメリカでの経験が大きく参照されることになる。新たな「均衡の体制」が目指されたのである。

その際に一つのキーワードとなったのが、「第三権力」であった（この「第三権力」論については、マルセル・ゴーシェ〔Marcel Gauchet〕の『代表制の政治哲学』が参考になる）。立法権と執行権と区別され、かつこれらの権力を抑制する権力、諸権力を監視すると同時に、調停する権力の構想が「第三権力」の名の下に託されたのである。そのような「第三権力」の内容は多岐にわたった。そこには違憲立法審査権を担う憲法審査院の構想もあれば、新たな元老院の構想も含まれた。

しかしながら、やはり議論の的となったのは君主制の機能をいかに回復するかであった。諸権力の上に立って、国民の一体性を代表する存在は、いかにすれば可能か。共和制のもつ非人格的な性格に対して、一人の人物を通じて、国民の一体性を目に見えるものにすることは不可能か。このような議論はやがて、軍事的天才、ナポレオン・ボナパルトの帝政によって、ある意味で実現されることになった。

とはいえ、この時期の「第三権力」論はナポレオンに尽きるものではなく、たとえば、フランス革命を準備することになった『第三身分とは何か』を執筆したシェイエス（Emmanuel-Joseph Sieyès）にしても、君主制に着目している。彼によれば、君主は国民の尊厳を代表する一方、それ以上に高みにはいかなる市民も到達できないという意味で、「あらゆる野心の火を消す者」であった[15]。このようなシェイエスの構想は実ることなく終わったが、彼の制限君主制への着目は、すでに指摘したトクヴィルの事例を含め、予想以上に大きな影響を後世の諸議論に与えていると言えるだろう。

バンジャマン・コンスタンの立憲君主制論

この時期について、もう一人見逃せない論者がいる。バンジャマン・コンスタン（Benjamin Constant）である。コンスタンはフランス革命後における自由主義陣営を代表する政治家であり、論客である。コンスタンはスイスのローザンヌに生まれ、軍人であった父に連れられ、エディンバラなどヨーロッパの各地を転々とした。革命後のフランスにおいて政治活動を開始し、様々な政治的著作を発表すると同時に、『アドルフ』や『セシル』など、のちに近代新主義小説のはしりとされる文学作品を発表している。

銀行家であり財政家であったジャック・ネッケル（Jacques Necker）の娘で、多くの政治的・文学的著作を残したスタール夫人（Anne Louise Germaine de Staël）との関係を含め、波乱万丈な恋愛生活を送ったコンスタンであるが、政治的立場においても少なからぬ揺れを見せた（同時代的には、「Constant inconstant＝一貫せざるコンスタン」との評もあった）。革命直後に共和制論者であったコンスタンは、やがて皇帝へと台頭しつつあったナポレオン・ボナパルトと対立、一旦は国外生活を余儀なくされたが、ナポレオンが一時的に復活した際には接近もしている。王政復古の後は、立憲君主制を主張して自由派のリーダーとして活躍した。

とはいえ、コンスタンを単なる日和見主義者として見るのは適当ではないだろう。一八一九年、「古代人の自由と比較した近代人の自由」と題された有名な講演でコンスタンは、公的意思決定への参加を意味する「古代人の自由」と、私的生活の平穏な享受を意味する「近代人の自由」を明確に区別した。経済活動の発展した近代社会において、すべての市民が政治参加のための十分な時間と余裕をもつことは不可能である。そのためにこそ、代議制を含め、個人の自由と権利を擁護するための制度が必要とされる。政治的変動に翻弄されたコンスタンは、そうであるがゆえにむしろ、近代的な個人の自由を守るための安定した政治制度を模索したのである。

そのようなコンスタンが最終的に行き着いたのが立憲君主制である。彼の議論の主眼は、国王を政治権力の運用からは退けつつ、むしろ中立的な立場から、諸権力の衝突や逸脱を調整し、安定した政治運営を担わせようとすることにあった。革命後のフランスは君主制の否定、共和制の挫折、恐怖政治の経験、ナポレオンの帝政、そして王政の復古を経験した。この間にコンスタンは、権力の集中を恐れ、諸権力の厳格な分立を主張するに至った。司法・立法・執行権の上に立ち、権力の簒奪に対する防波堤ともなる抽象的で非人格的な中立的な君主制こそが、彼の目指すべき政治的ゴールとなったのである。

5 王室を飼いならす？――W・バジョットの王室論

外から見たイギリスの君主制

このようなコンスタンの立憲君主制のモデルとなったのは、言うまでもなくイギリスであった。フランスについて言えば、すでに触れたシェイエスの場合、ブルボン朝の王権が倒れ、ある意味で新たに君主制を創り出す必要性があった。コンスタンの場合にも、復古王政が存在したものの、その正統性は一度断絶し、そのこともあって復古後も安定が難しかった。むしろ帰国した亡命貴族を中心に、あたかもフランス革命が存在しなかったかのように、過去への急激な復帰を訴える反動勢力が台頭したのである。彼らは「超王党派（ユルトラ）」と呼ばれ、その首領である王弟アルトワ伯がシャルル一〇世（Charles X 在位一八二四～三〇）として即位したことから、君主制をめぐる対立は激しさを増すばかりであった。その結果は言うまでもなく、一八三〇年の七月革命であった。結局、フランスでは安定した立憲君主制の定着に失敗したと言わざるを得ない。

これと比べるならば、イギリスの場合、ピューリタン革命と名誉革命にもかかわらず、あるいはこれらの革命を経験したがゆえに、安定した立憲君主制の確立に成功したと、フランスの理論家たちの目には映った。イギリスをモデルにしたのはコンスタンばかりではない。すでに触れたスタール夫人にしても、イギリスにおける安定した立憲君主制の確立を重視し、これを機能的に支えるものとしての「才能による貴族（ナチュラル・アリストクラシー）」に着目している。イギリスの立憲君主制とそれを支える諸制度や社会集団は、フランスの自由主義的勢力にとって議論の大きな焦点となった。本章の冒頭で触れたトクヴィルにしても、イギリスに着目するフランス自由主義の思想潮流を受けて、自らの政治論を構想したことは言うまでもない。その意味で、彼がその晩年に、立憲君主制に対する傾斜を示したことは何ら不思議ではない。

もちろん、イギリスにおいてその立憲君主制について、理論化の試みがなかったわけではない。たとえば、哲学者であり、政治学者としても活躍したデイビッド・ヒューム（David Hume）は、イギリスの政党制の確立について、興味深い議論を展開している[16]。

一七世紀の政治を揺さぶった、いわゆるウィッグ党とトーリー党の対立であるが、その根源には自由への愛と君主制への愛の対立があったとヒュームは指摘する。しかしながら、ピューリタン革命と名誉革命を経験して、両派はそれぞれの重視する価値と同時に、対抗する勢力の奉じる価値についても、いつしか共有するようになっていった。すなわち、ウィッグがあくまで自由を価値としつつも君主制の意義を承認したのに対し、トーリーもまた君主制への愛を失うことなく自由の必要を認めたというのである。結果として、両派による妥協と共存の結果、安定した政党政治が可能になったとヒュームは説く。その鍵は「自由」と「君主制」という二つの原理の両立であった。ここに原理としての立憲君主制についての考察の端緒を見ることができるだろう。

バジョット『イギリス憲政論』

このように立憲君主制についての理論化が先行したのは、むしろそれの構築に失敗したフランスの側であったと言える。そのことはある意味で、無理もないことだったのかもしれない。いわば、立憲君主制とは、一度は共和政体を経験したフランスにおいて、あらためてその意味が再確認されたものであった。この世において、失われてみて初めてその価値に目覚めることがある。君主制もまた、そのような価値の一つだったのかもしれない。

しかしながら、このことはイギリスにおいて、立憲君主制についての理論化が進まなかったことを意味しない。むしろ事態は逆であり、現実の実践において発展したイギリスの君主制の観察から、やがて本格的な君主制の政治理論が構築されていく。その点で特筆すべきは、やはりウォルター・バジョット（Walter Bagehot）の『イギリス憲政論』であろう。

バジョットは銀行家の家庭に生まれたジャーナリストである。当時のイギリスは、一八三二年の選挙法改正により都市中産階級に選挙権が拡大され、さらに一八六七年の第二回改正により、多くの労働者が選挙権を持つようになっていた。このことは歴史的に発展してきたイギリスの議会政治のあり方に大きな変化をもたらしたが、そのような時代を背景に自らの政治論を展開したのがバジョットであり（『イギリス憲政論』は一八六七年の刊行）、ジョン・スチュアート・ミル（John Stuart Mill）であった（同じく『代議制統治論』が一八六一年に刊行）。彼らは互いに競い合いつつ、イギリスの議会政治の歴史と現状に鋭いメスを入れることになった。その考察は、個々の記述や論考においては時代とともに古びてしまったが、全体としてなお、今日の政治を考える上での有効な示唆に満ちている。

バジョットはすでに触れたように銀行家の家庭に生まれ、その活躍の場所をジャーナリズムに見出したという意味で、伝統的なイギリスの名望家とは異なる家庭背景をもっている。以下で述べるように、君主制の意義を高く評価するバジョットであるが、その評価はあくまで分析的であった。個別のイギリス君主を論じる際の彼の筆致は極めて冷静であり、ときとして辛辣でさえある。バジョットはあくまで、イギリスの君主制がイギリスの憲政において独自の役割を果たしているがゆえに評価するのであって、君主制を絶対的に信奉する議論とははっきりと一線を画している。そうであるがゆえに、彼の君主制論は歴史を超えた射程をもち得たのである。

機能的部分と尊厳的部分

ウィッグの自由主義的な潮流に属するバジョットであるが、そのイギリス憲政論は、エドマンド・バーク（Edmund Burke）の思想を継承するものであった。イギリス国制の根幹にある自由の伝統を重視するバジョットは、選挙権の拡大によってこれまで政治に参加してこなかった階層の影響が拡大することに警戒感を隠さなかった。とはいえバジョットは単なる守旧的勢力ではなかった。彼はイギリス国制の静かな、しかし確実な進化を正確に記述しようとしたのである。

そのようなバジョットが『イギリス憲政論』で展開した有名な議論が、「機能的部分（efficient part）」と「尊厳的部分（dignified part）」の区分である。前者はいわば政治体制における実効的な機能の部分であり、この部分が有効に機能しない限り、統治機構の安定的な運営は不可能になる。これに対し後者は人々の信頼や忠誠心を獲得するための部分であり、しばしば人々の理性よりは感情や気分に訴える。ある意味で、「尊厳的部分」こそが政治体制の力を引き出すのであり、「機能的部分」はそれを利用しているに過ぎないとバジョットは言う。

多くの人、特に知的な階層に属する人々はしばしば「機能的部分」にのみ着目するが、この部分に関する議論は複雑であり、理解は容易ではない。社会のより多くの人々にとっては、制度の有用性であるとか、生活上の便益といった日常的事柄よりはむしろ、国家の栄光、帝国、国民性といった漠然とした抽象的理念の方がアピールするのである。そのため政治体制のうち最も機能的な部分が、人々の最大の尊敬を受けるとは限らない。最大の尊敬を受けるのはむしろ、個人の人格的要素と密接に結びつく、しばしば演劇的な要素と結びついた部分であるとバジョットは主張した。

バジョットによれば、イギリス国制のうち、「機能的部分」の鍵を握るのは内閣である。内閣は本来、国王の信任を受けて生まれるものであったが、やがて実質的には下院（庶民院）の多数党の支持を受けて成立することになった。結果として、内閣は議会から生まれ、行政権を担う独自の委員会となるが、極めて特殊な委員会であり、ときとしてその母体である議会を解散する力をもつに至った。ある意味で、内閣は行政権と立法権の「融合」を体現する存在であると言える。この内閣制の発達こそが、イギリスの政治体制の独特な優位性をもたらすことになったとバジョットは主張した。彼の目に、三権の明確な分離を特徴とするアメリカの大統領制に比して、イギリスの議院内閣制ははるかに機能的であり、安定的なものとして映ったのである。

「尊厳的部分」としての国王

これに対し、「尊厳的部分」を担うのは国王である。イギリス国王はもはや、イギリス国制における「機能的部分」としては多くの権限を実質的に失ってしまったが、「尊厳的部分」としてはなお巨大な役割を果たしている。ある意味で、「機能的部分」については内閣に、「尊厳的部分」については国王にと、役割を分担したことが、イギリス国制の進化を見出すことができる。

なにものにもまさって君主は尊敬されねばならない。君主について詮索し始めると、尊敬できなくなる。君主に関する特別委員会ができると、君主制の魅力はなくなるのである。秘密が君主の生命である。魔法を、白日の下にさらしてはならない。君主を、政治葛藤の中に引きずり込んではならない。さもないと君主は全闘士から尊敬されなくなるであろう。また君主は、多くの闘士たちの仲間入りをすることになるであろう[17]。

とはいえ、繰り返しになるが、バジョット自身は君主をまったく神秘化することはない。たしかに「機能的部分」と「尊厳的部分」を区別し、後者を君主に担わせるバジョットであるが、君主は人々の尊敬を獲得し、政治体制に必要な力を獲得するための手段に過ぎない。君主自身は政治に関わるべきではなく、闘争からは超越しているべきであるとバジョットは考えた。その意味で、成熟した議会政治の発展とコインの表裏をなすのが、「尊厳的部分」としてのイギリス君主制の純粋化であった。バジョットは国王のもつ神秘的な力を、いかなる政治体制にも移植可能とは考えていなかったし、そのことを望ましいとも考えていなかった。

すでに言及した福田歓一もまた、政治的成熟度の非常に高いイギリスにおいてはじめて、君主制とデモクラシーが両立し得ると説いている。あくまでイギリスの君主制は例外的であり、これを他の多くの国々にも適用可能かについて福田もまた慎重であった。このようなバジョットと福田の留保づけは、君主制の比較政治を考える上で、けっして忘れられてはならないだろう。

6 デモクラシーと君主制は両立するか

イギリスとフランスの対照的な政治的近代化

ここまでの議論を振り返ってみよう。なぜ君主制は「デモクラシーの世紀」である二〇世紀を経て、今日においてなおその命脈を保っているのか。はたして君主制とデモクラシーは両立し得るのか。その結論は明らかであろう。君主制はデモクラシーと両立する限りでのみ存続したのであり、君主制が生き残ったのは、あくまで例外的な国々にとどまるということである。その代表例がイギリスであり、イギリスは議会政治を先駆的に発展させ、高度な政治的成熟を実現したがゆえに君主制を保持することに成功したのである。逆に言えば、多くの君主制はデモクラシーの波をうまく乗り切りことができなかったことになる。

この場合、トクヴィルが指摘したように、イギリスにおいて古い制度やその名称が存続しているように見えても、その内実は漸進的に近代化していたことが重要である。地域の政治的実務を担った貴族は同時にブルジョワ階級との通婚を進め、結果として平民の代表として王権に対抗する存在へと成長していった。彼らが拠って立ったのが議会であり、封建的な起源をもつこの制度が、むしろ近代的な立憲君主制のための基盤となっていったのである。このようなイギリスにおける政治的近代化は、貴族の弱体化と王による中央集権化を特徴とするフランスの政治的近代化とは対照的であった。

バジョットの指摘するように、イギリスの首相は本来、国王の任命するものであったが、実質的には議会の多数党を代表するものへと変化していった。結果として、内閣が行政権と立法権の融合を体現する存在へと発展したのである。国王は自らの政治的権限の多くを実質的に手放し、むしろ抽象的・理念的な存在として自らを純化していった。ここに至って、イギリス国制において「機能的部分」と「尊厳的部分」とが分化し、首相が前者を、国王が後者の頂点に立つこととなった。結果として、機能や実効性よりはむしろ、人々の感情や気分に訴え、しかしむしろ有効に人々の信頼や忠誠心を獲得する存在として、国王は自らの役割を再確認したのである。

逆に、絶対化した王権の下で安定した議会制を発展させることに失敗したフランスは、人々の不満を受け止める柔軟な政治構造をもつことができず、結果としてフランス革命を経験することになった。その際も、イギリス貴族とは異なり、フランス貴族は不当な特権の持ち主として民衆の憎悪の的となり、立憲君主制の推進者としての役割を果たすことができなかった。不安定化した王国にあって、ルイ一六世はヴァレンヌ逃亡事件という「失策」もあって、ギロチンにかけられる。

とはいえ、君主制を廃止したフランスは、安定した共和制を実現するのに成功したわけでもない。むしろこれ以後、王政復古と革命、そして帝政を経験するなど、政治体制の振幅の多い歴史を辿ることに

にあった。

なった。その意味で、イギリスとフランスの対照は明らかであり、その際の鍵は議会政治と立憲君主制

デモクラシーは自己完結し得るのか

ただし、イギリスなどの立憲君主制の実例をただ例外としてのみ考えるのであれば、議論の射程はけっして広がらないであろう。デモクラシーの社会は、どこか自己完結できない部分があるのではないか。現代においてなお存続する君主制は、むしろデモクラシー社会に内在するある種の欠如を補っているのはないか。そのように考えるとき、君主制の問題は、現代デモクラシーの問題を鮮やかに照射するのかもしれない。

フランスの事例で見たように、国王という歴史的に国家の一体性を体現し、歴史の連続性を一人の人格において象徴する存在を急激に否定した場合、その社会は正統性の危機に直面する。フランスの場合、これに対し人権という抽象的理念や人民主権という新たな政治原理を掲げることで立ち向かおうとしたわけであるが、結果として政治体制の不安定化を免れなかった。このことは人権やデモクラシーといった理念や原理のみで、一国の一体性や継続性を保証することがいかに難しいかを示している。

さらに革命後のフランスの理論家が示しているのは、危機を乗り越えるためには権力の集中や絶対化が求められるが、そのように一元化された中央権力は、それ自体が新たな不安定化の要因となるということであった。多くの政治的野心家が集権化された国家権力を目指すことになり、政治はつねに争奪戦の様相を呈する。一つの権力者が倒れても、また新たな挑戦者が現れ、安定化の契機はなかなか見られ

ない。権力の頂点に敢えて世襲の君主を置き、権力獲得競争から超越させるという構想はそこから出て来た。

かといって、ただ権力を分割し、分立させるだけでは、抑制と均衡をよく果たすには不十分である。むしろ諸権力による対立や、足の引っ張り合いが続く可能性さえある。そうだとすれば、対抗し合う諸権力の上に立って、中立的に調整の役割を担う存在が必要ではないか。そのような問題意識は、革命直後の「第三権力」論から、コンスタンによる「中立権力」・「調整権力」論に至るまで、数多くの議論が見られる。その際にしばしば君主制が注目されたのであり、現代においてもなお、国王が単に象徴的存在として君臨するのみならず、現実に諸政治勢力間の調整を行っている実例がある。

人間の基本的平等性に基礎を置き、人権と人民主権という理念や政治原理に支えられるデモクラシーの社会は、それ自体としてはどこか不安定さを免れないであろう。多くの社会は、不安定さを補う要素をどこからか導入しているが、その要素は必ずしも民主的なものとは限らない。本書で検討してきた君主制もまたその一つである。君主制はデモクラシーの原理と厳しい緊張をはらみつつ、しかしなお、デモクラシーの安定に寄与し得るのである。このことは一つの逆説であるが、政治的に重要な逆説であろう。

君主制の未来

もちろん、デモクラシー社会の抱える不安定さを補うのは、君主制でなければならないというわけではない。また、そもそも君主制の存在しない国において、新たに君主制を立ち上げることは困難であろう。その意味で、君主制はデモクラシー社会の弱点を補う、あくまで一つの要因に過ぎない。すべての国に当然のように適用可能な仕組みではない。

はたして今後の社会において、君主制は生き残るのであろうか。これまでも繰り返し指摘してきたように、君主制の基盤にある生まれに基づく人間の区別（差別）と、デモクラシーの社会の基礎にある人間の基本的平等との間には、原理的な緊張がある。世襲の原理の正統性は、社会の平等化の進展とともに、あるいは失われていくかもしれない。君主やその家族の、一人の人間としての基本的人権もまた問題になっていくであろう。その意味で、今後も君主制がデモクラシー社会において安定的に持続していく保証はない。

しかしながら、デモクラシー社会のもつ不安定性を直視せざるを得ない現代において、社会の一体性や歴史の連続性を可視化するための、何らかの政治的装置が求められるという側面は当分変わることはないだろう。社会が流動化すればするほど、一つの人格に社会を代表させたいという願望は無視しがたいものになるかもしれない。二一世紀の歴史は、はたして君主制を真に過去のものとできるのだろうか。その結論は、まだ見えていないように思われる。

註

（1）アレクシス・ド・トクヴィル（喜安朗訳）『フランス二月革命の日々——トクヴィル回想録』岩波文庫、一九八八年、三四一頁（ただし、一部訳を改めている）。

（2）同上書、二九九頁（ただし、一部訳を改めている）。

(3)　福田歓一「二十世紀における君主制の運命」『デモクラシーと国民国家』岩波現代文庫、二〇〇九年。
(4)　同上書、二九九〜三〇〇頁。
(5)　同上書、三〇〇頁。
(6)　同上書、三〇二〜三〇三頁。
(7)　アレクシス・ド・トクヴィル（小山勉訳）『旧体制と大革命』ちくま学芸文庫、一九九八年、八四頁。
(8)　同上書、一一八頁。
(9)　同上書、一三一頁。
(10)　同上書、二二三頁。
(11)　フランソワ・フュレ、モナ・オズーフ編（河野健二ほか監訳）『フランス革命事典1』「ヴァレンヌ逃亡事件」みすず書房、一九九八年、三四頁。
(12)　同上書、四〇頁。
(13)　フュレほか編『フランス革命事典1』「国王裁判」、一五〇頁。
(14)　同上書、一五九頁。
(15)　マルセル・ゴーシェ（富永茂樹ほか訳）『代表制の政治哲学』みすず書房、二〇〇〇年、一九六頁。
(16)　デイビッド・ヒューム「グレート・ブリテンの党派について」『市民の国について』下、岩波文庫、一九八二年。
(17)　ウォルター・バジョット（小松春雄訳）『イギリス憲政論』中公クラシックス、二〇一一年、七四頁。

読書案内

宇野重規『トクヴィル　平等と不平等の理論家』講談社選書メチエ、二〇〇七年。
　＊『アメリカのデモクラシー』の著者トクヴィルについての解説書。貴族であったトクヴィルがなぜアメリカに

旅立ち、デモクラシー社会の到来を人類の必然と見なしたのか。その生まれ育ちから、著作の概要までを振り返る。

エルンスト・カントーロヴィチ（小林公訳）『王の二つの身体』上下巻、ちくま学芸文庫、二〇〇三年。

＊かつてヨーロッパの王たちは、その死とともに消滅する自然的身体と同時に、それを超えて存続する政治的身体をもっていたと見なされた。のちの法人論ともつながる独特な政治神学的思考を探る。

マルセル・ゴーシェ（富永茂樹ほか訳）『代表制の政治哲学』みすず書房、二〇〇〇年。

＊フランス革命後、様々な理論家は独特な権力分立論を展開した。諸権力をチェックし、調整する上位の権力を模索した彼らの意図は何であったのか。立憲王制論の理論的基礎の一つはここで提供された。

ウォルター・バジョット（小松春雄訳）『イギリス憲政論』中公クラシックス、二〇一一年。

＊銀行家出身のジャーナリストであるバジョットは、イギリス政界の現実をつぶさに観察し、そこに隠された秘密を解明しようとした。実質的な権限のほとんどを失った国王はなぜ影響力を保っているのか。その謎解きがスリリングである。

福田歓一「二十世紀における君主制の運命」『デモクラシーと国民国家』岩波現代文庫、二〇〇九年。

＊戦後日本を代表する政治思想研究者であり、近代社会契約論の研究で知られる福田は、君主制についても独特な論考を残している。イギリス君主制の独自性を強調しつつ、二〇世紀における君主制の運命を問い直す。

松下圭一「大衆天皇制論」『戦後政治の歴史と思想』ちくま学芸文庫、一九九四年。

＊高度経済成長が進むなか、日本の天皇制はかつてのものとは大きく違うようになっているのではないか。皇太子妃ブームをきっかけに、天皇制は大衆社会に基礎を置くようになったのではないかとする問題作。

コラム12　王女(プリンセス)たちの活躍

君塚直隆

二一世紀の今日でもイギリス王室は年間に三千件を超える公務を担っている。王族が後援者(パトロン)を務める各種団体の数も同じく三千を超えている。こうした膨大な責務を担う王室を支える力強い存在が、女性王族なのである。エリザベス女王の孫ウィリアム王子に嫁いだキャサリン妃のように、結婚により王族となった方々も大切であるが、それとともに数々の公務を担っているのが、「王女」として王室に生まれた女性たちである。

たとえば女王の長女で「第一王女(プリンセス・ロイヤル)」の称号をもつアン王女。乗馬選手としてモントリオール・オリンピック（一九七六年）にも出場経験をもつ彼女は、結婚後も王室にとどまり、英国オリンピック協会の総裁など三二〇以上もの団体でパトロンを務めている。彼女の年間の公務は五〇〇件以上にのぼり、今や兄のチャールズ皇太子に次いで、イギリス王室で最も多忙な王族となっている。

また女王の従妹(いとこ)で、先代のジョージ六世の弟ケント公爵の長女にあたるアレキサンドラ王女も、結婚してから王族として責務を担い続けている。王女はこの日本ともゆかりが深い。一九六一（昭和三六）年、第二次大戦後にわが国を初めて訪れたイギリス王族が彼女なのである。この訪日を機に、日英両国の王室同士の交流も本格的に再開され、一〇年後には昭和天皇による訪英へとつながった。それはまた日英の戦後和解の第一歩ともなった。

二〇一七年六月に、今上天皇の退位に関する特例法が成立し、その付帯決議には「女性宮家」問題のさらなる討議という項目も盛り込まれた。わが国では現在でも、皇族の女性が皇族以外の人物と結婚する場合には「臣籍降下」がなされ、結婚後は皇室から離れるのが定めとなっている（皇室典範第一二条）。しかし現在の皇室の大半は女性で占められ、そのうちの半分（七名）が未婚なのだ。

特例法の成立と時を同じくする頃、秋篠宮文仁親王の長女眞子内親王が一般男性と婚約されるとの報道もなされた。眞子内親王に限らず、このままでは臣籍降下される方々が続出し、公務を担う皇族の減少は目に見えている。イギリス王室におけるプリンセスたちの活躍は、わが国の皇室にとっても十分参考になる事例なのではないか。

コラム13　アラブ世界の王妃の新たなスタイル

白谷　望

二〇一四年一〇月、ヨルダンのラーニア王妃のフェイスブックに載せられた一枚の写真が大きな反響を呼んだ（下図）。右側に写るのがラーニア王妃で、左はモロッコのラッラ・サルマ王妃である。両王妃の美しさもさることながら、SNS上に公開した仲睦まじい姿は、アラブ世界のファースト・レディーの新たなスタイルを映し出したものとして、注目を集めた。

モロッコ国王ムハンマド六世の妃ラッラ・サルマは、同国で初めて表舞台に立った王妃である。モロッコでは伝統的に、王妃は「皇太子の母」としか認識されてこなかったため、国民の前に姿を見せることはなかった。しかし、ムハンマド六世の結婚に際しては、婚約の時点でサルマ妃の写真やプロフィールが公開され、祝賀式典の様子をテレビ局が放送するなど国中が祝福ムードに包まれた。

また彼女は、モロッコ初の一般家庭出身の王妃でもある。大学では工学を専攻し、結婚するまで国内最大企業ONAの情報エンジニアとして働いたキャリアウーマンだった。結婚後も、自ら「がん撲滅協会」を設立するなど、様々な活動に力を注いでいる。

一方、ヨルダンのラーニア王妃は、パレスチナ人の両親のもとクウェートで生まれた。地域情勢の悪化などから、二〇歳のときに一家でエジプトに移り住み、カイロで学位を取得、その後ヨルダンのシティ・バンクやアップル社で働いていた。九三年、知人のパーティーで当時皇太子であったアブドゥッラー二世と出会い、結婚した。

ラーニア王妃もまた、国際親善や様々な活動に邁進している。特に女性や子どもの権利や教育に関する活動に励み、二〇〇七年にはユニセフ親善大使に任命された。また多くのパレスチナ難民を抱えるヨルダンでは、その出自を活かし、王妃がヨルダン系住民とパレスチナ系住民との調整役にもなっている。

アラブ世界では、男性優位の社会構造がいまだ根強く残っているが、若き王妃たちが様々な問題に積極的に立ち向かう姿は、こうした社会の漸進的な変化を示しているのではないだろうか。

出典：ラーニア王妃の facebook より。

おわりに

君主制は人類の有する制度の中でもっとも古く、もっとも恒久性のある、それゆえもっとも光栄ある制度の一つである。

これはドイツに生まれ、アメリカで活躍した憲法学者カール・レーヴェンシュタインが名著『君主制』（一九五二年）のなかに記した言葉である。レーヴェンシュタインによれば二〇世紀も半ばを過ぎたこの時代にあっては、現代世界に王制が生き残れるのは、立法は議会が担い行政はその議会に立脚する内閣が担う、彼が言うところの「議会主義的君主制」を採る以外に道はないと指摘した。広い意味での立憲君主制ということになろうか。

はたしてレーヴェンシュタインの慧眼（けいがん）どおり、この本が刊行された直後にはエジプトでクーデタが起こり、翌五三年に王制は倒された。その後も、イラクやリビア、アフガニスタンやイランなど、中東諸国を中心に「見せかけの立憲君主制」を装い、その実は絶対的な権力を握っていた君主たちが、次々と国を追われることとなった。

『君主制』の刊行から実に六五年の歳月が経ち、「序章」でも述べたとおり、二一世紀の今日には日本も含めて二八の君主国が存在し、いずれも時代の要求に沿うようなかたちで改革を進め、デモクラシー（民主政治）と共存しながら生き残っている。特に本書各章で取り上げた国々は、それぞれの歴史や文化、伝統に合わせて民主政治と君主制とを見事に調和させていると言えよう。

二〇一七年一二月には、日本政府は皇室会議での検討も踏まえ、明仁天皇の退位を二〇一九（平成三一）年四月三〇日と定め、翌五月一日に徳仁皇太子が新天皇に即位するとの閣議決定を行った。平成の代を実に三〇年にわたって国民とともに支えてこられた明仁天皇の治世に関する詳細な検討は、いずれ後代の歴史家たちによってなされていくことだろう。そうした際に、本書の各章で試みられた「二一世紀において君主制とは何なのか」という問いかけが、そのような考察の一助になってくれればと念じる次第である。

ここで本書が生み出された経緯について簡単に触れておきたい。二〇一五年秋に編者の一人である水島治郎先生が、やはり執筆者の一人の松尾秀哉先生と相談し、翌一六年秋に立命館大学で開催される日本政治学会の大会において、「陛下の政治学——デモクラシーと君主制」という標題で分科会を企画された。

そこで、ベルギーの君主制については松尾先生が報告されることとし、現代天皇制研究に関する第一人者の原武史先生と、イギリスをはじめ世界の君主制について多少の研究を進めてきた筆者に報告者に加わるよう要請があった。さらに討論は、スペイン君主制を研究されている細田晴子先生、そしてヨーロッパ政治思想史の大家であられる宇野重規先生にお願いし、水島先生の司会進行で二〇一六年一〇月一日に分科会は無事に終了した。

この分科会に出席されていたミネルヴァ書房編集部の前田有美氏が、報告終了後に水島先生と相談され、分科会の内容を少し膨らませたかたちで共著にしてはどうかと提案してくださった。その後、上記の司会者・報告者・討論者に加え、タイ君主制の研究をされている櫻田智恵先生に一章を、さらに朝日新聞記者として長年、皇室取材を担当してこられた北野隆一氏、そしてモロッコ君主制の専門家であられる白谷望先生にコラム執筆をそれぞれお願いし、最終的にこのような著作として刊行されることになった。

執筆者それぞれの専門性もあり、「現代世界の陛下たち（君主国）」のすべてを網羅した詳細な研究書というわけにはいかないが、それでもヨーロッパを中心に、日本やタイとも比較考量しながら、現在の主要な君主国についてはその現状や課題を提示できたのではないかと自負している。編者の水島先生をはじめ、執筆者の先生方に感謝したい。

そして今回の企画・立案をすべて担当された、ミネルヴァ書房の前田氏にもあらためて謝辞を呈したい。

本書の元となった日本政治学会での報告が計画されてから、刊行までのおよそ二年間に、イギリスの欧州連合（EU）離脱決定、明仁天皇の退位に関わる一連の審議やその法制化、タイのプーミポン国王崩御、スペインにおけるカタルーニャ独立騒動など、各章に関わる様々な事件が相次いだ。二一世紀に入りすでに二〇年近くが経過しているものの、世界はいまだ混沌としている。こうした時代だからこそ、それぞれの国に「連続性と安定性」をもたらすとされる君主制の存在について考えることは、ますます重要になってくるのではないだろうか。

われわれ執筆者一同は、これからもこの「現代世界の陛下たち」の動向に注目していくことができればと望んでいるのである。

二〇一八年七月一三日　エリザベス女王とトランプ大統領が握手する映像を見ながら

君塚直隆

《編著者紹介》

水島　治郎（みずしま・じろう）

1967年　東京都生まれ。
1999年　東京大学大学院法学政治学研究科博士課程修了，博士(法学)。
現　在　千葉大学大学院社会科学研究院教授。
主　著　『反転する福祉国家――オランダモデルの光と影』岩波書店，2012年，第15回損保ジャパン記念財団賞。
『ポピュリズムとは何か――民主主義の敵か，改革の希望か』中公新書，2016年，第38回石橋湛山賞。
『保守の比較政治学――欧州・日本の保守政党とポピュリズム』編著，岩波書店，2016年。

君塚　直隆（きみづか・なおたか）

1967年　東京都生まれ。
1997年　上智大学大学院文学研究科史学専攻博士後期課程修了，博士（史学)。
現　在　関東学院大学国際文化学部教授。
主　著　『物語 イギリスの歴史』上下巻，中公新書，2015年。
『立憲君主制の現在――日本人は「象徴天皇」を維持できるか』新潮選書，2018年。
『よくわかるイギリス近現代史』編著，ミネルヴァ書房，2018年。

現代世界の陛下たち
――デモクラシーと王室・皇室――

2018年９月20日　初版第１刷発行　〈検印省略〉
2019年７月20日　初版第２刷発行

定価はカバーに
表示しています

編著者　水島治郎
　　　　君塚直隆
発行者　杉田啓三
印刷者　坂本喜杏

発行所　株式会社　ミネルヴァ書房
607-8494　京都市山科区日ノ岡堤谷町１
電話代表　(075)581-5191
振替口座　01020-0-8076

冨山房インターナショナル・新生製本

ISBN 978-4-623-08277-3
Printed in Japan

執筆者紹介（執筆順，＊は編者）

＊水島　治郎（みずしま・じろう）はじめに，第3章，コラム5

編著者紹介欄参照。

＊君塚　直隆（きみづか・なおたか）序章，第1章，コラム1～4・6～8・10・12，おわりに

編著者紹介欄参照。

細田　晴子（ほそだ・はるこ）第2章

1968年　東京都生まれ。
2005年　スペイン国立マドリード・コンプルテンセ大学大学院博士課程修了，博士（歴史学）。
現　在　日本大学商学部教授。
主　著　『戦後スペインと国際安全保障――米西関係に見るミドルパワー外交の可能性と限界』千倉書房，2012年。
『カザルスと国際政治――カタルーニャの大地から世界へ』吉田書店，2013年。
『カストロとフランコ――冷戦期外交の舞台裏』ちくま新書，2016年。

松尾　秀哉（まつお・ひでや）第4章

1965年　愛知県生まれ。
2007年　東京大学大学院総合文化研究科博士課程修了，博士（学術）。
現　在　龍谷大学法学部教授。
主　著　『ベルギー分裂危機――その政治的起源』明石書店，2010年。
『物語ベルギーの歴史』中公新書，2014年。
『連邦国家ベルギー――繰り返される分裂危機』吉田書店，2015年。

櫻田　智恵（さくらだ・ちえ）第5章，コラム9

1986年　青森県生まれ。
2017年　京都大学大学院アジア・アフリカ地域研究研究科博士課程指導認定退学。
現　在　京都大学大学院アジア・アフリカ地域研究研究科特任助教。
主　著　『タイを知るための72章』共著，明石書店，2014年。
『タイ国王を支えた人々――プーミポン国王の行幸と映画を巡る奮闘記』風響社，2017年。
『消えてしまった葉』チラナン・ピットプリーチャー著，共訳，港の人，2018年。

原　武史（はら・たけし）第６章

1962年　東京都生まれ。
1992年　東京大学大学院法学政治学研究科博士課程中退。
現　在　放送大学教授，明治学院大学名誉教授。
主　著　『完本　皇居前広場』文春学藝ライブラリー，2014年。
『大正天皇』朝日文庫，2015年。
『〈女帝〉の日本史』NHK 出版新書，2017年。

北野　隆一（きたの・りゅういち）コラム11

1967年　岐阜県生まれ。
1990年　東京大学法学部第２類卒業。
現　在　朝日新聞編集委員。
主　著　『プロメテウスの罠８　決して忘れない！原発事故の悲劇』共著，学研，2014年。
『徹底検証　日本の右傾化』共著，筑摩書房，2017年。
『祈りの旅　天皇皇后，被災地への想い』共著，朝日新聞出版，2018年。

宇野　重規（うの・しげき）第７章

1967年　東京都生まれ。
1996年　東京大学大学院法学政治学研究科博士課程修了，博士（法学）。
現　在　東京大学社会科学研究所教授。
主　著　『トクヴィル　平等と不平等の理論家』講談社，2007年。
『政治哲学的考察――リベラルとソーシャルの間』岩波書店，2016年。
『保守主義とは何か――反フランス革命から現代日本まで』中公新書，2016年。

白谷　望（しらたに・のぞみ）コラム13

1985年　千葉県生まれ。
2016年　上智大学大学院グローバル・スタディーズ研究科博士後期課程単位取得退学，博士（地域研究）。
現　在　愛知県立大学外国語学部講師。
主　著　『君主制と民主主義――モロッコの政治とイスラームの現代』風響社，2015年。
「モロッコにおける権威主義体制持続のための新たな戦略――2011年国民議会選挙と名目的な政権交代」『日本中東学会年報』30（1），2014年。
『アラブ君主制国家の存立基盤』共著，アジア経済研究所，2017年。

人名索引

あ　行

か　行

さ　行

た　行

な　行

は　行

ま　行

や　行

ら　行

わ　行

事項索引

あ 行

か 行

さ　行

た　行

な　行

は　行

ま　行

や　行

ら　行

欧　文